좋은 돈
나쁜 돈
이상한 돈

돈에 관한 모든 이야기

좋은 돈
나쁜 돈
이상한 돈

돈에 관한 모든 이야기

이 철 환 지음

악마와 천사의 두 얼굴, 돈돈돈

돈은 사람이 살아갈 때 없어서는 안 될 매우 중요한 것이다. 인간의 욕망 추구에 필요한 자원이며 행복의 중요한 촉매제가 된다. 돈은 기본적으로 경제활동의 윤활유 역할을 하지만 실제로는 그 이상의 비중을 차지하고 있으며, 심지어는 우리 삶의 모든 것을 좌지우지하기도 한다. 그래서 동서고금東西古今과 남녀노소男女老少를 불문하고 모든 사람들이 돈에 지대한 관심을 보이며 살고 있다. 그런데 돈에 대한 관심이 올바르면 '좋은 돈'이 될 것이고, 관심이 잘못 흐르면 '나쁜 돈' 또는 '이상한 돈'이 되기 쉽다. 돈은 악마와 천사의 두 얼굴을 가지고 있다. 돈을 어떻게 버느냐, 그리고 어떻게 쓰느냐에 따라 돈은 악마가 되기도 하고 천사가 되기도 한다는 뜻이다.

어느 옛 현인은 일찍이 돈의 이러한 악마적인 관점을 잘 알아보고 "황금 보기를 돌같이 하라."는 말씀을 남겼다. 또 다른 현인은 "가난은 수치가 아니다. 그렇다고 가난을 명예로 생각하지도 말라!"는 말을 남기기도 했다.

돈은 커다란 위력을 지닌 존재이다. 그런데 그 힘은 위대하기도 하고 잔인하기도 하다. 돈은 사람들에게 웃음과 행복을 주고 심지어는 사람의 목숨을 구하기도 한다. 그러나 또 한편으로 돈은 사람들에게 슬픔과 분노와 절망을 주기도 하고 인간관계를 끊어놓기도 한다. 사람의 삶을 망가뜨리고 목숨을 잃게 하기도 한다.

이처럼 모든 인간들이 관심을 가지고 있기는 하지만, 돈에 대해 잘 모르는 것 또한 인간이다. 그래서 돈의 속성과 돈의 흐름, 돈 버는 기술, 돈이 가져다주는 행복감 등등 다양한 얼굴을 가진 돈의 역할과 기능 그리고 돈에 대한 우리들의 시각과 생각들을 정리해 보고 싶었다. 다행히 지나온 내 삶의 이력이 돈과 관련된 분야였기에 이런저런 자료와 경험들이 이야기를 정리하는 데 많은 도움이 되었다.

이 책은 전체 5부로 구성되어 있다. 1부에서는 돈이 언제 어떻게 생겨났고 이후 어떻게 진화되고 있는지 등 돈에 대한 일반상식을 다뤘다. 2부에서는 신용사회란 무엇인지, 또 어떻게 해야 신용을 쌓을 수 있는지, 우리 사회를 검은돈이 횡행하지 않는 맑고 투명한 사회로 만들기 위해서 우리가 할 일은 무엇인지를 알아보았다. 3부에서는 돈을 버는 기술, 즉 재테크 노하우Know how를 정리해 보았다.

오랜 세월 시장관리자로 살다보니 직접투자할 기회는 없었다. 그래서 객관적이며 상식적인 관점에서 건전한 자산관리와 투자가 되기 위한 전략을 생각해 보았다. 4부에서는 금융자본주의의 진전 상황과 국제사회에서 벌어지고 있는 경제강국들 간 통화전쟁의 양상에 대해 살펴보고, 그 틈바구니에서 우리가 생존하기 위한 전략은 무엇인지 간략히 짚어보았다. 5부에서는 사람들의 삶에서 돈이 갖는 의미와 역할에 대해 살펴보고, 또 돈을 어떻게 벌고 활용하는 것이 건전하고 행복한 삶을 살아가는 데 도움이 되는지 독자들과 함께 생각을 나누고자 했다.

이처럼 이야기를 풀어나가는 가운데 '돈'에 관해 내린 결론은 다음과 같은 것이다.

첫째, 돈은 사람이 편리하고 행복하게 살아가기 위해 만들어진 하나의 수단에 불과하며, 결코 그 자체가 삶의 목적이 되거나 행복의 척도가 되어서는 안 된다는 것이다. 우리 이웃과 사회 그리고 지구촌을 위해 함께 나눌 때 돈이 우리에게 주는 행복은 더 커질 것이다.

둘째, 너무 돈에 집착하지 말아야 한다는 것이다. 과유불급過猶不及이라는 말이 있듯이 돈이 많다고 반드시 행복한 것은 아니다. 오히려 돈이 너무 많아 화를 초래하는 경우를 우리는 심심찮게 보아왔다. 특히 수단과 방법을 가리지 않고 벌어들인 돈은 더욱 위험하다. 어쩌면 돈은 불편하지 않을 정도로만 가지고 있을 때 가장 행복할지도 모른다. 다시 말해 사람은 결코 돈의 노예가 되어서는 안 된다는 뜻이다.

셋째, 돈을 벌고 쓰는 데도 윤리와 도덕이 필요하다는 것이다. 우리는 과도한 탐욕으로 인해 수많은 경제위기가 초래되고 또한 개인의 삶이 망가지는 모습을 흔히 보아왔다. 이는 결국 돈을 버는 방법이 정당해야 하고 아울러 돈을 쓸 때도 다른 사람들에게 위화감을 주거나 피해를 끼쳐서는 안 된다는 점을 알려주고 있다. 선현이 남긴 말이 생각난다. "인생은 사는 것이 중요한 것이 아니라 바르게 사는 것이 중요하다. 그리고 돈을 버는 건 기술이지만 돈을 쓰는 건 예술이다." 우리가 살아가고 있는 자본주의체제가 심각한 도전을 받고 있는 것도 결국은 '돈'을 다루는 사람들이 마땅히 갖춰야 할 윤리성과 도덕성이 부족하기 때문이라고 할 수 있다.

글을 마치고 나니 부족한 점이 많이 눈에 띈다. 돈이란 게 워낙 복잡다양하고 미묘해서 이야깃거리는 무궁무진하지만 시간과 지면의 제약상 한계가 있었다는 점을 양해해 주시기 바란다. 끝으로, 이 책이 더불어 살아가는 행복한 사회를 만드는 데 작은 기여를 하기를 바란다.

2016년 새해를 맞이하며

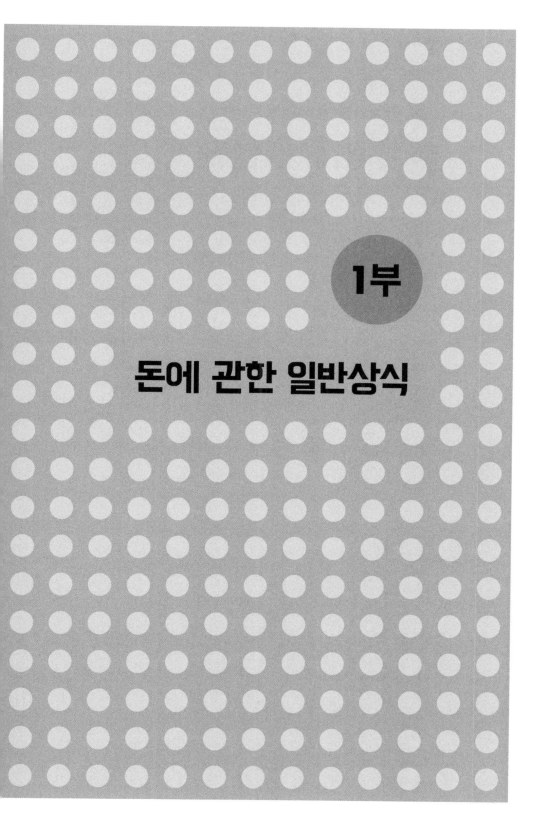

1부

돈에 관한 일반상식

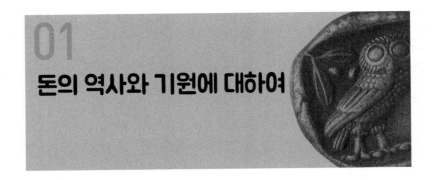

01
돈의 역사와 기원에 대하여

　　돈은 인간의 가장 위대한 발명품 가운데 하나다. 돈은 이 세상을 움직이는 활력소다. 또한 상업과 무역을 촉진하고 가치를 축적하는 수단이며, 상대적 가치의 본질적 척도이다.

돈의 기원
　　돈의 어원은 고대 로마의 여신 주노Juno를 모신 신전의 이름인 모네타Moneta에서 유래되었다고 한다. BC 269년 로마인이 주노의 사원에서 최초 주화인 동전Coin을 만들었는데 그 동전에 모네타의 이름이 붙여졌고, 그 말이 변해서 머니Money가 되었다는 것이다. 우리나라에서는 화폐를 '돈'이라고 한다. 이것의 어원은 금, 은의 무게

기원전 6세기에 유통되었던
아테네의 드라크마 은화.
(런던, 대영박물관 소장)

단위인 돈錢에서 비롯됐다는 설과, '화폐는 돌고 돈다'에서 돈다는
의미에서 '돈'이 되었다는 설이 있다.

　유로화로 통합되기 이전의 그리스 화폐였던 드라크마Drachma는
기원전 500년경 최초의 국제통화로서 지중해, 중동, 이스라엘, 이집
트, 메소포타미아까지 통용되어 국제교역을 이뤘다. 1드라크마는 밀
알 67개의 무게와 동일한 은銀의 가치를 말한다. 쿠웨이트, 바레인,
요르단 등 이슬람국가들의 화폐 단위로 사용되는 디나르Dinar와 디
람Dirham의 어원 또한 이 드라크마에서 비롯됐다. 이처럼 돈의 단위
는 주로 무게와 모양 또는 사람의 이름에서 생겨났다. 이에 비해 덴
마크, 노르웨이, 스웨덴 등 북유럽국가에서 사용하는 화폐인 크로네
Krone와 크로나Krona는 왕관을 뜻하는 '크라운Crown'에서 그 이름을
따왔다고 한다.

물품화폐 -> 금속화폐 -> 신용화폐

돈의 역사와 기원에 대해서 좀더 구체적으로 살펴보면, 돈의 개념은 기원전 3200년경 메소포타미아 문명에서 처음으로 탄생했다고 한다. 메소포타미아 문명에서 통용된 '세겔Shekel'은 원래 보리의 양을 의미했다. 이는 통화단위뿐만 아니라 무게단위로도 사용되었다. 세겔은 구약성서에도 등장하는데, 요셉이 미디안 사람들에게 은 20세겔에 팔려간 이야기가 나온다. 고대 바빌로니아 왕국의 6대왕 함무라비는 최초로 금융규제 조항을 공포했다. 기원전 1750년경 함무라비법전을 만들어, 부채 이자와 벌금 납부를 규정했다. 또 중국에서는 기원전 1000년대 조가비가 화폐로 사용된 기록이 나온다.

한편 돈의 발전 과정은 처음 물품화폐에서 시작되어 이후 금속화폐와 종이돈을 거쳐 이제는 점차 전자화폐와 가상화폐로 발전해가고 있는 중이다. 화폐가 나오기 전인 아주 오랜 옛날에는 각자 자기가 필요한 물건들을 직접 만들어 썼다. 그러다 점차 생산력이 늘어나자 자신이 사용하다 남은 물건을 다른 사람이 사용하고 남은 물건과 바꾸어 쓰기 시작했다. 이처럼 물물교환이 빈번해지자 사람들은 서로가 원하는 물건의 종류, 품질, 양을 측량하기 힘들고 또 운반상의 불편함을 느끼게 되었다.

이에 공통으로 사용하는 기준물품이 있으면 좋겠다는 생각을 하게 되었다. 그리하여 곡식이나 가죽처럼 생활필수품을 물품화폐로 사용했다. 그러나 이런 물품은 생산량에 따라 가치가 바뀌기 때문에 나중에는 비교적 가치가 일정하고 보관과 운반이 쉬운 조개껍질, 옷감, 농기구, 장신구 등을 돈으로 사용했다. 이런 것들을 '물품화폐' 또는 '자연화폐'라고 한다. 이 시기에 대표적인 화폐 역할을 한 것은 소금이었다. 소금은 1세기까지 아시아, 아프리카에서 화폐로 쓰였으며, 로마군인에게 급료로 지급되기도 했다. 오늘날 급여생활자(샐러리맨, salaried man)의 어원도 바로 이 Salt(소금)에서 유래한 것으로 본다. 봉급이 짠 이유가 소금의 본성 때문이라는 농담도 있다.

그 이후 금속제련 기술과 수공업 기술이 발달함에 따라 금·은·동의 유통량이 많아지면서 이것들이 보편적인 돈의 역할을 했는데, 이것이 '금속화폐'이다. 화폐가 제 기능을 다하기 위해서는 접근이 쉽고 그 양이 충분하며 내구성이 길어야 한다. 또한 대체성이 있

고대 바빌로니아 왕국의 함무라비 왕이 공포한 함무라비법전. 세계 최초로 금융규제 조항이 포함되어 있다.

고 쉽게 소지 가능하며 신뢰할 만한 대상이어야 한다. 금이나 은, 청동 같은 금속은 이 기준을 대부분 만족시켰기에 수천 년 동안 이상적인 화폐로 활용되고 있다.

그러면 세계 최초의 금속화폐는 무엇이었을까? 공인된 세계 최초의 화폐는 기원전 7세기 오늘날의 터키 북서부 지역에 위치했던 리디아Lydia 왕국(BC 670~BC 546)에서 발행된 주화이다. 당시 발행된 세계 최초의 주화 '일렉트럼 코인Electrum Coin'은 금과 은을 합금한 달걀 모양에 동물 그림이 새겨져 있었다. 오늘날 '리디아의 사자'로 알려진 이 돈이 세계 최초의 동전으로 간주된다. 이 동전은 당시 정복전쟁에 동원된 그리스 출신 용병들에게 급료를 지급하기 위해 만들어진 것으로 추측된다.

이후 동전의 생산기술이 발전함에 따라 화폐 주조가 점차 체계적인 모습을 갖추게 되었다. 이것이 그리스와 로마제국으로 이어졌고, 그리스문명을 계승한 로마제국은 단일통화를 사용했다. 로마제국의 경영에는 막대한 경비가 소요되었다. 특히 군인들에게 보수를 지급하는 수단으로 화폐가 요긴하게 사용되었다. 동아시아에서는 기원전 3세기 중국의 최초 통일국가인 진秦, Chin에서 발행한 엽전이 각국으로 퍼져나갔다.

한편 경제규모와 돈의 유통량이 절대적으로 커지자 더이상 금

· 은으로 만든 금속화폐만으로는 감당하기가 어려워졌다. 그리하여 초기 단계에는 금 · 은 등의 본위화폐 기능을 보충하는 동銅, 알루미늄, 니켈, 주석 등의 보조화폐를 발행했다. 이것들은 금과 은 등 본위화폐와는 다르게 소재가치 이상의 액면가치가 부여되어 있는 점에 특색이 있다. 그러나 이것 또한 금속화폐의 한 종류로 금속화폐가 지닌 한계를 벗어나기 어려웠다. 결국 정부의 권위를 배경으로 한 화폐가 등장했는데, 이것이 바로 종이화폐다. 지금은 종이화폐 외에도 은행권, 어음, 수표 등이 보조화폐로 활용되고 있는데, 이들을 총칭하여 '신용화폐信用貨幣'라고 한다.

우리나라 화폐의 역사

우리나라의 고대화폐는 기원전 957년 기자조선에서 자모전子母錢이라는 철전이 사용되었다는 기록이 있으나 그 실물은 전해오지 않는다. 이후 최초로 동전이 만들어진 것은 고려 성종(996년) 때 주조된 건원중보乾元重寶였다. 조선시대에는 조선통보朝鮮通寶, 상평통보常平通寶 외에도 몇 종류의 엽전들이 주조 · 유통되었다. 그후 고종19년(1882년)에 비로소 서양식 화폐제도를 도입하여 오늘날 우리들이 사용하는 주화와 같은 압인식 화폐를 주조하기 시작했다. 이때 주조된 경화硬貨를 근대주화라 한다.

한편 일본 제일은행은 1878년 부산에 지점을 내고 부산, 원산,

인천 등 개항장을 중심으로 일본화폐를 유통시켰다. 이들은 1902년에 조선정부의 허락 없이 제일은행권을 발행하기도 했다. 이후 1950년 6월, 우리나라 중앙은행인 한국은행이 발족하면서부터 최초의 한국은행권인 1,000원권과 100원권이 발행·통용되었다. 1962년 화폐개혁을 단행하면서, 한국은행은 500원권, 100원권, 50원권, 10원권, 5원권 및 1원권 등 6종의 새로운 은행권을 발행했다.

1980년대로 접어들면서부터 현재 사용되는 화폐의 형태가 완성되고 고급화가 이루어졌다. 1983년 발행된 5,000원권과 1만원권은 규격이나 색상, 재질, 도안이 현재 사용하는 화폐와 거의 차이가 없다. 이후 위조 및 변조 방지요소를 강화화면서 1만원권을 1994년과 2000년에, 5,000원권을 2002년에 각각 새로 발행했다. 그리고 2009년 5만원권을 처음으로 발행했다.

전자화폐와 가상화폐의 등장

돈은 놀라운 속도로 발전해 가고 있다. 지금도 빠른 속도로 발전하면서 전자기술과 인터넷의 발달로 동전과 지폐를 역사의 뒤안길로 밀어내고 있다. 이제 '물리적 돈'을 매개하지 않고도 상거래가 가능해지면서 전자화폐와 가상화폐가 등장하고 있다. 나아가 이제 세계금융환경은 IT와 금융의 융합 트렌드가 확산되고 있으며, 온라인과 모바일을 통한 금융거래가 크게 늘어나고 있다. 이것이 바로 금융Finance과 정보기술Technology의 합성어인 '핀테크Fin Tech'이다. 이는 인터넷 · 모바일 공간에서 결제 · 송금 · 이체 등 각종 금융서비스를 제공하는 산업을 뜻한다.

이러한 흐름은 금융산업환경과 금융소비자의 습관에 커다란 변화를 촉발시키고 있다. 예를 들면 IT기술을 가진 혁신적 비금융기업이 보유기술을 활용하여 지급결제와 같은 금융서비스를 이용자에게 직접 제공하는 현상을 들 수 있다. 애플페이, 알리페이 등이 바로 그것이다. 또 우리나라에도 2016년 인터넷 전문은행이 탄생한다.

전통적 금융강국인 미국과 영국을 중심으로 핀테크 서비스에 대한 투자가 지속적으로 증가하고 있으며, 다른 선진국들도 적극적인 정책 지원에 나서고 있다. 우리나라는 틈새시장 이익이 비교적 적고 규제에 따른 서비스 제한과 금융보안에 대한 우려로 그동안 핀테크에 적극적이지 않았다. 그러나 금융산업의 성숙도와 IT강국으로서의 지위를 고려할 때 핀테크에 대한 잠재적 성장가능 규모가 클 것으로 예상된다.

세계의 주요 통화에는
어떤 것들이 있나?

이 세상에는 얼마나 많은 종류의 돈이 있으며, 또 세상에서 가장 많이 사용되는 화폐는 무엇일까? 유로화처럼 다수 국가들이 단일통화를 쓰는 경우도 있지만, 대부분의 국가들은 저마다 자국의 돈을 사용하고 있다. 그러다 보니 이 세상에는 수십 가지 종류의 화폐가 존재한다. 그중에서도 미국의 달러는 세계에서 가장 널리 통용되는 화폐이다.

세계의 기축통화, 미국 달러

미국 달러American dollar는 미국의 막강한 경제력을 배경으로 세계 기축통화로 통용되고 있다. 기축통화Key currency란 국제간 결제나 금융거래의 기본이 되는 화폐를 말한다. 이로 인해 몇몇 국가들은 미국 달러를 공식화폐로 사용하기도 하고, 어떤 국가들은 사실상의 통화로 달러를 사용하기도 한다. 미국 달러는 보통 달러 기호인 $로 축약하여 나타내며, 캐나다나 호주 등 다른 나라의 달러들과 구분하기 위해 'US $'라고 쓰기도 한다.

미국은 영국의 식민지였던 시기는 물론 1776년 독립선언 후 1783년 '파리조약'에서 독립이 승인될 때까지도 독립적인 화폐체계를 갖추지 못하고 영국, 스페인, 프랑스 등의 외국화폐를 사용하고 있었다. 그러다 1792년 달러가 만들어져 사용되기 시작했다. 이후 1913년 출범한 연방준비이사회FRB, Federal Reserve Board가 연방준비지폐FRN를 발행하면서부터 달러가 미국의 공용통화로 자리 잡게 되었다. 그리고 제2차 세계대전이 끝난 뒤로는 달러화가 세계적으로 통용되는 기축통화로 사용되고 있다.

미국 돈의 화폐 단위는 달러dollar와 센트cent이며, 1달러는 100센트이다. 달러를 속어로 '벅Buck'이라고 하는데, 미국 사람들끼리는 달러보다도 이 벅이란 단어를 더 많이 사용한다. 동전Coin은 4가지가 있다. 1cent 동전은 a penny, 5cents 동전은 a nickel, 10cents 은전은 a dime, 25cents 은전은 a quarter라고 한다. 또한 50cents 은전(half dollar)과 1dollar 은전도 있으나 실제로는 통용되지 않는다. 재미있는 사실은 a nickel(5cents)이 a dime(10cents)보다 동전 크기

미국 돈의 화폐 단위는 달러와 센트이며, 1달러는 100센트이다.

가 더 크다는 것이다.

지폐의 경우 1dollar, 2dollars, 5dollars, 10dollars, 20dollars, 50dollars, 100dollars가 있다. 이밖에 500dollars, 1,000dollars, 5,000dollars, 1만 dollars, 10만 dollars 등의 지폐도 있으나 실제로 시중에 유통되지는 않는다. 이중 1달러 지폐는 세계에서 가장 많이 사용되는 돈이다.

대부분의 국가들은 지폐의 식별을 쉽게 하기 위해 액면에 따라 지폐의 색상과 크기가 다른데, 미국의 달러 지폐는 모두 동일한 색상,

동일한 규격을 채택하고 있다. 이는 권종간 구분하기 쉬움보다는 통일된 이미지를 살리는 데 중점을 둔 것이다. 미국 달러 지폐는 색상이 모두 녹색이어서 '그린백Greenback'이라는 별칭을 갖고 있다. 규격도 모두 가로 155.9mm, 세로 66.3mm로 같다. 이처럼 액면 금액에 상관없이 달러 지폐의 색깔과 크기가 똑같기 때문에 돈을 주고받을 때 주의가 필요하다.

유로화, 위안화, 엔화, 파운드화, 스위스 프랑화

유럽연합의 공식화폐인 유로화는 1999년 1월부터 화폐실물 없이 가상화폐로 처음 등장했다. 그러다 2002년 1월 1일부터는 독일 · 프랑스 · 이탈리아 등 유럽연합EU, European Union 12개국에 화폐실물이 공급되면서 일반 상거래 수단으로 통용되기 시작했다. 지금은 유로화를 사용하는 국가들이 늘어나 총 19개 국가에서 통용되고 있다. 이로 인해 독일의 마르크, 프랑스의 프랑, 이탈리아의 리라, 그리스의 드라크마 등 그동안 EU 가입국들이 독자적으로 사용하던 화폐는 역사의 유물로 남게 되었다. 하지만 EU 회원국 총 28개국 중 현재 유로화를 사용하는 나라는 19개국이며, 영국 · 스웨덴 · 덴마크 등 9개국은 아직도 자국의 화폐를 사용하고 있다.

유로화가 통용되면서 적어도 유로지역 내에서는 환위험이 없어지고, 각종 거래비용이 감소하는 등의 긍정적 효과가 있었다. 반

유로화는 유럽연합의 공식화폐로 EU회원국 총 28개국 중 19개국이 사용한다.

면 개별국가의 입장에서는 자국 고유의 통화정책 포기라는 부담스러운 기회비용이 생겨났다. 즉 개별국가마다 중앙은행이 있지만 자국의 경제상황에 맞는 통화정책을 임의적으로 수행할 수 없게 된 것이다. 이제는 반드시 유럽중앙은행ECB, European Central Bank의 통화정책 방향을 따라야 하는 제약을 갖게 되었다. 또한 유로 지폐(5 · 10 · 20 · 50 · 100 · 200 · 500유로)의 디자인에 대해 "더이상 아름다울 수 없다."는 찬사가 나오는 가운데서도, 다른 한편에서는 고유한 역사와 문화적 향기를 간직한 개별국가들의 기존 화폐가 모두 역사의 뒤안길로 사라지는 데 대한 아쉬움도 크다. 이러한 향수를 고려해 동전 화폐인 유로 주화(1 · 2 · 5 · 10 · 20 · 50센트, 1 · 2유로)에는 지금도 개별국가의 독특한 색채를 담을 수 있는 여지를 남겨두었다.

중국의 공식화폐는 인민폐(런민비, 人民幣)이며, 기본단위는 원(위안, 元)이다. 보조단위로 각(지마오, 角)과 분(펀, 分)이 사용되고 있다. 1원은 10각, 1각은 10분에 각각 해당한다. 인민폐인 위안화는 20세기 말까지만 해도 완전히 거지화폐 취급을 받았다. 통화가치가 낮은데다 중국인들이 돈을 험하게 썼으니 사실 그럴 만도 했다. 하지만 지금은 완전히 달라졌다. 15년 전만 해도 해외에서 위안화를 받는 곳은 동남아 일부 국가를 제외하고는 거의 없었다. 그러나 지금은 아프리카에서도 통용될 정도로 인기 있는 화폐가 되었다. 더구나 위안화의 위상은 앞으로 더 올라갈 가능성이 크다. 일부에서는 유로와 파운드까지 제치고 달러와 세계 기축통화 자리를 놓고 다툴 것이라는 주장도 나오고 있다. 현재 중국의 경제규모와 향후 예상되는 위상을 감안하면 결코 과장된 전망이 아니다. 실제로도 2015년에는 IMF가 중국 위안화를 SDR바스켓(IMF 특별인출권)에 편입토록 결정함으로써, 위안화는 이제 국제준비통화 내지 기축통화의 하나로 공식적인 인정을 받게 되었다.

일본 엔화는 한때 달러화를 능가하는 위세를 보이다가, 1985년 플라자합의plaza accord 이후 잃어버린 20년을 겪으면서 점차 퇴조하기 시작했다. 동전은 1·5·10·50·100·500엔권 등 6종류의 동전이 있고, 지폐는 1,000·2,000·5,000·10,000엔권 4종류가 있다.

일본 엔화는 한때 달러화를 능가하는 위세를 보이다가, 플라자합의 이후 점차 퇴조하기 시작
했다.

이밖에도 주요 통화로서 영국의 파운드, 스위스의 프랑이 있다. 파운드는 달러화 이전의 기축통화였다. 영국은 1816년 최초로 금본위제도를 채택했다. 영국 중앙은행이 금을 보유하고 있으면서 그것을 파운드로 바꿔주는 제도를 실시한 것이다. 당시 영국의 무역규모는 세계 전체의 약 60%를 담당했고, 런던 금융시장은 전세계 투자규모의 절반을 소화했다. 이에 따라 영국의 파운드는 금을 대체할 수 있는 유일한 통화였다.

그러나 제1차 세계대전의 종전과 함께 사정이 달라졌다. 전쟁비용을 마련하느라 각국이 돈을 너무 많이 찍어낸 탓에 금본위제가 파탄이 났다. 결국 영국은 1914년에 금본위제를 포기하겠다고 선언

했다. 1931년에는 더이상 파운드를 가져와도 바꿔줄 금이 없다며 금을 지급하지 않았다. 그러나 지금도 1파운드가 1.5달러 수준을 유지함으로써, 달러 대비 가장 강세를 보이고 있는 통화이다.

일반적으로 돈은 가로로 디자인되어 만들어지고 있다. 그런데 이런 상식을 깨고 세로로 도안된 화폐가 있다. 바로 세계 최강의 위세를 자랑하는 스위스 프랑(CHF. SFr)이다. 10·20·50·100·200·1,000프랑 등 6종류가 있는데 모두 세로로 도안되어 만들어졌다. 이에 따라 다른 통화와의 확실한 차별화가 가능하다. 스위스 프랑은 스위스연방의 존재 이유가 될 정도로 강력한 화폐이다. 지금도 1스위스 프랑은 1달러 선을 유지하고 있다. 또 스위스 프랑은 세계에서 가장 완벽한 위조방지 장치를 갖추고 있다.

기타 주요국의 통화로는 노르웨이와 덴마크의 크로네, 스웨덴의 크로나, 러시아의 루블 등이 있다. 인도와 파키스탄, 스리랑카는 루피를 사용한다. 이슬람국가들 중에는 사우디아라비아와 이란은 리알, 아랍에미리트UAE는 디람, 이라크·쿠웨이트·요르단 등은 디나르를 사용하고 있다. 그리고 대부분의 남미국가들은 페소peso를 사용하고 있다.

우리나라의 돈, 원화

우리나라의 현재 통화단위는 원이다. 그동안 두 차례의 화폐개혁이 단행되었다. 첫 번째는 1953년 2월 14일 긴급통화조치에 의해 이루어졌다. 이는 1945년부터 1952년까지 전쟁에 따른 생산위축과 거액의 군비지출로 물가가 400배 이상 폭등하는 상황이 빚어지자, 정부는 인플레이션을 수습하고 경제활동을 안정시키고자 화폐 단위를 기존의 '원'에서 '환'으로 바꾸면서 화폐가치를 100 : 1로 절하했다. 두 번째 개혁은 1962년 '제1차 경제개발 5개년 계획' 공표에 맞춰 이뤄졌다. 당시 화폐단위를 기존의 '환'에서 '원'으로 다시 되돌리면서 화폐가치를 10분의 1로 낮추었다. 이처럼 두 차례의 액면 조정을 거쳐 최초의 한국은행권 1,000원은 1원이 됐다.

우리나라에서 1만원권이 처음으로 발행된 것은 1973년이다. 그 당시에 비해 지금의 국민소득이 약 90배 이상 크게 높았졌고, 소비자물가 수준도 10배 이상 올랐다. 이로 인해 10만원권과 같은 새로운 고액권 화폐의 발행이 필요하다는 입장과 그렇지 않다는 입장이 팽팽히 맞서고 있다. 고액권 발행 찬성론자는 고액권이 발행되면 일반국민의 현금 휴대 및 거래상의 편의를 높이고, 금융기관의 정액 자기앞수표(주로 10만원권) 제조·관리에 따르는 비용 절감과 아울러 신분확인 등 수표 거래의 불편요인을 해소할 수 있다고 주장한다.

이에 비해 반대론자들은 고액권이 발행되면 일반국민의 인플레이션 기대심리를 부추기고, 또 현금화폐는 여타 결제수단과 달리 거래추적이 어렵다는 점을 이용해 음성적 거래수단으로 악용될 수 있다고 주장한다. 그래서 지하경제 폐해를 확대시킬 우려가 있으며, 또 소득계층간의 위화감을 더욱 가중시킬 수 있다는 것이다. 2009년 6월부터 5만원권이 발행되어 사용되고 있는데, 이는 그 중간선에서 타협점을 찾은 결과라고 할 수 있다.

03

화폐에는 왜 초상화를 넣을까?

오늘날 화폐는 법적으로 가치가 부여된 돈으로서의 고유한 역할을 하고 있을 뿐만 아니라, 그 나라의 전통문화와 역사를 알리는 시각예술품으로서도 한몫을 하고 있다.

화폐 역사상 초기에 발행된 지폐의 도안은 매우 조잡했다. 당시에는 화폐 도안의 사회적·예술적 측면보다는 기능적 측면을 더 강조했다. 지폐 면에 발행자의 서명, 소지인에게 금·은화를 지급한다는 문언, 액면금액을 나타내는 문자와 숫자만이 표시되는 정도였다. 그러나 19세기 중반부터는 화폐 도안을 시각적인 조형성과 실용성이 강조된 현대적인 감각으로 바꾸어나가고 있다. 특히 디자인 선진국인 유럽에서는 화폐를 하나의 예술창작물로 인식해 화폐 디자이

너와 조각가의 사인을 화폐에 넣기도 한다.

화폐 도안의 소재로는 그 나라를 대표하는 역사적 인물, 동식물, 문화유산 등이 다양하게 사용되고 있다. 이 중 화폐 앞면에는 주로 정치가, 학자, 예술가 등 역사적으로 존경받는 위인들의 인물 초상이 널리 사용되고 있다. 예를 들면 우리나라의 지폐에는 세종대왕·율곡 이이·퇴계 이황·신사임당의 초상, 미국 달러에는 워싱턴·링컨 등 역대 대통령의 초상, 영국 파운드의 앞면에는 엘리자베스 여왕의 초상, 중국 위안화에는 마오쩌둥의 초상이 들어 있다.

인물 초상이 화폐 도안으로 각광받는 이유

그러면 이처럼 인물 초상이 화폐 도안의 소재로 각광받는 이유는 무엇일까? 무엇보다 인물 초상은 다른 소재에 비해 자기 나라를 대표하는 상징성을 가장 압축적으로 대내외에 쉽게 표현할 수 있기 때문이다. 또 화폐에 사용된 인물의 위엄과 훌륭한 업적이 화폐의 품위와 신뢰를 한층 높이는 역할을 할 뿐만 아니라, 다른 소재에 비해 쉽게 인지하고 기억할 수 있는 친근감이 있기 때문이다.

아울러 위조지폐를 방지하기 위한 목적도 있었다. 일반적으로 건물이나 풍경은 사람의 눈으로 사소한 차이를 잘 인식하지 못한다. 그러나 사람의 얼굴은 평소 무의식적으로 관찰하기 때문에 사소한 차이만 생겨도 금방 이를 알아챌 수 있다. 따라서 다른 도안들보다 인물화를 그대로 베끼는 것이 훨씬 더 힘들기 때문에 이런 관행이 정착되었다고 한다.

이처럼 인물초상을 담기로 했으면 이제는 어느 인물로 할 것인지에 대한 세심한 고려를 해야 한다. 무엇보다 화폐 도안으로 적합한 인물은 업적과 품성이 위대하여 많은 국민들로부터 존경의 대상이 되어야 하며, 충분한 역사적 검증을 거쳐서도 논란의 소지가 없어야 한다. 세종대왕과 조지 워싱턴, 마오쩌둥 등은 그 나라를 대표하는 화폐에 새겨진 인물이다. 이처럼 대부분 국가에서는 화폐 도안으로 국가를 상징하는 지도자나 위인들을 새겨 넣고 있다.

하지만 유럽을 위시한 몇몇 국가에서는 화폐를 하나의 예술창작물로 인식하고 예술인의 초상을 화폐에 넣기도 한다. 예를 들어, 유로화로 통일되기 전 프랑스는 작가 생텍쥐페리, 음악가 드뷔시, 에펠탑을 만든 건축가 에펠 등과 같이 세계적으로 유명한 작가와 음악가, 건축가들을 앞면의 소재로 사용했다. 독일 역시 문학가, 수학자, 예술인 등을 화폐 도안 인물로 채택하고 있었다. 스위스 프랑화는 지금도 앞면 소재를 모두 시인, 화가, 작곡가 등 문화예술인으로 하고 있다.

화폐 초상화에 담긴 에피소드

사실 역사상 유명한 영웅과 호걸, 그리고 국왕들은 자신의 위대함을 과시하기 위해 의도적으로 자신의 초상화를 화폐 속에 넣는 경우가 더러 있었다. 그 시초가 마케도니아의 정복자 알렉산더 대왕이었다. 또 로마의 황제 시저도 자신의 얼굴을 화폐에 담았다. 그런데 이로 인해 패가망신을 한 예도 있다. 프랑스의 국왕 루이16세가 그랬다. 루이16세는 경제난을 극복하기 위해 '아시냐'라는 새 지폐를 대량으로 발행하면서 여기에 자신의 초상화를 넣었다. 당시 특권 계층은 넓은 토지와 관직을 독차지하고 면세 등의 혜택까지 누렸지만, 일반 시민계층은 갖가지 봉건적 속박과 무거운 세금 따위로 시달리고 있었다. 이에 시민들이 봉기하여 프랑스대혁명이 발생했고, 루이16세에 대한 체포령이 내려졌다. 루이16세는 마부로 변장해 국외탈출을 시도했는데, 공교롭게도 지폐에 그려진 그의 초상화 때문에 변방의 한 농부가 그를 알아보고 신고했다. 결국 혁명군에 체포된 루이16세는 단두대의 이슬로 사라졌다.

그렇다면 현재 유통되고 있는 수천 종의 화폐에 가장 많이 등장한 인물은 누구일까? 바로 현재의 영국 여왕 엘리자베스 2세이다. 화폐를 사용하고 있는 세계 200여 국가 중 영국 여왕을 자국 화폐의 도안 소재로 사용하고 있는 나라는 캐나다, 호주 등 20여 개에 달한다. 이렇게 많은 국가의 화폐에 영국 여왕이 등장하는 이유는 영국이 영연방의 맹주로서 한때 세계를 지배했으며, 아직까지도 영연방 국가

현재 유통되고 있는 영국 파운드화

의 수는 50개가 넘기 때문이다.

　엘리자베스 2세 여왕이 처음 화폐에 등장한 것은 1953년 왕위
를 승계 받으면서부터이다. 당시 나이가 27세에 불과했기 때문에 처
음 화폐에 등장한 여왕의 모습은 젊고 아름다웠다. 그러나 흐르는
세월 앞에 여왕도 어쩔 수 없이 젊음을 잃어가면서 일부에서는 화폐
에 실린 여왕의 초상이 실제 모습을 제대로 반영하지 못한다는 비판
이 나오기도 했다. 여왕의 화폐 초상은 지금까지 지폐와 주화에 각
각 네 차례씩 모습이 바뀌었다. 10년마다 한 번꼴로 바뀐 셈이다. 현
재 유통되고 있는 화폐에 담겨진 여왕의 모습은 1990년에 바뀐 것
이다.

세계의 기축통화인 미국의 달러에도 유명정치인들의 초상화가 담겨 있다. 100달러에는 미국 독립선언서를 기초한 벤저민 프랭클린, 50달러에는 제18대 대통령인 율리시스 S. 그랜트, 20달러에는 제7대 대통령인 앤드류 잭슨, 10달러에는 미국의 초대 재무장관인 알렉산더 해밀턴, 5달러에는 노예해방과 남북전쟁으로 유명한 링컨 대통령, 2달러에는 제3대 대통령인 토마스 제퍼슨, 그리고 1달러에는 미국의 초대 대통령인 조지 워싱턴의 초상화가 새겨져 있다.

또 일본의 경우 1만엔권에는 계몽사상가로서 게이오 대학을 설립한 후쿠자와 유기치(福澤諭吉), 5,000엔권에는 감수성과 뛰어난 문장력으로 주옥같은 작품을 남기고 24세로 요절한 여류소설가 히구치 이치요(樋口一葉)의 초상화가 들어 있다. 그리고 중국의 5위안화에는 중국 건국의 아버지로 불리는 마오쩌뚱의 초상화가 새겨져 있다.

우리나라 화폐 속 초상화

우리나라 화폐에는 건국 이후 지금까지 이승만, 세종대왕, 충무공, 율곡, 퇴계의 초상이 등장했다. 우연히도 이李씨 일색이다. 최근 다산 정약용이나 안중근 의사의 초상을 넣자는 의견이 제기되고 있다. 나아가 문화예술인이나 혹은 이야기나 만화 속의 주인공들을 초상화의 주인공으로 하자는 견해도 없지 않다. 우리나라 화폐에 최초로 등장한 초상화는 당시 이승만 대통령이다. 한국은행이 1950년 최초로 발행한 은행권인 1,000원권에 두루마기를 입은 이승만 대통령의 모습이 앞면 왼쪽에 새겨져 있었다.

현재 1만원권의 앞면을 장식하고 있는 세종대왕의 초상은 1960년 8월 발행된 1,000환 지폐에 첫선을 보인 이후 지금까지 이어지고 있다. 율곡 이이 초상은 1972년부터 5,000원권에 사용되고 있고, 퇴계 이황은 1975년 1,000원권 지폐에 등장했다. 가장 최근인 2009년 6월 발행되기 시작한 5만원권 지폐의 주인공으로 율곡 이이의 어머니인 신사임당이 선택됐다. 충무공 이순신 장군은 현재 100원 동전에 남아 있다.

그런데 우리나라 지폐에 나타난 초상은 모두 중앙을 비껴나 위치해 있다. 사연은 이러하다. 1956년에 발행된 500원권에는 이승만 대통령의 초상이 중앙에 배치됐다. 사람들은 흔히 지폐를 반으로 접어서 보관하거나 사용하는데, 이럴 경우 대통령의 초상이 접히면서 해지는 문제가 생기게 되었다. 대통령의 얼굴을 훼손시킬 수 없다는 이유로 이 지폐는 발행이 중지되고 대통령의 초상화를 오른쪽에 넣은 새 지폐가 1958년 발행되었다. 그 이후 우리나라 지폐에 들어가는 초상화는 중앙을 벗어난 곳에 위치하게 되었다.

이처럼 현대의 화폐는 통화 본연의 기능뿐 아니라 한 나라의 이미지 홍보물로서 또 예술작품으로서의 역할도 하고 있다. 이렇듯 한 장의 화폐에도 문화와 예술의 향기가 깃들어 있다. 그러므로 화폐를 그 나라의 얼굴로 보아도 무방할 듯하다.

04 위조지폐에 얽힌 이야기들

위조화폐는 화폐의 역사만큼이나 오랜 역사를 갖고 있다. 금·은 등이 화폐로 사용되었던 시기에는 위조행위가 금·은의 함유량을 줄이는 형태로 나타났다. 그런데 오늘날과 같이 화폐가 액면가치보다 제조비용이 훨씬 적게 드는 지폐나 주화로 바뀌면서 위조 행위는 더욱 지능적이고 교묘해지고 있다. 즉 지폐가 사용되던 초기에는 인쇄 원판을 위조하거나 그냥 종이에 그리던 단순한 방식이었으나, 이제는 고도로 정교한 컬러복사기와 컴퓨터 스캐너scanner 등을 이용하고 있어 진짜 화폐와 구별하기가 어려울 지경이다.

화폐를 위조하는 것과 비슷한 형태로 변조가 있다. 이는 진짜 지폐를 가공하여 그 가치를 변경하는 것으로, 지폐를 표면表面과 이면裏面으로 분리해 변조하는 방식 등이 있다. 다시 말해 위조僞造는 통화를 발행할 권한 없는 자가 진짜 통화로 오인할 수 있는 화폐를 제조하는 것을 말하고, 변조變造는 권한 없이 진짜 통화를 가공하여 가치를 변경시키는 것을 가리킨다. 위조든 변조든 경제사회 질서를 어지럽히는 범죄행위라는 점에서는 다를 바가 없다.

오늘날 위조지폐의 2/3가량은 미국 달러이며, 그 외에 유로, 영국의 파운드, 스위스 프랑 등 주로 유통이 많은 지폐일수록 위조가 많다. 이러한 위조지폐는 주로 국제위조단에 의해 만들어지며, 그 조직은 자금제공ㆍ기술ㆍ행사 등 각 그룹으로 나뉘어 있어 수사를 어렵게 하고 있다. 근래에는 통화 외에 주권株券, 여행자수표 등의 위조도 늘고 있다.

역사상 유명한 위조지폐 사건들

역사상 가장 유명한 위조지폐 사건은 제2차 세계대전 당시 나치 독일이 계획한 영국 파운드 위조지폐 작전이다. 이는 독일이 최대 적국인 영국의 경제를 붕괴시키려는 목적으로 이루어졌는데, 작전명이 '베른하르트Bernhard 작전'이었다. 당시 이 작전의 실무 책임자였던 베른하르트 크루거 소령은 강제수용소에서 위조 기술자들을 끌어모아 은밀히 작업을 수행해 나갔다. 물론 최고의 전문가들로 이루어진 작업단이었지만, 당시 세계의 기축통화였던 파운드를 위조

'베른하르트 작전'. 역사상 가장 유명한 위조지폐 사건은 제2차 세계대전 당시 나치 독일이 계획한 영국 파운드 위조지폐 작전이다.

하기는 매우 어려웠다.

그럼에도 1943년 여름, 영국의 중앙은행이 발행한 진짜 화폐와 똑같은 위조지폐가 쏟아져 나왔다. 독일은 위조지폐를 완성도에 따라 3등급으로 나누었다. 1등급은 중립국과의 무역에 사용하고, 2등급은 점령지의 현지인 첩자에게 주는 보상금으로 사용했다. 그리고 3등급은 비행기를 동원해 영국 상공에서 대놓고 뿌려 혼란을 초래할 계획을 세워두었다.

그러나 이 계획은 실패하고 말았다. 위조지폐의 완성 시기가 너무 늦었기 때문이다. 당시 독일은 이미 패색이 짙었고 영국 상공에서 돈을 뿌릴 비행기도 없었다. 결국 나치가 만든 위조지폐와 인쇄 원판은 연합국의 손에 들어가고 말았다. 이리하여 사상 최대의 위조지폐 작전은 막을 내리게 된다. 그러나 영국정부는 너무나 완성도가 높은 이 위조지폐로 인해 화폐개혁을 단행해야만 했다. 그리고 당시에 만들어진 위조지폐들은 1980년대까지도 암시장에 돌아다녔다.

우리나라에서 가장 유명한 위조지폐 사건은 광복 직후인 1946년 공산당의 조선정판사朝鮮精版社 사건이다. 이는 남조선 노동당이 일제가 사용하다가 남겨둔 지폐 원판을 이용해 거액의 위조지폐를 발행하여 당의 활동자금을 조달하는 한편, 남한 경제를 혼란에 빠뜨리려던 계획이었다.

북한은 지금도 위조지폐 발행에 혈안이 되어 있다. 북한은 1980년대 이후 경제난이 가중되자 외화난을 타개하기 위해 모든 수단과 방법을 동원하여 각종 외화 벌이 사업을 벌이고 있는 것으로 전해지고 있다. 마약, 위조지폐, 무기거래 등이 그것인데, 특히 이 중에서도 초정밀 100달러 위폐인 슈퍼노트Super Note 제작에 심혈을 기울이고 있는 것으로 알려지고 있다. 생산된 위조 달러는 해외 공관마다 수백만에서 수천만 달러씩 배분돼 진짜 화폐로 바꿔치기를 하는 작업이 진행된다고 한다.

위조화폐 식별기술도 첨단화

아주 오래전부터 화폐의 위조행위가 발생하지 않도록 하기 위해 다양한 대응책들이 마련·활용되어 왔다. 중세 중국에서는 뛰어난 위폐범을 조폐기관 직원으로 특채했다고 한다. 12세기 영국의 헨리1세는 화폐 위조혐의가 있는 조폐기관 직원 100여 명의 손목을 자르기도 했다는 기록이 전해지고 있다. 또한 오늘날 모든 국가의 형법 등에는 화폐의 위조행위를 중형에 처하도록 하고 있다. 우리나라 「형법」(207조 1항)에서도 '대한민국의 화폐, 지폐 또는 은행권을 위조 또는 변조한 자는 무기 또는 2년 이상의 징역에 처한다.'고 명시하고 있다.

아울러 각국 중앙은행 및 조폐기관은 위조지폐를 근본적으로 차단하기 위한 노력을 강화해 나가고 있다. 일반인이 쉽게 식별할 수 있는 다양한 첨단 위조방지 장치가 화폐에 장착되어 있고, 자동현금입출금기 등의 현금 취급 기계들에는 위조지폐 여부를 식별할 수 있는 각종 기계 감응요소가 갖춰져 있다.

이에 따라 오늘날 우리가 쓰고 있는 화폐들에는 여러 종류의 위조방지 장치가 들어 있다. 우리나라에서 현재 통용되는 4종의 지폐에는 홀로그램, 미세문자, 은선, 색변환 잉크, 요판잠상, 볼록 인쇄, 형광색사 등 첨단기술이 결집된 20여 종의 위조·변조 방지장치가 적용돼 있다.

오늘날 위조지폐의 2/3가량은 미국 달러화다.

이를 구체적으로 살펴보면, 일반인은 절대 흉내낼 수 없는 기술로, 우선 용지 제작과정에서 만들어지는 숨어 있는 그림과 부분 노출 은선이 있다. 이는 복사물에는 나타나지 않거나 그대로 재현되지 않기 때문에 이를 활용해서도 쉽게 위조지폐를 가려낼 수 있다. 또 색변환 잉크는 보는 각도에 따라 색상이 변하도록 되어 있다. 1만원과 5,000원권은 황금색에서 녹색으로, 1,000원권은 녹색에서 청색으로 바뀌도록 제작되었다. 그리고 지폐의 앞면 중앙 밑 부분에는 '요판잠상'이 인쇄되어 눈 위치에서 비스듬히 보면 'WON'이 나타나지만 복사하면 이것이 나타나지 않는다.

또한 앞·뒷면 맞춤 문양은 한쪽 면만 봐서는 태극 문양임을

1부. 돈에 관한 일반상식

알 수 없게 문양을 분리하는 기술로, 불빛에 비춰봐야만 태극 문양이 나타난다. 이와 함께 보는 각도에 따라 모양이 변하거나 색상이 변하는 시변각 장치인 홀로그램hologram이 2006년 새 5,000원권부터 적용되었다. 즉 보는 각도에 따라 한반도 지도, 액면 숫자, 태극 및 국기의 4괘가 나타난다. 또 이 홀로그램을 만들어 붙이는 것을 막으려고 홀로그램 위에 요판인쇄를 추가했다.

그러나 아무리 훌륭한 위조방지 장치가 마련되고 위조행위에 대한 엄격한 법적 규제가 있다 하더라도 화폐 위조행위는 끊이지 않고 발생할 것이다. 따라서 화폐 위조행위가 근절될 수 있도록 우리 스스로가 평소에 관심을 갖고 감시자 역할을 해나가야 할 것이다.

05
대체통화로서의 금·
사이버머니·비트코인

금은 참으로 신기한 금속이다. 수천 년이 지나도 그 빛깔이나 중량이 변하지 않는 완전한 금속이며, 목걸이나 반지로 가공되어 사람의 피부에 직접 닿아도 전혀 유해하지 않다. 여기에 뭔가 욕망을 자극시키는 번쩍임과 묵직한 중량까지 지니고 있다. 그래서인지 금은 옛날이나 지금이나 인간이 가장 가지고 싶어 하는 물질이다. 그리고 일찍부터 화폐 대용으로 활용되어 왔다. 대표적인 예가 금본위제도이다.

달러와 대체관계에 있는 금

'금본위제도Gold Standard'는 통화가치를 금 가치와 연계시키는

일반적으로 달러와 금은 대체관계를 보인다. 즉 달러 가치가 하락하면 금값이 상승하고 달러 가치가 상승하면 금값은 하락한다.

화폐제도이다. 이는 19세기 영국에서부터 시작되었다. 금본위제도에서는 언제든지 화폐를 금과 맞바꿀 수 있었다. 화폐의 발행규모도 금 보유량에 연동되었다. 환율 역시 금에 연동되어 있었다.

이처럼 금의 가치에 연동되어 안정적인 모습을 보이던 금본위제도가 두 차례의 세계대전을 거치면서 크게 흔들렸다. 전쟁에 필요한 돈을 충당하기 위해 참전국들이 화폐를 마구 찍어냈기 때문이다. 자신들이 금을 얼마나 가졌는지는 중요하지 않았다. 그 결과 화폐의 가치가 급격히 떨어졌고, 세계경제 질서를 회복하기 위한 새로운 제도가 필요해졌다.

이에 제2차 세계대전 이후 세계경제를 이끌게 된 미국은 금본위제와 유사한 국제통화체제인 '브레튼우즈 체제Bretton Woods system'를 출범시켰다. 이 체제는 각국의 통화가치를 미국 달러를 기준으로 일정하게 유지하는 한편, 세계의 기축통화인 달러 가치는 금 가격에 연동시킴으로써 언제든지 달러를 금으로 바꿔준다는 내용이었다. 당시 달러와 금의 교환비율은 금 1트로이온스(31.1035g)당 35달러였다.

그러나 미국의 만성적 국제수지 적자와 베트남전쟁 자금조달 등을 위해 달러를 대량공급함에 따라 금에 대한 달러의 가치가 크게 하락하게 되었다. 이에 1968년에는 금의 공정평가시세는 그대로 두고, 민간시장의 금 가격은 자유시세에 맡기는 제도인 이중二重 가격제도를 채택했다. 또한 공정가격도 1971년 말 1트로이온스 38달러, 1973년 2월에는 42.23달러로 올렸다. 이러한 조치에도 불구하고 금의 자유시세는 여전히 공정가격보다 상당히 웃돌았다. 이에 따라 1976년 1월 마침내 금의 공정가격을 폐지하기로 결정했다. 이후 국제 금 가격은 런던 LBMALondon Bullion Market Association 고시가격을 가장 표준적인 시세로 사용하고 있다. 런던 금시장은 세계에서 가장 거래량이 많은 시장이다. 1684년 개장된 이래 300년 이상 금을 거래해 온 역사 덕분에 이곳에서 결정된 가격이 곧 국제시세인 셈이다.

이처럼 브레튼우즈 체제에서는 달러 가치가 금에 의해 보장되어 달러와 국제 금값이 같은 방향으로 움직였다. 따라서 금은 달러와 보완관계로 가장 안전한 자산으로서 역할을 수행했다. 그러나 브레튼우즈 체제가 와해되어 환율이 시장에서 결정되고 달러를 더이상 금으로 바꾸어주는 금태환제도가 시행되지 않자 달러와 금은 대체관계로 변화하게 되었다. 즉 달러가 강세를 보이면 금값은 하락하고, 달러가 약세를 보이면 금값이 상승하는 추세를 보여왔던 것이다.

이러한 대체관계가 특히 2008년 글로벌 금융위기 이후 극명하게 나타나고 있다. 금융위기가 진행되기 전에도 달러는 약세를 보여왔지만, 당시의 금값은 온스당 900~1,000달러 수준이었다. 그러다 한창 금융위기가 진행되던 2011년 8월 22일에는 온스당 1,916달러(이는 장중 최고 기준이며, 종가는 1,889달러)로까지 치솟았다. 그러나 미국 경제가 점차 회복되고 달러가 강세를 보이기 시작하자 금 시세는 다시 하락하기 시작했다. 2015년 말 기준 국제 금 시세는 온스당 1,000달러 대 중반을 유지하고 있다.

금을 많이 보유한 나라는 단연 미국이다. 이어 독일, 이탈리아, 프랑스 등 유럽국가들이 금을 많이 보유한 것으로 나타나 있다. 이들 국가들은 외환보유고에서 금이 차지하는 비중도 큰 편이다. 반면 우리나라, 일본, 중국 등의 아시아 국가들은 금 보유량 자체뿐만 아니라 외환보유고에서 금이 차지하는 비중이 매우 낮아 금 보유량을 늘리려는 시도를 하고 있는 중이다. 특히 금에 대한 애착이 유별

금 보유 상위국가

순위	국가	보유량(톤)	금/외환보유고(%)
1	미국	8,133.5	75.4
2	독일	3,395.5	72.3
3	IMF	2,814.0	–
4	이탈리아	2,451.8	71.2
5	프랑스	2,435.4	71.7
6	중국	1,054.1	1.7
7	스위스	1,040.1	12.1
8	러시아	936.6	9.6
9	일본	765.2	3.1
10	네덜란드	612.5	60.7
:		:	:
40	한국	70	1.1

자료 : 세계금위원회(2012년 8월 말 기준)

나기로 소문난 중국은 얼마 전부터 금 보유량을 크게 늘리면서 실제 금 보유량은 공식통계를 크게 웃도는 것으로 알려지고 있다.

전자화폐와 사이버머니의 탄생

우리 주머니에서 현금이 사라진 지 꽤 오래됐다. 일상생활을 하면서 현금 대신 신용카드를 즐겨 쓴 지가 오래된 것이다. 더욱이 이제는 신용카드도 점차 그 활용도가 줄어드는 시대가 되었다. 통신 네트워크가 발달하기 이전에 사람들은 상거래를 위해 종이화폐나 신용카드를 사용했다. 그러나 인터넷 등 IT의 발달로 종이화폐를 사용하지 않고도 상거래가 가능해지면서 사람들은 직접 종이화폐를

만지는 일이 줄어들었다. 상거래는 점차 전자적으로 유통되기 시작했다. 이처럼 통장에 들어 있는 돈을 전자적으로 주고받는 시스템이 '전자화폐electronic money'다.

더욱이 이제는 소셜네트워킹서비스SNS나 온라인게임에서 아이템 구매나 선물구입 등을 위해 사이버공간을 드나드는 이용자가 늘어나면서 '가상화폐cyber money'까지 등장했다. 가상화폐란 사이버공간에서 사용할 수 있는 돈을 말한다. 이는 실제 현금으로는 교환할 수 없지만, 사이버공간에서 온라인 쇼핑을 하거나 게임을 즐기고, 인터넷 포털 사이트에서 실제 화폐처럼 사용할 수 있으며 경품으로도 활용된다. 회원들에게 마일리지 형태로 제공함으로써 사이버에서 실제 물품을 구입할 수 있는 서비스로도 활용되고 있다.

가상화폐를 전자화폐의 한 종류로 분류하기도 하지만, 이 둘은 본질적으로는 다르다. 전자화폐는 국가에서 발행하고 관리하는 법정화폐이지만, 가상화폐는 특정한 국가가 발행하는 법정화폐가 아니다. 법정화폐란 그 국가에서 발행했고 최종적으로 그 국가에서 책임지고 보증한다는 것을 의미한다. 그러나 가상화폐는 이런 발행주체가 없다. 따라서 책임질 기관도 없고 관리하는 주체도 없다. 유일한 주체는 거래하는 당사자들이다. 이 거래 당사자들이 많아지면 화폐로서 인정받을 수 있지만 그렇지 못하면 조용히 사라질 수도 있다. 또 발행주체가 없다는 이야기는 누구라도 만들어 유통시킬 수 있다는 뜻이기도 하다.

가장 이상적이지만 미래가 보장되지 않은 화폐, 비트코인

여러 종류의 가상화폐가 있지만 현재 가장 많은 사람들이 거래하는 가상화폐는 '비트코인Bitcoin'이다. 비트코인은 2009년 일본인으로 추정되는 나카모토 사토시Satoshi Nakamoto가 만든 가상화폐다. 총 발행량은 2,100만 비트코인이다. 그 이상은 발행될 수 없다. 비트코인은 컴퓨터로 수학문제를 풀면 받을 수 있다. 문제를 푼 사람에게는 50BTC(비트코인)가 주어지는데, 이를 '채굴mine'이라 표현한다. 금을 캐는 데 장비와 노동력이 필요하듯 수학문제를 풀기 위해서는 고성능의 컴퓨터와 두뇌능력이 필요하다. 시간이 지날수록 금을 캐기 어려운 것처럼, 수학문제의 난이도도 점점 높아져 비트코인을 얻기가 힘들어지는 셈이다. 지금까지의 채굴량은 1,400만 비트코인 이하인 것으로 알려져 있다.

1부. 돈에 관한 일반상식

이 비트코인이 탄생하고 각광을 받게 된 배경은 2008년 글로벌 금융위기에서 비롯된다. 금융위기를 겪으면서 정부나 거대한 은행도 무너질 수 있다는 불안감에서 시작된 것이다. 당시 견고하다고 믿었던 미국 달러에 대한 불신이 확산되어 갔고, 더욱이 미국정부는 글로벌 금융위기를 막기 위해 달러를 마구 찍어내는 상황이었다. 이런 불안감을 배경으로 만들어진 비트코인은 여러 가지 장점으로 인해 차세대 통화로 각광을 받고 있다. 우선 전체 규모가 일정하기에 일반적인 화폐와 달리 인플레이션에 대한 우려가 없다. 또 은행을 통하는 것이 아니기에 거래할 때 수수료가 저렴하고 세계 어느 나라에서든지 사용 가능하다. 그리고 국가와 같은 중앙통제기관이 발행하는 것이 아니어서 거래가 자유롭다는 점도 장점으로 꼽힌다.

물론 비트코인에 대한 우려도 없지 않다. 익명성이라는 특성으로 인해 비자금 축적, 돈 세탁, 무기거래, 마약구입 등 불법적인 행위에 악용될 소지가 있다. 또 역설적이지만 국가기관 등의 통제를 받지 않아서 존립이 불투명하다는 문제점이 있다. 만약 유통에 문제가 발생하면 하루아침에 그 존재가 사라질 수도 있는 것이다. 이러한 인식을 바탕으로 최근 국제사회에서는 비트코인의 규제 필요성에 대한 논의가 진행되고 있다.

이처럼 비트코인은 가장 주목받고 있고 가장 이상적이지만, 역설적으로 가장 불안한 화폐이기도 해서 어느 누구도 그 미래를 장담

할 수 없다. 그러나 지금 이 순간에도 비트코인을 얻기 위한 채굴은 계속되고 있으며, 이에 대한 관심은 갈수록 뜨거워지고 있다. 미국을 비롯한 주요 선진국 대부분에서 실제 거래되고 있으며, 우리나라에서도 거래 사이트가 개설되어 있다.

　　최근에는 이베이Ebay와 페이팔Paypal과 같은 인터넷 쇼핑몰에서도 결제 및 입출금 수단으로 승인하는 부분을 고려하고 있다고 한다. 이에 따라 비트코인의 가치는 등락이 없지 않지만, 전반적으로 상승 추세를 보이고 있다. 2013년 초 1BTC당 13달러 수준이었던 비트코인이 한때 1,200달러대로 치솟은 적도 있다. 비트코인은 이제 현금이나 다를 바 없다.

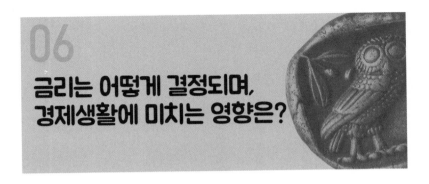

06
금리는 어떻게 결정되며,
경제생활에 미치는 영향은?

경제학에서는 수요가 공급보다 많으면 가격이 오르고 반대로 공급이 더 많으면 가격이 내린다. 돈도 하나의 재화라고 생각할 때 이자율인 금리는 쉽게 말해서 돈의 가격이라고 볼 수 있다. 즉 금리란 빌려준 돈에 대한 이자나 이율을 뜻한다. 결국 이자율은 시중에 돈의 공급량이 많아지면 떨어지고, 돈의 공급량이 줄어들면 높아진다.

금리는 개인투자자에게는 수익의 원천이 되며, 차입자금을 활용하는 기업에게는 비용요인이 된다. 또 금리는 국가경제를 운용해 나갈 때 주요한 거시경제 지표로서의 역할을 하고 있다. 과거 경제개발의 기치를 내세웠을 때는 높은 금리로 저축을 유도하고 이를 통해 자금을 조성하여 기업의 투자재원으로 활용했다. 당시에는 예금 이자에 의존해서 살아가는 사람도 많았다.

그러나 지금은 시중유동성이 풍부하고, 또 기업들의 국제경쟁력 보전 차원에서 금리부담을 낮추어 주기 위해 정책적으로 저금리 정책을 취하고 있다. 이는 기업은 금리와 수익성을 비교하여 수익성이 더 높다고 판단될 때 금리를 지급하고 투자자금을 빌리기 때문이다.

기준금리란 무엇이며 어떤 역할을 하는가?

'기준금리base rate, benchmark rate'는 금리를 책정하는 기준이되는 금리이다. 중앙은행은 국가에 존재하는 모든 금융상품의 금리를 조절하는 것이 아니라 이 기준금리를 통해 조절하고 있다. 기준금리가 중요한 이유는 금융기관의 지급준비율과 시장금리뿐만 아니라 채권 매매나 물가에 영향을 주기 때문이다. 이런 이유로 중앙은행에서 기준금리를 발표하면 시중은행을 포함한 금융기관들은 이를 기준으로 각각 금리를 책정한다. 따라서 중앙은행이 기준금리를 올리면 시중 금리도 상승하고, 기준금리를 낮추면 시중금리도 하락한다. 우리나라는 한국은행에 설치된 금융통화위원회에서 매달 기준금리를 결정한다.

2008년 글로벌 금융위기 이후 미국을 위시한 세계 각국은 크게 위축된 경기를 진작시키기 위해 저금리 기조를 견지해 오고 있다. 주요 선진국들의 경우 기준금리를 제로zero금리 혹은 마이너스 금리로 운영하는 나라도 다수 있다. 일본과 미국, 유로존 등 경제대국들은 꽤 오래전부터 제로금리 상태를 유지해 오고 있다. 다만 미국은 2015년 말, 경기회복에 대해 어느 정도 자신감이 생기자 지난 2008년 말부터 이어온 제로금리 시대를 끝내고 소폭의 금리인상을 단행했다. 우리나라도 꾸준히 금리를 인하해 온 결과 지금은 기준금리가 1.5%에 불과하다. 또 그동안 예금유치를 위해 고금리정책을 취해오던 중국까지도 2014년 후반부터는 경기회복을 위해 수차례에 걸쳐 금리를 인하해 나가고 있는 중이다. 덴마크, 스웨덴, 스위스 등은 마이너스 금리를 유지하고 있다.

마이너스 금리라니 그것이 어떻게 가능할까? 이는 예금한 돈에 대해 이자를 지급하기는커녕 오히려 은행은 개인이 맡긴 돈을 안전하게 보관해 주므로 일종의 수수료를 내야 한다는 의미이다. 이러한 마이너스 금리 정책을 채택하는 이유는 은행에 돈을 맡기기보다는 시중에 돈이 활발하게 유통되도록 유도하기 위한 것이다.

일반적으로 저금리 기조가 유지되면 가계와 기업들은 대출이자가 감소해 대출을 늘리게 되고, 부동산·주식·채권에 대한 투자매력이 커져 자금의 유동성이 높아진다. 그리고 기업활동이 호조를 보임에 따라 경기활성화와 일자리 창출에 기여한다.

반면 저금리 기조가 오랫동안 지속되는 데 따른 후유증도 나타
난다. 기업은 자금압박을 심하게 받지 않기 때문에 기업혁신에 속도
를 내야 할 유인이 줄어들게 마련이다. 또한 전반적인 소비증대로
인플레이션이 확산될 우려가 높아질 뿐만 아니라 가계대출이 늘어
나 가계부채 문제를 일으키기도 한다. 일본의 '잃어버린 20년'이 저
금리 기조의 대표적인 후유증 사례라 할 수 있다. 따지고 보면 우리
나라의 가계부채 증가 문제도 그렇고, 미국의 서브프라임 모기지 문
제도 저금리를 바탕으로 한 부동산대출 확대에서 비롯된 것이라 할
수 있다.

주요국의 기준금리와 수준

(2015년 12월 기준)

국가	기준금리	금리 수준	최근 변경일
미국	Fed funds rate	0.25~0.50%	2015.12
캐나다	overnight rate	1.00%	2010.09
중국*	lending rate	4.35%	2015.10
일본	overnight call rate	0~0.10%	2010.05
영국	base rate	0.50%	2009.03
EU	refinance rate	0.05%	2014.09
호주	cash rate	2.50%	2013.08
한국	call rate	1.50%	2015.06

* 예금금리는 1.50%

최고금리의 제한

한편 기준금리도 운용 목표치에 불과하며, 실제 자금시장에서
거래되는 다양한 금리는 기본적으로 자금의 수요와 공급에 의해 결

정되고 있다. 그런데 시중금리가 너무 높아지면 서민들이 일상생활을 해나가는 데 많은 어려움을 겪을 가능성이 크다. 이처럼 고금리로 인해 초래될 여러 부작용을 사전에 차단하기 위해 우리나라는 금리의 상한규제를 두고 있다. 즉 현행 「이자제한법」에 따르면 최고이자율은 25%이다. 이에 따라 금융기관에서 연 25%를 넘는 금리를 받을 경우 25% 초과부분은 무효이다. 선이자의 경우 채무자가 실제 받은 금액을 원금으로 간주하며, 복리에 의한 이자지급도 최고이자율인 연 25%를 넘지 않도록 제한하고 있다.

다만, 「대부업 등의 등록 및 금융이용자보호에 관한 법률(대부업 법)」에서는 별도로 최고금리를 규제하고 있다. 이에 따르면 대부업체의 경우 법정 최고이자율을 연 34.9%로 제한하고 있다. 그런데 최근 저금리 기조에 맞추는 한편 서민들의 금리부담 완화를 위해 법정 최고금리를 추가로 인하하기 위한 계획을 정부와 정치권에서 잇달아 발표하고 있는 중이다. 그 핵심 내용은 대부업체의 최고금리를 30% 이하로 낮추는 것이다.

금리에 대한 이러한 규제에도 불구하고 실제 금융시장에서의 금리수준은 자금수요자의 신용상황 그리고 대출약정방식 등에 따라 크게 달라진다. 우선 고정금리와 변동금리에 따른 차이다. 고정금리는 최초 대출약정에 의해 약정기간 동안 기준금리가 아무리 큰 폭으로 변경되더라도 금리변경이 없는 것을 말한다. 이에 비해 변동금리는 일정한 주기로 금리가 변동된다. 그래서 고정금리는 안정성이 있는 반면, 금리수준은 변동금리보다 다소 높은 편이다. 대출을 받는 고객 입장에서는 일반적으로 대출기간이 짧고 향후 금리가 내려간다고 전망되면 변동금리 상품이 유리하고, 그 반대의 경우는 고정금리 상품 대출을 받는 게 유리하다.

한편, 자금수요자의 신용상태에 따른 금리양극화 현상도 갈수록 심화되고 있다. 저금리 시대를 맞아 소득과 신용이 좋은 사람들이 찾는 은행권의 대출금리는 2%대까지 뚝 떨어져 있다. 이에 반해 소득과 신용, 담보가 부실한 서민들이 주로 이용하는 저축은행 등 제2금융권의 대출금리는 오히려 올라가는 양상을 보이고 있다. 경기가 풀리지 않아 빚에 의존해 살아갈 수밖에 없는 저신용자들은 고금리지만 담보 없이도 대출을 해주고 있는 저축은행과 대부업체의 문을 두드리고 있기 때문이다. 이 문제를 풀어나가기 위해서는 결국 경제활성화를 통해 서민생활의 안정을 기하는 한편, 돈이 한곳에 머무르지 않고 원활하게 유통이 되도록 해야 할 것이다.

이슬람 금융권에서 금리가 지닌 의미

자금을 빌리면 이자를 지불해야 하지만 금리가 전혀 없는 경우도 있다. 바로 이슬람 금융이다. 이슬람 금융은 이슬람 율법인 '샤리아Sharia'를 지키기 때문에 보다 더 윤리적인 금융이라는 인식이 깔려 있다. 샤리아는 돈을 빌려주고 이자를 받지 못하게 하며, 하루 안에 주식을 사고파는 것도 금지한다. 또 술과 돼지고기, 대중문화, 무기와 관련한 투자도 금지하고 있다.

이슬람은 이자를 매개로 한 금융거래는 위험을 공유한다는 측면에서 대출자에게 유리하고 차입자에게 불리한 현상으로 간주한다. 대출자는 고정된 이자를 수취함으로써 미래의 위험을 전혀 감당하지 않으며, 오직 차입자만이 모든 위험을 감당하기 때문에 이자를 매개로 한 대출은 공정한 거래관계가 아니라고 여겨 이자riba를 금지한다.

또한 이슬람 금융은 실물자산에 근거한 거래라는 독특한 특징을 갖고 있다. 자본은 반드시 실질적인 경제활동과 연결되어 투자되어야만 이윤으로 보상받을 수 있다는 것이다. 즉 자본만이 생산활동에 기여하는 것이 아니라, 인간의 노동과 경영 등과 결합될 때 비로소 생산활동과 이윤획득이 가능하다고 믿고 있다. 따라서 자본제공자는 제공한 자본으로 창출된 이윤을 생산자와 공유해야 한다는 것이다.

이 때문에 이슬람 금융권은 투자금에 대한 이자가 아니라 배당금 형식으로 수익을 배분하며, 투기성 투자에는 잘 나서지 않는다. 즉 이슬람은 채권금융debt financing을 지양하고 주식금융equity financing

을 지향하는 방식으로 금융체계를 운영한다. 예를 들어 기계를 구입하기 위해 돈을 빌리려는 사람이 있다면, 은행이 직접 기계를 사들여 제공하고 은행은 이자 대신 사용료를 받는 방식이다. 사용료는 명목상 이자가 아니기 때문에 이슬람 율법의 이자 금지에도 어긋나지 않는 묘책이었던 것이다. 이러한 이슬람 금융은 2008년 글로벌 금융위기 이후 국제사회에서 커다란 주목을 받고 있다.

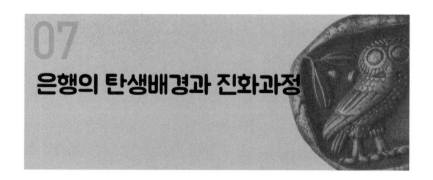

07
은행의 탄생배경과 진화과정

지금과 같은 형태의 은행은 언제쯤 만들어졌을까? 은행의 기원과 관련해서는 여러 가지 설이 있다. BC 18세기에 만들어진 바빌로니아의 함무라비법전으로까지 거슬러 올라가기도 한다. 여기에는 재산의 단순한 기탁 외에도 기탁된 재산의 운용이나 그에 따른 이자에 대한 규정도 명기되어 있기 때문이다. 그러나 지금의 은행과 유사한 기능과 체제를 갖춘 기관이 나타난 기원에 대한 설은 대체로 다음 두 가지로 나뉜다.

메디치 가문이 탄생시킨 은행업
하나는 15세기 이탈리아 르네상스의 거대한 문화적 용광로에서 탄생했다는 것이다. 초기의 대금업과 환전업은 르네상스의 주역인 메디치Medici 가문에 의해 은행업으로 진화하게 된다. 메디치 가문은 은행을 조직적으로 대형화함으로써 규모의 경제와 위험의 분산을 이루었다. 이는 위험을 줄이면서 안정적인 수입을 확보함을 의미한다. 일개 소규모 환전상 내지 대부업체에서 대형은행가로 성장한 메디치 가문은 이탈리아 전역은 물론 유럽의 경제와 정치에 강력한 영향력을 행사할 수 있었다.

'은행'이라는 용어도 이즈음에 처음으로 사용된 것으로 본다. 당시 이탈리아는 국제무역이 성행했다. 그래서 많은 자금의 유통과 환전업무가 이루어지고 있었다. 그런데 이 환전업무와 자금거래를 하던 금융업자들은 별도의 점포를 차리고 영업을 한 게 아니라, 그냥 노상에서 긴 탁자를 펼쳐놓고 일을 했다. 이 탁자를 '반코banco'라고 불렀는데, 이것이 진화해 오늘의 은행을 뜻하는 '뱅크bank'가 되었다는 것이다. 그리고 이 금융업자들도 파산하는 경우가 있었다. 그러면 돈을 맡겼다가 날린 사람이 너무 화가 나서 탁자를 부숴버렸는데, 이 '부서진 탁자banco rotto'에서 '파산bankruptcy'이라는 용어가 생겨난 것으로 전해지고 있다.

금세공업자가 발전시킨 은행업 체계

근대 은행 탄생에 관한 또 다른 설은 17세기 영국의 금세공업자Goldsmith들로부터 그 자취를 찾고 있다. 당시에는 금과 은 등 귀금속이 화폐의 역할을 하고 있었다. 그러나 금은 기본적으로 부피와 무게가 있어서 이동과 보관에 어려움을 겪었고, 간혹 중량과 순도 문제로 다툼이 생기기도 했다.

이에 사람들은 하나둘씩 금을 전문적으로 취급하는 금세공업자들에게 자신의 금을 맡겼다. 금세공업자들은 보통 튼튼한 금고를 가지고 있었기에 안전하게 보관했고 순도 또한 보증 받을 수 있었기 때문이다. 금세공업자들은 금을 맡긴 사람들로부터 수수료를 받고 보관증을 발급해 주었다. 이처럼 금 보관이 보편화되자 사람들은 금세공업자들이 발행한 보관증이 상거래에 매우 요긴하다는 사실을 알게 됐다. 금을 직접 주고받던 거래보다 보관증만을 교환하는 게 더 편리했던 것이다. 금세공업자들을 믿은 사람들은 금의 존재 유무를 일일이 확인하지도 않았다.

일부 금세공업자는 보관되어 있는 금을 필요한 사람에게 수수료를 받고 빌려주는 아이디어를 떠올렸다. 사람들은 보관증으로 거래할 뿐 실제 금을 되찾으러 오는 경우는 드물었기 때문이다. 더욱이 실제 금을 빌려줄 필요도 없었다. 그저 자신이 금을 보관하고 있다는 증서만 발행하면 그만이었다. 이 보관증이 지금의 통화기능을 한 것이다. 이런 방식의 거래가 활발해지면서 금세공업자들이 많은 돈을 벌게 되자, 금을 맡겼던 부자들은 자신들의 금을 이용해 금세

쿠엔틴 마시스, 〈대금업자와 그의 아내〉,(1514, 루브르 박물관, 파리)

공업자들이 돈을 벌고 있다면서 항의를 했다. 이에 금세공업자는 금을 맡긴 사람들에게 대출이자로 발생한 이익의 일부를 나눠주겠다는 거래 제안을 했다. 가만히 앉아서 돈을 벌 수 있게 된 부자들은 이 제안을 받아들였다.

이는 결국 금세공업자들이 여태까지는 금을 맡긴 사람들로부터 보관료를 받아 챙기다가, 이제는 오히려 일종의 사례금을 지불하는 격이 된 것이다. 그러나 사례금을 지불해도 대출이자로 버는 돈이 항상 더 많았다. 이것이 바로 오늘날 예금금리와 대출금리의 차이로 인해 금융기관의 수입이 되는 부분인 '예대마진'이라고 할 수 있다. 그래서 금세공업자들은 큰돈을 벌었고, 또 몇몇 세공업자들은 금 보관 업무를 본업으로 삼게 되었다. 이것은 오늘날 은행의 기능과 다를 바가 없었다.

점차 시간이 흐르면서 금세공업자들은 새로운 사업 아이디어를 냈는데, 그것은 있지도 않은 금으로 사람들에게 대출을 하는 것이었다. 이처럼 금도 없이 보관증을 담보로 대출을 하게 된 데는 세공업자들이 믿는 바가 있었기 때문이다. 바로 금고에 있는 금을 찾으러 오는 사람들의 비율이 10% 내외라는 것과, 금고 속에 있는 금의 양을 정확히 아는 사람은 자신밖에 없다는 점이었다. 이 10%는 오늘날의 지급준비금의 기초가 된다. '지급준비금'이란 시중은행이 예금자들의 인출 요구에 대비하여 예금액의 일정비율 이상을 중앙은행에 의무적으로 예치하는 자금이다. 그러나 간혹 빌려준 금이 회수되지 않거나, 또는 있지도 않은 금으로 대출을 한다고 의심하는 사람들이 보관증을 들고 찾아와 자신의 금을 돌려 달라는 경우가 발생했다. 나중에는 이런 경우가 빈번히 발생했는데, 이것이 오늘날의 뱅크런bank run 또는 파산과 같은 것이다.

이처럼 신흥은행가들이 곤욕을 치르고 있을 때 거래를 제안한 사람이 있었다. 바로 영국왕실이었다. 당시 전쟁을 치르고 있던 영국왕실은 이들 은행가를 이용해 전쟁자금을 확보하려는 생각을 한다. 은행가들은 이를 수락하고 전쟁자금을 대주는 대신 훨씬 더 큰 것을 얻어낸다. 그 대가란 영국왕실로부터 금 보유액의 3배에 달하는 가상의 돈을 합법적으로 대출할 수 있는 면허Chartered를 획득하는 것이었다. 영국의 '스탠다드 차타드은행Standard Chartered Bank'은 이런 연유로 탄생되었다.

은행의 역할과 기능이 진화되는 과정

은행이 근대적인 형태로 발전하면서 전체적인 금융활동들도 체계를 갖추기 시작한다. 우선 은행가들의 동업자 조직인 '길드'가 설립되고, 은행가들에게 '신용'과 '정직'이 강조되면서, 신용거래가 고개를 내밀게 된다. 그중에서도 신용거래가 확립되는 데 크게 이바지한 환어음은 국가 간의 무역에서 널리 사용되었다. 또한 상거래 물자들을 배로 싣고 가는 동안 야기되는 폭풍우와 해적의 위협으로부터 부담을 덜기 위한 해상보험제도가 출현하게 된다. 뿐만 아니라 회계에서 코페르니쿠스적 전환이라고 할 수 있는 복식부기가 탄생하고, 인쇄술의 도움으로 상인과 은행가들에게 실용적인 지침을 담은 교본과 주판에 관한 책들도 쏟아져 나오게 되었다.

이후에도 은행의 업무영역은 날로 확장되어 왔다. 일반 예금과 대출을 취급하는 전통적인 상업은행의 기능을 넘어 이제는 증권 ·

보험 업무까지 취급하고 있다. 우리나라에서도 은행에서 보험상품을 취급하는 방카슈랑스bancassurance와 은행창구에서의 펀드판매가 일반화되어 있다.

투자은행은 특히 미국에서 발전되어 왔다. 투자은행IB, Investment Bank은 기업들로부터 주식과 채권의 일부나 전부를 인수한 뒤, 이를 기관투자가와 개인투자자에게 판매하는 방식을 통해 기업에 장기자금을 공급한다. 또 M&A 자문·투자 자문·파생금융상품 매매 서비스도 제공하면서 투자와 관련된 각종 지원서비스 업무를 한다. 상업은행CB, Commercial Bank과 달리 예금은 받지 않으며, 차입 또는 증권 발행 등을 통해 자금을 조달한다. 대표적인 투자은행에는 JP모건, 모건스탠리, 메릴린치, 골드만삭스, 노무라증권 등이 있다.

미국은 그동안 금융을 통한 세계지배 전략의 일환으로 투자은행을 육성해 왔고, 이 과정에서 투자은행과 상업은행의 양쪽 업무를 모두 수행하는 겸업화 추세가 심화되었다. 이에 따라 투자은행에 거품이 끼고, 상업은행도 파생상품에 대한 대규모 무차별적 투자가 가능해졌다. 이것이 2008년 글로벌 금융위기를 초래하는 하나의 원인이 되었다. 이후 은행과 증권업무의 겸업에 대해 규제를 강화하는 추세를 보이고 있다.

우리나라 은행의 역사

　우리나라는 1878년 일본 제일은행 부산지점이 개설되면서 근대 은행의 역사가 시작된다. 이후 일제 강점기를 거쳐 1950년 6월 중앙은행으로서 한국은행이 창설되었다. 일반 시중은행은 1954년 새로운 「은행법」이 시행되면서 한국상업은행, 한일은행, 조흥은행, 제일은행, 서울은행 등 5개 시중은행이 설립되었다. 이후 2000년 금융지주회사제도를 도입하고, 2003년 방카슈랑스 제도의 시행, 그리고 2009년에는 한국판 금융빅뱅을 기치로 「자본시장과 금융투자업에 관한 법률(자본시장법)」을 제정했다.

　미국 · 영국 등 금융선진국처럼 우리나라에도 2016년 인터넷전문은행이 출범할 예정이다. '인터넷전문은행'이란 점포 없이 인터넷과 콜센터에서 예금 수신이나 대출 등의 업무를 하는 은행이다. 은행서비스를 인터넷으로 제공하는 영업방식을 지칭하는 인터넷뱅킹Internet Banking과는 법적 실체에 있어 구분된다. 실명확인도 점포를 방문해 대면해야 하는 일반은행과 달리 공인인증서, ARS 전화, 화상통신 등을 통해 할 수 있다. 소규모 조직만 가지고 지점망 없이 운영되는 저비용 구조로 인해 기존 거대은행에 비해서 예대마진과 각종 수수료를 최소화하면서도 수익을 낼 수 있다. 따라서 보다 높은 예금금리, 낮은 대출금리, 저렴한 수수료 등이 장점이라 할 수 있다.

2015년 11월, '한국카카오은행'과 '케이뱅크K Bank' 두 곳이 우리나라 첫 인터넷은행 사업자로 선정되었다. 이 두 사업자는 은행업을 위한 인력과 전산설비 등을 갖춘 후 2016년부터 영업을 시작 할 전망이다.

08 돈이 돌아야 경제가 산다

시중에 부동자금은 넘친다는데 내 주머니엔 돈이 없다. 왜 그런 것일까? '낙수효과 trickle-down effect'라는 용어가 있다. 이는 원래 컵을 피라미드같이 층층이 쌓아놓고 맨 꼭대기의 컵에 물을 부으면, 제일 위의 컵부터 흘러들어간 물이 다 찬 뒤에야 넘쳐서 아래로 자연스럽게 내려간다는 이론이다. 지금은 경제용어로 더 많이 사용되고 있는데, 대기업 · 재벌 · 고소득층 등 선도부문의 성과가 늘어나면 연관산업을 이용해 후발 · 낙후 부문에도 유입되는 효과를 의미한다. 이는 결국 돈이 돌아야 경제가 제대로 굴러간다는 것을 설명하는 하나의 이론이라 할 수 있다.

최근 시중에 돈이 잘 돌지 않고 있다. 이에 국가경제 전체가 위

71

축되고 서민들의 삶이 어려워지고 있다. 이처럼 시중에 돈이 잘 돌고 있지 않다는 사실을 몇 가지 통화 관련 지표를 통해 알아보자.

통화 유통속도와 통화승수의 하락

우선, 통화의 유통속도 하락이다. '통화의 유통속도Velocity of money'는 일정 기간 동안 한 단위의 통화가 거래에 사용되는 횟수를 나타내는 지표다. 쉽게 말해 시중에 돈이 돌고 도는 속도를 말한다. 이 속도가 빠르면 그만큼 경기가 좋아 시중에 돈이 잘 돌고 있다는 것을 뜻하며, 반대로 속도가 느리면 시중에 돈이 잘 돌지 않아 경제가 활력을 잃고 있다는 것을 의미한다. 이는 명목 국내총생산(GDP)을 시중통화량 지표인 광의통화(M2)로 나눠 계산한다. 즉 통화가 몇 번 돌아 GDP를 만들어내느냐는 것인데, 이 방정식에 따른 2014년 통화 유통속도는 GDP 1,485조원을 M2 2,010조원으로 나누면 0.74가 나온다.

과거 우리나라의 통화 유통속도를 보면 1970년대 중반에는 4에 가까웠으나, 그 뒤 계속 낮아져서 지금은 0.7 수준에 이르고 있다. 이처럼 통화 유통속도가 떨어진다는 것은 장기적으로는 실물경제 규모에 비해 통화량이 증가한다는 것을 의미하고, 단기적으로는 돈이 제대로 돌지 않아 실물경제가 위축되고 있음을 뜻한다.

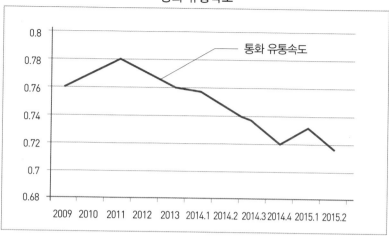

통화 유통속도

통화 유통속도

0.8
0.78
0.76
0.74
0.72
0.7
0.68

2009 2010 2011 2012 2013 2014.1 2014.2 2014.3 2014.4 2015.1 2015.2

자료 : 한국은행

그러면 이처럼 통화 유통속도가 떨어지는 이유는 무엇일까? 우선, 통화정책이 제대로 작동하지 않기 때문이다. 경제이론에 따르면 중앙은행이 금리를 낮추면 투자가 증가해야 한다. 그런데 실제로는 금리를 낮춰도 투자가 늘어나지 않는 등 통화정책의 유효성이 떨어지고 있다. 즉 경기부진을 막기 위해 양적완화 등 돈을 풀어도 경기가 제대로 살아나지 않는다는 것이다.

이를 두고 우리 경제가 유동성 함정에 빠진 것이라고 보는 견해도 있다. '유동성 함정liquidity trap'이란 화폐공급을 아무리 늘려도 화폐수요가 무한대라서 소득을 늘릴 수가 없는 상태를 말한다. 가령 기업이나 가계가 향후 경기전망을 나쁘게 보고 있다면 통화를 아무리 많이 공급해도 투자와 소비가 늘지 않는다. 이와 같이 경제가 유동성 함정에 빠진 상황에서는 금융정책이 실효를 거두기가 어렵다.

또 다른 이유로는 다양한 금융상품의 출현에서 찾을 수 있다. 갈수록 수익증권, 금전신탁 등 실적배당형 상품과 같은 금융자산 보유가 지속적으로 증가하고 있다. 그런데 이것의 증가속도가 실물경제보다 빨라 통화 유통속도를 하락시키는 것으로 보인다.

통화 유통속도와 함께 돈의 흐름을 파악하는 데 사용되는 지표로 통화승수가 있다. 통화승수는 광의통화(M2)를 한국은행 발행 본원통화로 나누어 산출된다. 이 수치가 작을수록 시중에 돈이 잘 돌고 있지 않다는 것을 뜻한다. 바꾸어 말하면 시중에 돈이 부족하다는 것은 본원통화에서 파생하는 광의통화가 부족하다는 것으로, 결국 한국은행이 발행한 돈이 시중에서 원활히 유통되지 못한다는 것을 의미한다.

이는 은행의 존립기반인 신용창조가 원활하게 작동하지 않는다는 의미와도 상통한다. 신용창조란 최초로 은행에서 공급된 통화가 그 몇 배로 불어나는 과정을 말한다. 예를 들어, 시중은행이 A에게 주택자금을 대출하면 A는 이 돈을 주택건설업자에게 갚고, 건설업자는 이 돈을 활용해 나가면서 그중 일부는 다시 은행에 예치하게 된다. 이 자금을 가지고 은행은 또다시 다른 사람들인 B, C, D 등에게 대출하는 과정을 반복적으로 거치면서, 통화량은 본원통화의 몇

통화승수

자료 : 한국은행

배에 달하는 자금으로 불어나게 된다.

우리나라의 통화승수는 2005년 25.6 수준에서 2015년 18로까지 떨어지는 추세를 보이고 있다. 이처럼 통화승수가 지속적으로 하락하고 있다는 것은 고액권인 5만원의 발행·유통이 늘어난 점을 감안하더라도, 시중에 유통 중인 통화의 실물경제 영향력이 떨어지고 있음을 나타낸다. 이에 돈이 중앙은행인 한국은행과 시중은행 사이에서만 돌고 있는 것 아니냐는 의문마저 제기되고 있다.

돈이 잘 돌게 하려면?

돈은 쌓여만 있으면 어떠한 가치도 발휘하지 못한다. 어떤 식으로든 소비되어야 한다. 그러나 오늘의 현실은 그렇지 못하다. 가계

1부. 돈에 관한 일반상식

는 소비를 꺼리고 있고, 은행은 담보가 아니면 대출을 꺼리고 있으며, 기업은 마땅한 투자처를 찾지 못하고 있다. 특히 마땅한 투자처를 찾지 못한 기업들은 현금을 기업 내부에 그냥 쌓아두고 있다. 그 결과 단기 부동자금이 900조원 수준에 이르고 있다.

시중에 풀린 유동성 또한 중소기업 및 실물경제로 흐르지 못하고, 부동산 시장이나 증시로 유입되어 투기자본이 되거나 가계 부채를 증가시키는 데 한몫을 하고 있다. 이러한 현상은 우리 경제의 미래에 큰 걸림돌로 작용할 우려가 크다. 기업은 여유자금이 생기면 고용창출이나 신사업과 연구개발 등을 위한 투자에 힘써야 한다.

우리 정부는 시중에 돈이 잘 굴러가지 않는 가장 큰 이유가 기업이 돈을 투자나 배당 등을 통해 풀지 않고 내부에 축적해 두고 있다고 보고 이에 대한 대책을 마련해 2015년부터 운용 중에 있다. 바로 근로소득증대 세제, 배당소득증대 세제, 기업소득환류 세제 등 3대 패키지 시책이다. 이중 근로소득증대 세제와 배당소득증대 세제는 일종의 당근이고, 기업소득환류 세제는 채찍으로 분류할 수 있다.

우선, 근로소득증대 세제는 임금이 증가한 기업에 세액공제를 해주는 제도이다. 즉 모든 기업은 당해 연도 임금증가분이 직전 3년 평균임금 증가율을 초과하는 경우, 그 금액의 5~10%를 세액공제 받을 수 있다. 다만, 임원과 고액연봉자의 봉급은 대상에서 제외된다.

또 배당소득증대 세제는 배당을 많이 한 기업에 대해서는 소액주주의 배당수익은 물론이고 대주주까지도 할인된 세율을 적용받을 수 있도록 하는 제도이다. 이에 비해 기업소득환류 세제란 대기업이 이익금을 사용하지 않고 사내유보금으로 쌓아놓기만 할 경우 과세하는 것이다. 즉 투자와 배당, 임금 증가 등이 당기순이익의 일정 비율 이하인 경우 미달액에 대해 10%의 법인세를 추가로 매기는 제도를 뜻한다. 적용대상 기업은 자기자본 500억원 이상 법인 또는 상호출자제한 기업집단 소속 기업이다.

물론 이러한 세제를 통한 자금지출 유인책도 중요하다. 그러나 기업 투자활동에 걸림돌이 되고 있는 각종 규제를 완화해 나가는 것이 더 근원적인 시책이다. 이를 뒷받침하는 사례로는 과도한 건축규제 등으로 관광호텔 신축·증축이 무산되거나 외국인 투자유치가 어려운 경우에서 찾을 수 있다. 아울러 기업들이 연구개발 투자나 인적자원의 능력향상을 위해 자금지출을 늘리도록 하는 유인도 강화해 나가야 한다.

물이 흐르지 않고 고여 있으면 썩게 되고 고약한 냄새가 난다. 같은 이치로 돈이 돌지 않고 한곳에 묶여 있으면 경제의 움직임이 멈추고 이것이 심해지면 경제 전체가 제대로 작동되지 않는다. 만약 돈이 유통되지 않는다면 아무 소용없는 휴지조각이나 쇳덩어리에 불과하다. 무인도에 갇힌 사람에게 수십억 원이 들어 있는 돈 가방

이 무슨 소용이 있겠는가! 그것은 빵 한 조각이나 물 한 병의 가치만도 못할 것이다. 돈이란 돌아야 돈인 것이다.

한 해 폐기된 지폐가 5톤 트럭 103대분

돈은 이 사람 저 사람의 손을 거치며 돌고 돌다 보니 많이 훼손되기 마련이다. 이처럼 돈이 시중에서 유통되다가 훼손되거나 수명을 다하면 폐기된다. 2014년에 찢기거나 더러워져서 폐기한 지폐는 2조 9,832억원으로 5억 6,000만 장에 이른다. 이는 5톤 트럭 103대분에 해당하는 물량이다. 이를 모두 이을 경우 그 길이는 7만 9,269km로 경부고속도로 서울~부산(416km)을 약 95회 왕복할 수 있는 거리이고, 쌓을 경우 그 높이는 5만 9,268m로 세계 최고봉인 에베레스트 산(8,848m)의 약 7배에 달한다. 또 2014년에 찌그러지거나 부식되어 폐기한 동전(1원, 5원, 기념주화 제외)은 1,660만 개로 약 15억원에 이른다.

화폐는 폐기한 만큼 새로 만들어야 하는데, 이러한 폐기화폐를 보충하고 경제규모 확대에 따른 신규수요를 충족시키기 위해 매년 1,000억원 이상이 들어간다고 한다. 따라서 국민들이 화폐를 깨끗이 사용하는 습관을 가진다면 이러한 화폐제조 비용을 대폭 줄일 수 있다.

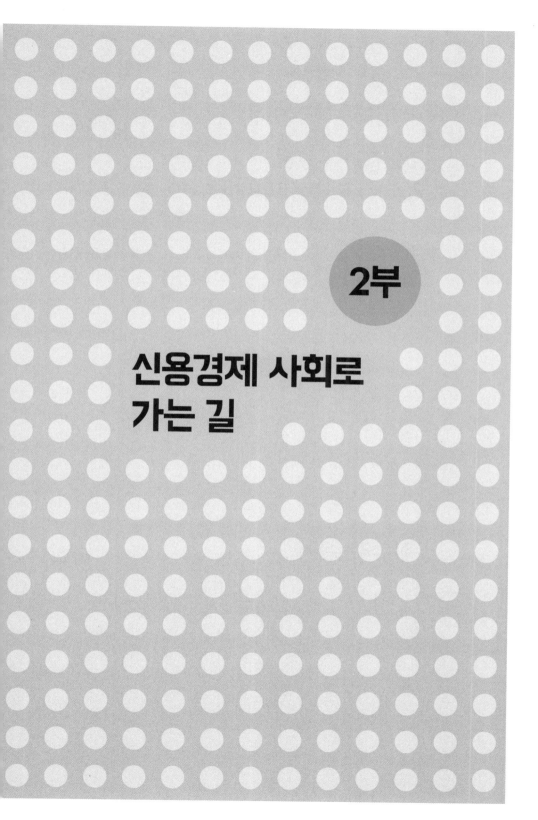

2부

신용경제 사회로
가는 길

01
신뢰인프라 구축은
신용사회로 가는 기본이다

가난한 사람들을 위해 돈을 빌려주는 은행이 있다면 믿을 수 있 겠는가? 그런데 이런 은행이 실제로 존재하고 있다. 바로 2006년 노 벨평화상을 수상한 방글라데시의 '그라민 은행Grameen Bank'이다.

그라민 은행의 신용대출

지난 25년 동안 세계에서 가장 가난한 나라 방글라데시에서 고 리대금업자의 횡포에 시달리던 빈민들에게 담보 없이 79억 달러 이 상을 빌려준 은행, 2,544개가 넘는 지점을 통해 780만 명이 넘는 고 객에게 돈을 빌려준 곳, 고객 가운데 98%가 여성이고, 대출금 상환 율은 98%로 체이스맨해튼 은행의 상환율과 비견할 만한 은행 등의 기록을 세우며 그라민 은행은 새로운 은행 역사를 써내려가고 있다.

그라민 은행의 특징은 주로 사회적 약자인 여성들에게 담보 없이 소액을 단기대출 해준다는 것이다. 고객 대부분은 그 어디에서도 대출을 받을 수 없는 빈곤층이다. 하지만 자선사업이 아닌 이상 이들에게 돈을 갚겠다는 약속을 받아야 한다. 그래서 그라민 은행이 주목한 것은 전통적 의미의 담보인 금전적 담보가 아닌 '신용'이라는 사회적 담보였다. 이것이 고리대금의 횡포에 시달리는 빈민들에게 무담보로 소액자금을 대출하는 마이크로크레디트microcredit의 시발점이다.

그라민 은행에서 돈을 빌리려는 사람은 5명의 채무자로 구성된 모임과 이런 모임 8개가 모여 40명의 채무자로 구성되는 센터에 무조건 가입해야 하고, 일주일에 한 번씩 회의에 참석해야 한다. 구성원의 한 사람이라도 돈을 제때 갚지 못하면 그 구성원 전체가 앞으로 돈을 빌릴 수 없다. 때문에 자동적으로 상호 감시가 되며, 서로가 돈을 갚아나갈 수 있도록 도와주는 조력자가 되는 것이다. 이 집단에서는 서로 간의 '신용'이 가장 중요한 자산이다.

신용의 중요성을 역설하는 주요 사례들
'신용' 내지 '신뢰'의 중요성을 담고 있는 사례들을 살펴보자.

우선 역사적 사례를 통해 살펴보자. 프랑스대혁명 당시의 일이다. 프랑스 왕 루이16세와 왕비 마리 앙투아네트가 시민혁명군에 포위되었을 때 궁전을 마지막까지 지킨 것은 프랑스군이 아닌 스위스 용병이었다. 시민혁명군이 퇴각할 수 있는 기회를 주었지만 스위스 용병은 끝까지 왕과의 계약을 지키기 위해 싸우다가 장렬하게 전사했다. 당시 한 용병이 가족에게 보내려 했던 편지에는 이렇게 쓰여 있었다. "우리가 신용을 잃으면 후손들이 영원히 용병을 할 수 없기 때문에 우리는 죽음으로 계약을 지키기로 했다."

이것이 오늘날까지 스위스 용병이 로마교황청의 경비를 담당하는 전통의 배경이다. 이 스위스 용병의 신화는 스위스은행의 신화로 다시 이어졌다. 용병들이 피 흘려 번 돈을 관리하는 스위스은행의 금고는 그야말로 목숨을 걸고 지켜야 되는 것으로 여겨졌다. 그 결과 오늘날 스위스은행은 안전과 신용의 대명사가 된 것이다.

사회심리학과 게임이론에서 많이 활용 중인 '죄수의 딜레마 Prisoner's dilemma'에서도 신뢰의 중요성을 엿볼 수 있다. 이는 두 사람의 협력적인 선택이 둘 모두에게 최선의 선택임에도 불구하고, 자신의 이익만을 고려한 선택으로 인해 자신뿐만 아니라 상대방에게도 나쁜 결과를 야기하는 현상을 말한다. 즉 두 공범자가 서로를 신뢰하고 협력해 범죄 사실을 숨기면 증거 불충분으로 두 사람 모두 형량이 낮아지는 최선의 결과를 누릴 수 있다. 그러나 상대방의 범죄 사실을 말하면 형량을 감해준다는 수사관의 유혹에 빠져 상대방의 죄를 고발함으로써 둘 다 무거운 형량을 선고받는다. 대부분의 사람들은 자신의 이익만을 고려하여 '서로'가 아닌 '자신'에게 최선이라고 생각되는 것을 선택한다. 그래서 서로를 배신하지 않고 협조했을 때의 결과보다 나쁜 결과를 맞게 된다.

물론 이 '죄수의 딜레마' 이론은 게임이론에서 비롯되었지만, 사회적 현상에서 반면교사로 광범위하게 적용될 수 있다. 즉 어떤 조직 사회가 딜레마 상황에 처하면 신뢰만이 구성원 전체에게 최악의 결과에서 벗어나게 하는 해결책이 된다는 점을 우회적으로 가르쳐주고 있다.

미국의 프랜시스 후쿠야마 교수도 그의 유명한 저서 〈신뢰Trust〉를 통해 국가발전에 있어 신뢰의 중요성을 역설했다. 그는 우리나라를 신뢰도가 낮은 국가로 분류했다. 사실 우리는 이미 선진국을 능가하는 수준의 IT 인프라를 보유하고 있다는 평가를 받고 있다. 그러나 신뢰인프라가 아직 제대로 구축되어 있지 못해 우리의 국가경쟁력은 여전히 선진국 수준에 미치지 못하고 있다.

현대 경제사회에서 국가경쟁력을 좌우하는 핵심적 투입요소는 지식과 기술이다. 그러나 이보다 더 중요한 기본적인 요소는 '사회적 신뢰'라 할 것이다. 이 사회적 신뢰 수준이 낮은 국가는 경제사회

문제를 효율적으로 해결할 수 없다. 고속도로나 통신망 등과 같은 물질적 인프라가 경제사회 활동의 효율성을 높이는 것과 마찬가지로, 사회적 신뢰는 사회구성원 간의 협력을 가능하게 하여 경제사회 문제해결의 효율성을 높이는 역할을 한다. 이러한 의미에서 사회적 신뢰는 '사회적 자본social capital'이라고 불린다.

사회적 자본이 부족한 사회는 기초가 부실한 건물과 같다. 신뢰가 부족해 사회구성원들은 서로의 선의를 믿지 못하기 때문에 사회적 갈등이 증폭되기만 할 뿐 해결의 실마리를 찾지 못하는 것이다. 이와 같이 신뢰 부족은 사회적 갈등을 증폭시켜 국가적으로 엄청난 비용이 든다. 정부가 국민의 신뢰를 얻지 못하면 사람들은 정부 발표나 전문가의 이야기보다도 인터넷에 떠도는 소문이나 근거 없는 주장에 더 귀를 기울이게 된다. 이로 인해 결국 국가 전체의 효율성과 경쟁력이 떨어지는 것이다.

특히 금융은 신뢰를 기본으로 하는 비즈니스Business이다. 우리는 최근에도 고객정보가 대량 유출되는 사고나 거액의 부정대출 사건 등 금융의 신뢰가 흔들리는 현상을 적지 않게 경험했다. 그런데 신뢰를 기반으로 하는 금융산업이 신뢰를 잃으면 금융거래 및 서비스가 위축되기 때문에 경제 전반에 부정적인 영향을 미친다. 경제 전체가 마비될 수도 있다. 우리는 금융에 문제가 생기면 경제 전체가 어려워진다는 사실을, 이미 두 차례의 글로벌 금융위기라는 비싼 비용을 치르면서 교육받았다.

신용사회를 위협하는 모럴 해저드

오늘날의 사회를 두고 흔히 '신용사회'라고 한다. 신용사회란 개인의 신용이 공정하고 정확하게 평가되고, 이를 바탕으로 거래가 투명하게 이루어지는 사회를 의미한다. 이 신용사회에서는 신용이 없으면 경제생활뿐만 아니라 일반적인 사회생활 자체가 불가능해진다. 그런데 이 신용사회에서의 신용이란 개인의 재산 유무를 떠나 신뢰관계에 근거해 형성되는 사회적 신뢰이며, 그에 따른 책임을 동반한다. 이 사회적 신뢰가 부족한 사람들은 항상 자신들이 빠져나갈 구멍만 찾고 사회적인 책임을 회피하려 한다.

이와 같이 법과 제도의 허점을 악용한 이익추구, 자기책임을 소홀히 하는 태도, 집단이기주의 등의 현상을 '모럴 해저드'라고 하며 우리말로 '도덕적 해이'로 번역해서 쓴다. 원래 '모럴 해저드moral hazard'는 미국 보험업계에서 나온 용어로, 정보를 가진 측이 정보를 가지지 못한 측의 이익에 반하는 행동을 취하는 경향을 말한다. 이 개념이 확장되어 지금은 개인이 당장의 편익을 좇아 행동함으로써 장기적인 손실을 초래하는 현상을 뜻한다. 예를 들면 예금자는 예금보호제도에 의해 원리금 상환이 보장되므로 이율이 높으면 경영이 위태롭게 보이는 은행에도 돈을 맡기는데, 이를 예금자의 모럴 해저

드라 한다. 또 경영불안에 빠진 금융기관은 높은 이자를 주고 자금을 모은 만큼 다시 위험성이 높은 대출 상대에게 높은 금리로 융자해 주는데, 이를 금융기관의 모럴 해저드라고 한다.

우리가 살고 있는 이 신용사회에서 사회적 갈등을 극복하기 위해서는 서로 이해관계가 다를 수 있다는 점을 인정하고 자신과 이해관계를 달리하는 사회구성원을 존중하는 자세, 사회 전체의 이익을 위해 조금씩 양보하는 자세가 필요하다. 그리고 사회구성원 간의 신뢰구축이 필요하다. 사회적 신뢰는 사회구성원이 사회문제를 '우리의 문제'로 인식할 수 있게 하여 복잡한 사회적 갈등을 원만하게 해결할 수 있기 때문이다.

이와 함께 사회적 신뢰를 손상시키는 행위에 대해서는 반드시 사회적 제재가 가해져야 한다. 예컨대 허위공시, 허위보고, 허위보도, 위증에 대한 처벌이 강화되어야 한다. 그리고 언론의 잘못된 보도, 속칭 찌라시와 인터넷상의 유언비어 등 '아니면 말고' 식의 풍토도 바로잡아야 한다.

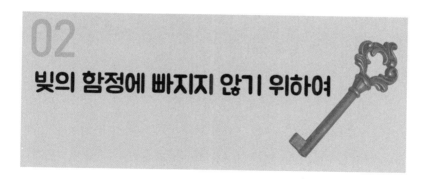

02
빚의 함정에 빠지지 않기 위하여

　　우리의 삶에는 빚의 함정이 곳곳에 도사리고 있다. 세상살이를 할 때 빚 없이 살아가기란 거의 불가능하기 때문이다. 살아가다 보면 어쩔 수 없이 빚을 지는 경우가 생긴다.

'빚'의 경제적 의미

　　사실 빚은 경제생활을 해나가는 데 윤활유 구실을 하기도 한다. 돈을 빌려 투자할 자금을 만들 수 있고, 이를 기반으로 더 큰 수익을 가져오는 레버리지leverage 효과도 거둘 수 있기 때문이다. 가령 자기자본 5억원을 투자한 주식의 가치가 어느 시점에서 5배로 뛰었다면 이 투자자는 총 20억원의 수익을 거둔다. 그런데 이 경우 자기자본

5억 원에 추가로 5억 원의 빚을 내어 총 10억 원을 투자했다면, 그 투자자의 수익은 총 40억 원이 된다. 수익의 규모가 2배나 커지는 셈이다.

그러나 여전히 빚은 경계의 대상이다. 옛 속담에도 '외상이면 황소도 잡아먹는다.'고 한다. 이는 빚을 내서 소비하는 행위에 대해서 경각심을 일깨우기 위한 것으로, 빚의 문제점을 아주 잘 나타내 주는 말이다. 특히 반드시 필요하지도 않고 상환능력이 없는데도 불구하고 일단 쓰고 보자는 식으로 빚을 내는 것은 금물이다. 또 신용카드로 내지르는 '묻지 마 쇼핑'은 신용불량자로 만들기 십상이다.

2008년에 시작된 미국의 금융위기와 유럽의 재정위기는 성격과 내용은 다르지만 발생 원인을 따져보면 한 가지 중요한 공통점이 발견된다. 두 가지 위기 모두 '빚이 만든 재앙'이란 사실이다. 미국의 경우 탐욕에 빠진 투기꾼들이 과도한 '차입투자'를 하다 거품이 푹 꺼진 것이고, 남유럽 국가들은 분에 넘치는 '차입복지'를 즐기다 문제가 발생한 것이다.

지난 십수 년간 이어진 세계경제의 고성장은 빚으로 만들어진 거품이었고, 미국의 금융위기와 유럽의 재정위기는 거품을 만들어 낸 인간들에 대한 일종의 심판이었다. 그나마 다행인 것은 우리나라는 이 시기에 일어난 커다란 재앙을 비켜갈 수가 있었다. 이는 1997년 경제위기 때 많은 것을 이미 터득했으며, 재정상태가 비교적 양

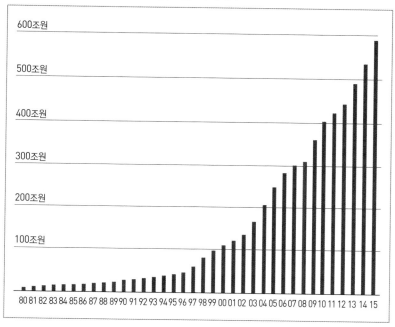

연도별 국가채무

자료 : 기획재정부

호했던 덕분이었다. 그러나 앞으로 언제 어느 시점에서 이와 유사한
재앙에 휘몰릴지는 모를 일이다. 결코 우리도 안심할 수 없다는 것
이다.

빠르게 증가하는 국가채무의 함정

우리나라의 국가채무는 2014년 결산기준 전년 대비 40.6조원
늘어난 530.5조원으로 국내총생산GDP 대비 35.7%에 달한다. 물론

아직까지는 우리나라의 빚 문제는 상대적으로 여유가 있는 편이다. 국제통화기금IMF 자료에 따르면 우리나라 부채비율은 주요 선진국가들에 비해 상대적으로 낮다. 미국은 109.2%, 일본 224.2%, 독일 81.4% 등이며, 경제협력개발기구OECD 평균은 110.9%에 달하고 있다. 수치로만 봐서는 비교적 재정건전성이 좋은 셈이다. 이 때문에 IMF나 OECD에서도 우리나라의 재정상황을 양호하다고 평가하고 있다.

그러나 국가채무 증가세가 지나치게 가파르다는 데 문제가 있다. 지난 10년 동안 국가채무 증가속도는 OECD 31개 국가 중 최고이다. 더욱이 국민연금, 공무원연금, 군인연금, 사학연금 등 4대 공적연금을 비롯해 기초노령연금, 건강보험 등 인구 고령화 관련 비용지출이 세계에서 유례를 찾을 수 없는 빠른 속도를 보이고 있다. 정부의 2016년 예산안에 따르면 국가채무 규모는 2015년 595조원에서 2016년 645조원으로 늘어나고, GDP 대비 국가채무는 2015년 38.5%에서 2016년 40.1%로 증가해 40%대의 국가채무 비율 전망이 처음으로 나왔다. 여기에 공기업 채무까지를 포함할 경우, 국가채무는 1,000조원을 훌쩍 넘는다.

국가채무의 질도 좋지 않다. 국가채무는 금융성 채무와 적자성 채무로 나뉜다. 외환시장 안정용 국채, 국민주택기금 등 금융성 채무는 외화자산이나 대출금 등 대응자산을 보유한 채무다. 따로 재원을 마련하지 않아도 융자금 회수, 자산매각 등 자체 수단으로 빚을 갚을 수 있다.

그러나 일반회계 적자보전용 국채나 공적자금 국채전환 등의 적자성 채무는 금융성 채무와 달리 대응자산이 없다. 빚을 갚으려면 세금으로 재원을 마련해야 한다. 현 세대가 자식 세대에게 세금부담을 떠넘긴다는 점에서 '질 나쁜' 채무이다. 2013년부터는 이처럼 질이 좋지 않은 적자성 채무가 드디어 절반을 넘어섰다. 2014년에도 적자성 채무는 282.7조원으로 국가채무의 53.3%에 이르고 있다. 더욱이 국가채무 이자부담액만 해도 20조원에 달하고 있어 재정경직성이 가속되고 있다.

이렇게 볼 때 우리의 재정상황도 결코 녹록치 않다. 복지확대로 재정지출 수요는 급증하고 있는 데 반해, 재정수입은 고령화로 인해 둔화될 것이 뻔해 국가채무가 급속히 증가할 것이라는 얘기다. 여기에다 남북통일 같은 불확실성이 더해지면 국가채무는 감당하기 힘든 수준까지 치솟게 된다. 통일비용 마련을 위해서라도 우리의 재정상태를 더 탄탄하게 해놓지 않으면, 어느날 불현듯 닥칠지 모를 통일 앞에서 주저앉는 사태를 맞을지도 모른다. 따라서 앞으로 국가채무를 적정하게 관리하기 위해서는 불요불급한 재정지출의 억제, 복지제도의 합리적 개선 등을 통해 재정의 건전기조 유지를 위한 노력을 더욱 강화해 나가야 한다.

국가채무의 규모 추이(결산 기준)

(조원)

	2011	2012	2013	2014
국가채무	420.5	443.1	489.8	530.5
(GDP 대비,%)	(34.0)	(34.8)	(34.3)	(35.7)
일반회계	135.3	148.6	172.9	200.6
공적자금	45.7	45.7	46.9	48.7
외환시장 안정용	136.7	153.0	171.0	185.2
국민주택기금	48.9	49.6	51.3	52.8
기타	53.9	46.2	47.7	43.2

자료 : 기획재정부

심각한 우리나라의 가계부채 문제

이처럼 나라의 빚 문제도 매우 어려운 상황에 있지만, 개인 빚인 가계부채 문제는 한층 더 심각하다. 우리나라 가계부채가 2015년 9월 말 기준 1,166조원으로 전체 경제규모GDP의 70%를 상회하는 위험수위에 도달했다. 또다른 정부통계에 따르면 우리나라 가구중 빚이 있는 가구는 전체의 64.3%, 가구당 평균 빚 규모는 6,181만원이며, 이들의 가처분소득 대비 원리금 상환액 비중은 24.2%에 달하는 것으로 나타났다. 우리나라는 2008년 글로벌 금융위기를 거치는 동안에도 가계부채가 늘어난 세계에서 거의 유일한 나라이다. 반면에 이 기간 동안 가계소득은 경기부진으로 더디게 개선됐다. 이에 따라 우리나라 가계의 처분가능소득 대비 가계부채 비율은 더욱 악화되어, 2014년 말 현재 164.2%로 경제개발협력기구OECD 회원국 평균인 132.5%를 크게 웃돌았다. 이와 같이 우리나라 가계부채의

심각성은 총량 규모가 크다는 것 뿐만 아니라 늘어나는 속도가 지나치게 빠르다는 데 있다.

이러한 속도로 가계부채가 앞으로도 계속 늘어날 경우 또 다른 경제위기가 초래될 우려가 없지 않다. 1997년 우리나라가 겪은 경제위기는 기업의 빚이 너무 많아서 발생했다. 2008년 미국에서 일어난 금융위기는 바로 이 가계부채, 그중에서도 과도한 주택담보대출의 거품이 터지면서 발생한 것이다. 지금 우리가 겪고 있는 어려움과 유사한 점이 너무 많다. 우리가 가계부채 문제를 걱정하는 이유가 바로 여기에 있는 것이다.

2부. 신용경제 사회로 가는 길

이처럼 가계대출이 급속히 늘어난 원인은 무엇일까? 우선 전반적인 저금리 기조가 주요한 요인으로 작용한 것은 물론이다. 금리가 낮다 보니 이자지불에 대해 큰 부담이 없어서 빚을 끌어다 쓸 수가 있었다. 이런 사실은 금리가 인하되기 시작한 2014년 3/4분기 이후 가계부채 증가세가 눈에 띄게 확대됐다는 점에서 쉽게 드러난다.

금융기관들의 영업행태도 가계 빚이 늘어나는 데 가세했다. 그동안 우리나라의 주된 금융대출 방식은 거치식据置式이었다. 이 방식은 빚을 낸 뒤 수년 동안은 원금상환에 대한 부담이 없고 이자만 상환하는 구조였기에 빚을 부추기는 유인으로 작용했다. 여기에 금융기관들은 최근 금리가 낮아지면서 예대마진이 축소되고 수익도 줄어들자, 이를 만회하기 위해 부동산 담보대출을 적극 장려하게 되었다. 이에 따라 금융대출 규모는 부동산 담보대출을 중심으로 크게 늘어난 것이다.

이와 함께 내수활성화를 위한 부동산경기 띄우기 정책 또한 커다란 영향을 끼쳤다. 정부는 부동산 경기활성화 차원에서 그동안 부동산 투기억제를 위해 만들어졌던 각종 조치들을 완화하거나 철폐하고, 주택구입 자금지원시책까지 만들어 시행했다. 이에 부동산 경기가 꿈틀거리자 그동안 잠복되어 있던 부동산 투기심리가 곧장 되살아났다. 과거 부동산 불패신화에 취해 있던 많은 사람들은 이 기회를 틈타 빚을 내서라도 부동산 구입에 나섰다. 더욱이 금리가 낮아 빚을 내기도 수월했다. 그 결과 일부 신규주택 분양시장에서는 과열조짐까지 보였다.

　　이제 가계부채 규모를 적정수준으로 관리하기 위한 방안을 찾아야 할 때이다. 우선 무엇보다도 빚을 내는 사람들이 스스로 빚에 대한 경각심을 가짐으로써 꼭 필요한 경우에만 자금을 융통하도록 해야 한다는 점이 중요하다. 소위 말하는 '묻지 마' 식 투자라든가 부동산투기를 위해 금융기관에서 자금을 끌어다 쓰는 행위는 지양해야 한다. 빚을 갚을 수 있는 능력 여부도 꼼꼼히 따져보아야 한다.

　　금융기관도 여신심사 관행과 영업행태를 바꾸어 주택담보대출 규모를 줄이는 노력을 강화해야 한다. 즉 금융기관은 여신심사 관행을 담보 위주에서 상환능력 위주로 변경하는 한편, 원리금 상환방식도 이자만 갚다가 원금을 한꺼번에 갚는 거치식据置式에서 처음부터 원리금을 분할상환分割償還하는 방식으로 점차 전환해 나가야 할 것이다. 대출자금에 대한 금리적용 방식도 금리인상에 취약한 변동금리부 상품을 줄이는 대신 금리변동에 비교적 안정적인 고정금리부 상품을 늘려나가야 한다.

　　이러한 금융정책이 가계부채를 줄여나가는 데 매우 중요하다. 그러나 무엇보다 중요한 것은, 부동산 정책이 경기부양을 위한 수단으로 활용되어서는 안 되고 주거안정 시책으로 시행되어야 한다는 점이다. 아울러 부동산 투기심리 억제를 위한 최소한의 안전장치는 반드시 유지해 나갈 필요가 있다.

기업부채도 안심하기 어렵다

가계부채와 국가부채가 위험수위에 이르고 있는 데 비해 기업들의 빚 상태는 그나마 나은 편이다. 이는 1997년 외환위기 이후 기업들의 체질개선을 위한 강력한 구조조정이 이루어진 덕분이다. 당시 우리 기업들의 부채비율은 500~600% 수준에 달했다. 그때만 해도 기업이 은행으로부터 대출을 받는 것이 하나의 특혜로 간주되었다. '정책금융'이란 이름으로 대기업들에게 낮은 금리로 대출을 해 주었기 때문이다.

은행대출을 받은 기업들은 투자에도 일부 자금을 활용했지만 적지 않은 금액이 로비자금으로 흘러들어갔다. 자연히 기업의 부채비율은 커졌고 부실운영으로 적자가 늘어났다. 그러다 외환위기라는 외부충격을 받자 기업들은 추풍낙엽처럼 줄줄이 도산하게 된 것이다. 이후 혹독한 구조조정을 거쳐 외형 키우기 경쟁에서 탈피하고 수익성 위주의 내실경영에 역점을 둔 결과 대기업들의 부채비율은 100% 이하로까지 떨어졌다.

그러나 부실기업 내지 한계기업을 뜻하는 소위 좀비기업의 수는 오히려 늘어나고 있다. 한국은행에 따르면 좀비기업은 2009년

2,698개에서 2014년 3,295개로 증가했다. 여기서 '좀비기업Zombie Company'이란 일반적으로 3년 연속 이자보상배율(영업이익/이자비용)이 1 미만인 기업을 말한다. 3년 연속 기업활동을 했는데도 이자조차 갚지 못할 정도라면 자체적인 생존능력이 없다고 보는 것이다.

우리가 경제생활을 해나가는 동안 되도록 빚을 내지 않는 것이 최선이다. 그러나 불가피하게 빚을 내야 할 상황이 닥칠 경우에는 현명하게 돈을 빌려 쓰는 기술이 필요하다. 빚을 내는 이유가 기존의 자산가치를 높이기 위한 사업투자이거나 현재보다 나은 미래를 준비하는 데 쓰이는 발전적인 목적을 위한 것이라야 한다. 한마디로 '투기'가 아닌 '투자'의 용도가 되어야 한다는 것이다. 또 빚을 꾸준히 갚아나갈 수 있는 경우에만 돈을 빌려야 한다. 그래서 빚에도 '좋은 빚'과 '나쁜 빚'이 있다고 말하는 것이다.

03

금융업계의 업무영역 파괴와 그림자 금융

금융기관은 통화창출이 이루어지는지, 그리고 설립목적과 취급 상품이 무엇인지 등에 따라 여러 가지 종류로 나뉘고 있다. 그중에서도 은행권인 제1금융권과 비非은행권인 제2금융권으로 구분하는 것이 가장 보편적인 분류방법이다.

제2금융권이란 은행을 제외한 금융기관을 통칭하여 부르는 명칭이다. 우리나라는 과거 고도성장 과정에서 만성적인 자금의 초과 수요 현상을 보여왔다. 이에 은행을 중심으로 한 제도금융시장 외에도 광범위한 사금융시장이 발달하게 되었다. 이 사금융을 제도금융권 안으로 흡수하는 한편 경제발전에 필요한 자금수요의 다양화를 꾀하기 위해 1970년대 제2금융권이 처음 설립되었다.

이들은 은행에 비해 신용창조 기능이 제약되며, 중앙은행이 수행하는 금융정책의 관할대상도 되지 않는다. 따라서 이를 비통화금융기관이라고도 한다. 보험회사와 증권회사를 비롯하여 신용카드회사·상호저축은행·새마을금고·신용협동조합·리스회사·벤처캐피털 등이 이에 속한다. 최근에는 제도권 금융기관에서 대출이 힘들 때 이용하는 대부업과 파이낸스사 등을 제3금융권으로 분류하기도 한다.

주요 금융기관의 종류와 기능

은행은 오랜 전통과 함께 많은 점포수를 가지고 있어 일반 국민들이 가장 보편적으로 활용하고 있는 금융기관이다. 은행은 통화창출 기능을 가지고 있어 통화금융기관이라고도 한다. 이 은행도 다시 발권력을 가지고 통화정책을 수행하는 은행의 은행격인 중앙은행(우리나라는 한국은행), 그리고 일반 시중은행(또는 상업은행)과 특수은행으로 나뉜다.

시중은행이 취급하는 업무범위는 예금수신과 대출업무, 내·외국환 업무, 채무보증, 어음인수, 유가증권 투자, 신탁업과 신용카드업 등이 있다. 그동안 시중은행은 기업들이 투자활동을 하는 데 필요한 자금을 조성해 이를 대출해 줌으로써 우리나라 경제발전에 커다란 역할을 수행해 왔다. 정부에서도 이러한 시중은행에 대해 적지 않은 지원을 해왔다. 그래서 우리는 그동안 은행은 절대 망하지 않는다는 믿음을 가지고 있었다. 그러나 1997년 경제위기를 겪으면서 이 신화가 깨지게 되었다. 당시 과도한 대출확대 경쟁에 열을 올리던 시중은행들은 늘어난 부실로 경영이 흔들리게 되었다. 이에 정부는 이 부실화된 은행들에 수많은 공적자금을 투입했다. 또 일부 은행은 다른 은행에 합병되거나 심지어 파산되기도 했다. 지금은 자본건전성이 제고되어 국제결제은행에서 권고하는 자본건전성 비율(BIS 비율) 8%를 상회하는 14% 수준을 유지하고 있다.

특수은행이란 일반은행이 필요한 자금을 충분히 공급하지 못하는 부문에 대하여 자금을 원활히 공급함으로써 상업금융의 취약점을 보완하고, 이를 통해 국민경제의 효율적 발전을 도모하기 위해 설립된 금융기관을 말한다. 현재 우리나라의 특수은행은 한국산업은행, 한국수출입은행, 중소기업은행, 농협은행, 수협은행 5개이다.

이제 제2금융권에 속하는 금융기관들에 대해서 알아보자. 금융투자회사는 직접금융시장에서 기업이 발행한 증권을 매개로 하여 투자자의 자금을 기업에게 이전시켜 주는 기능을 수행하는 금융기관을 뜻한다. 금융투자회사의 업무범위는 「자본시장과 금융투자업에 관한 법률」에서 명시적으로 금지된 상품을 제외하고는 어떠한 상품이든 자유롭게 취급할 수 있다. 이에 따라 종전에는 증권회사·선물회사·자산운용회사 등으로 나뉘어 이들 상호간에는 겸업이 금지되어 있었으나, 이제는 조건만 충족시키면 증권과 관련된 모든 종류의 영업을 할 수 있게 되었다.

보험회사는 다수의 보험계약자를 상대로 보험료를 받아 이를 대출, 유가증권, 부동산 등에 투자하여 보험계약자의 노후, 사망, 질병, 사고 시 보험금을 지급하는 업무를 영위하는 금융기관이다. 보장 대상에 따라 생명보험회사와 손해보험회사가 있다. 손해보험이 재산적인 손해를 보상할 것을 목적으로 하는 데 반해, 생명보험은 피보험자의 생로병사生老病死를 대상으로 자금을 장기간 저축해 두었다가 계약만료 시점에 지급하는 것을 목적으로 한다. 또한 보험회사로부터 받는 보험금이 손해보험의 경우 계약 시 약정한 최고금액 한도 내에서 실제로 발생한 손해금액(실손보험, 實損保險)이라는 점에서, 계약만료 시 당초 약정한 금액(정액보험, 定額保險)을 보험금으로 지급받는 생명보험과 구별된다.

여신전문금융회사는 수신기능 없이 여신업무만을 취급하는 금융기관을 말한다. 여기에는 신용카드사, 리스사, 할부금융사, 신기술사업금융사 등이 있다. 취급업무는 수요자금융 · 리스 · 벤처금융 등이며, 재원은 채권발행이나 금융기관 차입금으로 주로 조달한다.

저축은행은 일정 행정구역 내에 소재하는 서민 및 소규모 기업에게 금융편의를 제공하기 위해 설립된 지역 서민금융기관이다. 은행이라는 이름이 붙어 있지만 시중은행과는 엄연히 다른 제2금융권 금융기관으로, 원래 상호신용금고에서 시작되어 점차 영업범위를 확대해 왔다. 이 과정에서 많은 부실을 낳아 우리나라 경제에 커다란 고통을 주기도 했다.

제2금융권의 확대와 금융기관 간 합종연횡

한편, 이들 금융기관 상호간에는 최근 커다란 지각변동이 나타나고 있다. 우선 갈수록 제2금융권인 비은행 금융기관의 비중이 커지고 있다는 점이다. 이는 통화량의 변화 추세에서 잘 보여주고 있다. 은행권과 비은행 금융기관을 포함한 전체 금융기관이 공급하는 통화량 중에서 비은행권이 차지하는 비중이 날로 커지고 있다. 2014년 말 기준(평균잔액 기준) 은행권에서 공급하는 통화량을 나타내는 지표인 협의통화(M1)가 537조원에 불과한 데 비해, 전체 금융기관이 공급하는 통화량을 나타내는 지표인 금융기관 유동성(Lf)은 2,722조원으로 M1의 5배에 이르고 있다. 또 은행권이 공급하는 통화량을 광의통화(M2)라고 상정하더라도, 그 규모는 2,010조 원으로 전체 유동성(Lf)의 3/4에 그치고 있다.

참고로 시중에 유통되는 통화량의 규모를 가늠하는 척도인 각 통화지표는 〈표〉와 같은 포괄범위를 가지며, 편제된 지표는 모두 통화신용정책을 수행하는 데 주요한 정보변수로 활용되고 있다. 2014

우리나라의 통화 및 유동성 지표

구분	지표명	구성내역
통화 구분	M1 (협의통화)	현금통화 + 요구불예금 + 수시입출식 저축성예금
	M2 (광의통화)	M1 + 만기 2년 미만 정기 예·적금 및 금융채 + 시장형 상품(CD, RP,표지어음) + 실적배당형 상품 (MMF, CMA, 수익증권, 금전신탁) 등
유동성 지표	Lf (금융기관 유동성)	M2 + 만기 2년 이상 정기 예·적금 및 금융채 + 증권금융 예수금 + 생명보험회사(우체국보험 포함) 보험계약준비금 등
	L (광의 유동성)	Lf + 정부 및 기업 등이 발행한 유동성 금융상품 (예금보험공사채, 자산관리공사채, 자산유동화전문 회사의 자산유동화증권, 국채, 지방채, 기업어음, 회 사채 등)

년 말(평균잔액 기준) 우리나라 통화량 공급규모는 본원통화 103조원, 협의통화(M1) 537조원, 광의통화(M2) 2,010조원, 금융기관 유동성(Lf) 2,722조원이다.

또 다른 특징으로는 갈수록 이들 금융기관 상호간에 합종연횡이 이루어지고 있으며 업무영역이 파괴되고 있다는 점이다. 그 예로, 은행업무와 보험업무가 연계된 방카슈랑스와 은행창구에서 펀드판매가 일반화되고 있는 현상을 들 수 있다. 특히 은행과 증권 업무의 결합은 투자은행과 상업은행의 결합이라는 점에서 지금도 논란의 한복판에 서 있다.

2부. 신용경제 사회로 가는 길

그림자 금융에 대한 논란

이와 함께 그림자 금융에 대한 논란이 가열되고 있는 점도 주목할 만하다. '그림자 금융shadow banking'은 은행과 달리 엄격한 규제를 받지 않는 비은행 금융기관을 가리키거나, 이런 금융기관에서 취급하는 비은행 금융상품을 뜻한다. 대표적인 그림자 금융 상품으로는 머니마켓펀드MMF, 환매조건부채권RP, 신용파생상품, 자산유동화증권ABS, 자산유동화기업어음ABCP 등이 있다. 그림자 금융에서 취급하는 금융상품은 은행예금보다 위험이 크다. 우선 은행의 요구불예금은 5,000만원까지 원금보장이 되지만 비은행 금융상품은 원금보장이 되지 않는다.

또 그림자 금융은 은행보다 규제가 적다. 즉 은행이 지급준비율이나 건전성 규제 등을 받지만 그림자 금융은 이러한 규제를 받지 않는다. 따라서 외부에서 충격이 주어지면 위험이 커질 수밖에 없다. 그리고 그림자 금융은 자금 중개 경로가 길고 복잡하다. 은행예금은 자금 공급자인 예금주와 자금 수요자인 대출자 사이에 자금중개가 이루어진다. 이에 비해 그림자 금융의 하나인 MMF는 최초의 자금 공급자인 MMF 투자자가 운용회사에 돈을 맡기면, 운용회사는 기업어음CP 등 단기금융상품에 투자하고, 기업어음에 투자한 자금은 다시 최종 자금 수요자인 기업에 전해진다.

그러면 그림자 금융은 위험하기만 한가? 꼭 그렇지만은 않다. 그림자 금융은 은행예금보다 높은 수익과 위험 두 가지를 동시에 지

머니마켓펀드
MMF

환매조건부
채권
RP

신용파생상품

그림자금융
Shadow Banking

자산유동화
증권
ABS

자산유동화
기업어음
ABCP

니고 있어 은행 시스템을 보완하는 역할을 한다. 또한 금융산업 상호간의 경쟁을 유도해 금융 소비자의 편익을 높이는 순기능이 있다. 이러한 순기능 때문에 미국을 위시한 금융선진국들은 일찍부터 이 그림자 금융을 키워왔다. 그런데 이 그림자 금융이 중국의 금융부실 문제로 인해서 새삼 세상의 주목을 받고 있다.

중국은 금융 시스템이 발달돼 있지 못할 뿐만 아니라, 금리도 예금주들이 기대하는 수준보다 낮게 규제되고 있어 예금이 부족한 상황이다. 또한 미국처럼 자산증권화, 자산유동화 시스템도 제대로 형성되어 있지 않다. 은행에서 대출받을 수 있는 기업은 대기업 등 일부에 한정된다. 따라서 중소기업 등 신용도가 낮은 기업들은 대기업이나 공기업으로부터 재대출을 받거나, 지방정부가 보증을 선 비은행 금융기관으로부터 대출을 받는다. 이 경우 대출금리가 높은 데다 대출심사를 할 수 없는 구조이다 보니 부실 가능성이 높아진 것이다.

실제로 얼마 전부터 전반적으로 중국 경기가 둔화되면서 대출을 받은 중소기업들이 파산하는 일이 많아져서 심각한 금융부실 현상과 지방정부 재정악화라는 문제가 불거지고 있다. 이 그림자 금융 규모는 중국 전체 GDP의 절반을 넘는 수준인 것으로 추정되고 있다.

04
중앙은행의 역할과
세계의 주요 중앙은행

중앙은행은 화폐발행 독점권을 가지고 있으며, 국가경제를 움직이는 통화신용정책을 수행하는 기관이다. 또 일반 시중은행을 상대로 예금을 받고 대출을 해주기 때문에 '은행의 은행'이라고 불리기도 한다.

중앙은행의 역할과 기능

화폐발행 독점권이란 우리가 일상생활에서 사용하는 화폐 곧 지폐와 동전을 독점적으로 발행하는 권한이 부여된 것을 뜻한다. 물론 이처럼 중앙은행이 발권력을 가지고 있다고 해서 중앙은행이 직접 돈을 만드는 것은 아니다. 우리나라에서는 한국은행의 주문에 따라 한국조폐공사가 화폐를 제조한다. 중앙은행의 발권규모는 금본위제에서는 금 준비 여부에 제한되었으나, 지금과 같은 관리통화제도에서는 중앙은행의 재량에 의해 발권 규모가 결정된다. 그 재량이라는 것이 바로 통화신용정책이다.

통화신용정책은 중앙은행이 한 국가의 화폐공급 규모, 화폐가치, 금리 등을 경제성장이나 안정성을 유지하기 위해 수행하는 일련의 조치를 일컫는다. 중앙은행은 통화정책을 수행할 때 통상 기준금리를 지표로 삼는다. 기준금리를 변경하고 여기에 맞춰 통화량을 조절하면 금융시장에서 콜금리, 채권금리, 은행예금 및 대출금리 등이 변동된다. 중앙은행이 시중에 유통되는 돈의 양을 조절하는 방법에는 공개시장조작, 지급준비율, 재할인율 등이 있다.

이와 같이 국가경제에 중요한 역할과 기능을 수행하는 중앙은행은 정부로부터의 독립성이 강한 편이다. 중앙은행의 역사는 그 역할의 독립성이 강화되어 온 과정이라고 말하기도 한다. 20세기 초만해도 각국 중앙은행은 대부분 정부 소유이거나 정부의 강한 통제를 받고 있었다. 전쟁 비용을 마련하기 위해 돈을 찍어내 인플레이션을 유발하는 경우도 많았다. 왕실의 전쟁비용 마련을 위해 1694년 설립된 영란은행은 1844년에야 독점적 발권권한을 부여받았으며, 1946년에 비로소 국가기관이 되었다. 지금은 독립성이 매우 강하지만 독일과 미국도 각각 1923년, 1935년에야 중앙은행에 독립성을

영란은행은 1694년 영국 왕실의 전쟁비용 마련을 위해 설립되었다.

부여했다.

이처럼 정치적 이해관계에서 독립된 중앙은행이 필요하다는 주장은 오래전부터 꾸준히 제기되어 왔으나, 1960~1970년대까지 통화정책을 주도한 것은 여전히 정부였다. 그런데 1980년대부터는 사정이 달라졌다. 이는 금융자율화와 국제화가 빠르게 진행되고, 정보기술IT이 발달하면서 시장의 힘이 강해지기 시작한 데 기인한다.

원래 중앙은행이 정부나 의회의 압력을 받지 않고 독자적으로 금융정책을 수행해야 한다는 것은, 중앙은행이 정치적인 압력을 받으면 방만한 금융정책을 수행하게 되어 물가불안을 초래할 수 있기 때문이었다. 포퓰리즘populism으로 인해 금융정책이 왜곡되는 것을 방지하기 위해, 그리고 집중된 자본이 시장을 지배하는 것을 막기 위해 중앙은행의 독립성이 필요하다는 것이다.

그러나 오늘날과 같이 경제현상이 복잡다기한 상황에서는 국가경제 전반에 영향을 미치는 금융정책을 중앙은행이 단독으로 결정하는 것은 적절하지 않다고 여겨진다. 이는 다른 정책수립기관과의 효율적인 협조가 이루어지지 않으면 종합적이고 체계적인 경제정책 수립이 어려워지기 때문이다. 특히 금융정책과 재정정책은 경제정책 전체의 효율이 극대화되도록 상호보완적으로 추진되어야 할 것이다.

우리나라의 중앙은행, 한국은행

우리나라 중앙은행인 한국은행은 1960년대까지만 해도 정부로 부터의 독립성이 매우 취약하여 '재무부 남대문 출장소'라고까지 불리기도 했다. 이후 독립성 강화 문제가 제기되어 왔으나 큰 진전은 보지 못했다. 한국은행의 위상이 올라가는 전기를 맞은 것은 1997년 6차「한국은행법」개정이 이루어지면서부터이다. '금융통화운영위원회'를 '금융통화위원회'로 격상시키고, 의장도 재정경제원 장관에서 한국은행 총재로 바뀌었다.

그 이후에도 한국은행 독립성에 대한 논란이 이어져 왔으나 수면 아래 잠복되어 있었다. 그러다 수면 위로 부상한 결정적인 계기가 된 것은 2008년의 글로벌 금융위기였다. 위기가 터지면서 한국은행이 금융시스템 안정을 위해 제 역할을 못 하고 있다는 비판이 제기되었다. 이에 2011년 9월「한국은행법」을 개정하면서 한국은행의 목표에 '물가안정' 외에 '금융안정'을 추가하고, 일반 금융회사에 대한 조사권을 강화했다.

한편, 통화정책의 최고 의사결정기구인 금융통화위원회는 한국은행 총재 및 부총재를 포함하여 총 7인의 위원으로 구성되어 있다. 이 밖에 기획재정부장관·한국은행 총재·금융위원회 위원장·대한상공회의소 회장·전국은행연합회 회장이 각각 1인씩 추천하는 5인이 위원으로 참여한다. 금융통화위원회 본회의는 의장이 필요하다고 인정하는 때, 또는 위원 2인 이상의 요구가 있을 때 의장이 소집할 수 있다. 현재는 매월 둘째 주, 넷째 주 목요일에 정기회의가 개최되고 있다.

미국 연방준비이사회

이제 주요국의 중앙은행제도는 어떻게 운영되고 있는지에 대해서도 알아보자. 미국의 중앙은행격인 연방준비이사회Fed, Federal Reserve Board는 세계의 중앙은행 역할을 하고 있다. 연방준비이사회의 통화정책 결정은 세계경제와 국제금융시장에 즉각적이고도 커다란 영향을 끼치고 있다. 지난 2013년 5월, 당시 연방준비이사회 의장이던 버냉키는 단계적 양적완화 축소를 의미하는 '테이퍼링Tapering' 가능성을 시사했다. 이 발언 이후 신흥국의 금융시장은 자금이 썰물처럼 빠져나가는 가히 위기적 국면에 처한 듯이 보였다.

또 연방준비이사회가 기존의 제로금리 시대를 마감하고 언제쯤 금리인상을 단행할 것인지의 문제를 놓고 세계금융시장은 그동안 매우 민감하면서도 즉각적인 반응을 보여왔다. 2015년 말 금리인상이 현실화되자 이제는 다시 추가적인 금리인상의 폭과 속도에 대해서 세계경제는 촉각을 곤두세우고 있다. 이들은 모두 세계경제와 금융시장이 연방준비이사회의 움직임에 얼마나 민감한지를 보여주는 대표적인 사례라 할 것이다.

미국 연방준비이사회는 세계의 중앙은행 역할을 하고 있다

　　미국 연방준비이사회는 1907년 격심한 금융공황 후 그 대책으로서 1913년 12월, 「연방준비법」Federal Reserve Act에 의거해서 설립된 미국 특유의 중앙은행이다. 금융상태를 적절하게 조정함으로써 기업활동과 고용확대, 달러가치 유지, 경제의 지속적 성장촉진을 도모하는 것을 목적으로 하고 있다.

　　연방준비이사회는 여러 독립기관으로 이루어진 조직이다. 12개 지역에 개별 연방은행Federal Reserve Banks이 있으며 본부는 워싱턴 D.C.에 있다. 개별 연방준비은행은 각 지역에서 중앙은행 역할을 수행한다. 연방준비이사회는 의장을 포함해 모두 7명의 이사governor로 구성되며, 현재 재닛 옐런Janet Yellen이 의장이다. 이사회 의장의 임기는 4년이며 연임이 가능하다. 연방공개시장위원회FOMC, Federal Open Market Committee는 최대기능인 통화정책을 결정하는 기구로 연간 8회 개최되고 있다.

이러한 특수한 지배구조로 인해 중국의 경제학자 쑹훙빙宋鴻兵은 그의 저서 〈화폐전쟁〉에서 흥미로운 주장을 펼쳤다. 미국에서 화폐를 발행하는 연방준비은행은 공적기관이 아닌 개인기업으로 이들이 막대한 수익을 취하고 있다는 일종의 음모론을 제기했다. 이에 의하면 미국정부는 재정적자가 나면 국채를 발행해 메우는데 이 국채의 대부분을 연방준비은행에서 인수하고 있다. 그런데 연방준비은행은 발권력을 동원해 인쇄비용만 들여 돈을 찍어내 빌려준다는 것이다. 결국 국채 이자수입은 연방준비은행의 대주주인 유대자본가들의 몫이 된다고 주장하고 있다. 그리고 그린스펀과 버냉키 등 역대 주요 FRB 의장들은 유대인 출신이라는 것이다.

그는 또 2008년 금융위기의 배후에도 음모가 있다는 주장을 펼치고 있다. 유대계 은행가들은 일부러 통화량을 축소해서 경기불황을 일으켜 채무자를 파산시켜 담보물로 잡고 있던 현물이나 부동산을 빼앗고, 또 몰락한 기업이나 부동산을 헐값에 인수하여 이득을 보고 있다는 것이다. 이와 같이 사전에 계획된 음모 아래 실제로 리먼브라더스는 파산했고, 유대계인 JP모건은 더 막강한 위세를 떨치고 있다고 주장했다. 물론 이러한 주장은 한 경제학자의 추론에 불과하지만, 그만큼 연방준비은행의 영향력이 크다는 방증이기도 하다.

유럽중앙은행과 영란은행

유럽연합EU의 중앙은행은 유럽중앙은행ECB, European Central Bank 으로, 유럽연합의 통화정책을 총괄하는 기능을 하고 있다. 유럽 국 가들은 1992년 마스트리히트Maastricht 조약으로 불리는 유럽통화조 약을 체결하면서 유럽의 단일통화를 만들기로 합의했고, 이후 1998 년 유럽중앙은행이 탄생했다. 유럽중앙은행의 주요 목적은 금리조 절 등을 통해 유로화를 사용하는 19개 유럽국가, 즉 유로존Eurozone 의 경제를 안정시키는데 있다. 또 유럽 단일통화인 유로화 발행의 독점적인 권한을 갖고 있다. 유로 동전의 경우 각 나라가 발행할 수 있지만, 이것도 유럽중앙은행의 감독 아래 진행된다.

ECB 총재는 2011년 11월부터 이탈리아 출신의 마리오 드라기 Mario Draghi가 맡고 있다. 총재, 부총재, 상임이사 4명, 회원국 중앙은 행 총재 16명 등 모두 22명으로 구성된 정책이사회Governing Council에 서 매월 기준금리를 결정하고 있다. 그러나 그 기능은 유로존의 전체 적인 금융정책 방향을 설정하는 것이며, 실제 각 나라의 통화정책은 각국의 중앙은행이 책임을 지는 구조이다. 특히 독일의 중앙은행인 분데스방크Bundesbank는 ECB 못지않게 역할과 비중이 매우 크다. 유 럽의 최대 채권국인 독일은 ECB에서도 가장 큰 지분을 가지고 있다.

1998년 탄생한 유럽중앙은행은 유럽연합의 통화정책을 총괄한다.

　　영국의 중앙은행인 영란은행Bank of England은 원래 왕실에 돈을 빌려 주기 위해 1694년 세워진 세계 최초의 주식회사 형태의 민간 은행이었다. 17세기 영국은 오랫동안 전쟁을 겪었다. 특히 윌리엄 3세 당시에는 내전에 이어 프랑스와 전쟁을 치르면서 국고가 거의 바닥났다. 이러한 왕실에 자금을 대여하기 위해 상인들이 모여 120만 파운드를 출자해 은행을 세우게 된다. 은행 돈을 전부 왕실에 대여하는 대신 상인들은 출자액만큼 은행권을 찍어내 유통시킬 수 있는 권한을 부여받았다. 이 은행이 1844년 독점적 발권은행이 됐고, 1946년 국가기관이 되었다.

1990년대 초 영국에서 대규모 기업부도 사태가 발생했을 때, 영란은행 주도로 기업과 금융기관 간 협상에 의해 구조조정을 추진함으로써 기업회생에 성공했던 사례를 흔히 '런던 어프로치London Approach'라고 부른다. 그 당시 도입된 '워크아웃workout(기업가치 회생 작업)' 제도는 법적 접근으로는 시간도 많이 걸리고 비용부담도 커지는 단점을 피하기 위해 도입된 당사자간의 자율적인 구조조정 방식으로, 오늘날에도 유용하게 활용되고 있다.

05
국가와 개인의 신용등급은
어떻게 결정되는가?

　　신용사회에서는 각 사람들에게 신용등급이 매겨진다. 이 신용등급은 금융기관이 고객에게 대출을 하거나 수수료를 부과할 때, 요율을 얼마로 할 것인지를 결정하는 기준이 된다. 신용이 아주 낮은 사람은 일반금융기관들과의 거래 자체가 차단되기도 한다. 이와는 반대로 신용등급이 높은 사람은 금융기관과 거래할 때 여러 면에서 우대를 받는다. 신용이 좋은 사람은 사회생활에서도 당연히 좋은 평판을 받기 마련이다. 우리가 신용관리를 잘해야 하는 이유가 여기에 있다.

개인의 신용등급 결정기준
　　개인 신용등급을 결정하는 평가기준은 크게 세 가지가 있다. 연소득과 직업 등을 포함한 신상정보, 자체은행과의 거래내역, 다른 금융기관들과의 거래내역이 그것이다. 이를 토대로 각 금융기관들은 개인의 신용등급을 일반적으로 10단계로 구분해 관리하고 있다.

1~2등급은 오래 신용거래를 해온 사람들이 보유한 등급을 뜻한다. 다양한 신용거래와 함께 좋은 거래실적을 보유하고 있어 부실화 가능성이 매우 낮다. 3~4등급은 우량등급에 해당한다. 활발하게 신용거래를 하지 않아 실적은 없지만, 신용등급 관리를 하고자 마음먹으면 언제든지 상위등급으로 올라갈 가능성이 열려 있다. 5~6등급은 일반등급에 해당한다. 적절하게 현금서비스를 활용하고, 단기간이고 소액이지만 간혹 연체를 하는 사람들이 이에 속한다. 일반등급으로 구분되는 만큼 많은 사람들이 이 등급에 속하는데, 잦은 대출과 잦은 연체 등을 해왔다면 되도록 등급을 올려놓는 것이 나중을 위해서 좋다.

7~8등급은 주의등급에 해당한다. 주로 대부업체와 거래가 많거나 단기연체 경험이 많은 경우이다. 단기적으로 신용도가 더 하락할 수 있으므로 금융거래 시 자신의 신용등급을 신경 써야 하는 단계이다. 7등급 초반까지는 그래도 제1금융권인 은행에서 대출이 가능하므로 등급관리가 매우 중요하다.

9~10등급은 위험등급으로 분류된다. 현재 연체 중이거나 심각한 연체 경험을 갖고 있어 부실화 가능성이 매우 높기 때문에 이미 신뢰를 잃은 상태라고 보면 된다.

통상 7등급 이하부터는 시중은행권에서는 대출해 주기에 부적합한 저신용자로 분류되고, 이들에게는 사실상 신용카드의 신규발급도 중단되고 있다. 더욱이 대부분의 시중은행들은 5~6등급 신용자에 대해서도 대출을 꺼리고 있는 실정이다. 흔히 연체만 없으면 신용등급이 높을 것이라고 생각하기 쉽다. 물론 빌린 자금을 약속한 시점에 상환하지 못할 경우 신용에 악영향을 미친다. 하지만 연체만 피한다고 해서 높은 등급을 받는 것은 결코 아니다. 또 연체가 발생하더라도 그 사유와 기간에 따라 신용등급에 미치는 영향은 다르다.

은행권에서는 수신 실적만 좋은 고객보다 여신, 펀드, 신용카드, 방카슈랑스, 환전 등 다양한 금융거래를 한 고객에게 더 높은 신용등급을 주고 있다. 이는 수신거래만 하는 고객의 경우 대출상환 등에 따른 신용도를 평가할 수 없기 때문이다. 금융거래 내역뿐 아니라 신상정보 또한 신용등급을 결정하는 중요한 요소다. 직장에 다니는 고객의 경우 단순히 소득수준이 높으면 신용등급이 좋을 것이라고 생각하기 쉬우나, 소득 외에도 재직회사의 상장 여부, 정규직 여부 등도 고려 대상이 된다.

신용등급을 올리는 금융생활 습관의 예를 들면 다음과 같다. 대출은 건전한 금융기관을 통해서 받으며 연체는 절대 하지 않는다. 신용카드 한도는 최대한으로 잡되 실제 사용은 자제한다. 불필요한 신용조회는 하지 않는다. 자신의 신용도 변화를 주기적으로 관리하고 확인하는 것 등이다.

국가의 신용등급이 중요한 이유는?

개인의 신용등급을 매기는 것처럼 국가에 대해서도 신용등급이 매겨지고 있다. 국가신용등급sovereign credit rating은 한 나라가 채무를 이행할 능력과 의사가 얼마나 있는지를 등급으로 표시한 것이다. 이는 특정국가가 외화표시 채권을 발행할 때 국제금융시장에서 차입 금리나 투자여건을 판단하는 기준이 된다. 투자자들에게는 발행채권의 위험수준에 대한 정보를 제공하는 기능을 수행하며, 특정국가의 정부채무 불이행default 여부 가능성을 측정하는 지표이기도 하다. 이 국가신용등급이 좋지 못하면 아무리 실적이 좋은 우량기업일지라도 결국엔 좋은 신용평가를 받을 수 없다. 이는 개별 기업이나 금융기관의 신용평가도 해당 국가의 신용등급을 토대로 이루어지기 때문이다.

국가신용등급을 매기는 요소는 크게 정치적 요소와 경제적 요소로 나뉜다. 정치적 요소로는 정치체제의 안정성과 정통성, 국제금융시장과의 통합도, 국가안보상 위험요인 등이 있다. 경제적인 요소는 소득수준 및 분포, 경제성장률, 인플레이션, 공공채무부담, 외채, 외환보유고 수준, 대외채무 불이행 경험 등이 고려된다. 이러한 국가신용등급을 매기는 신용평가기관으로는 무디스Moody's,

S&P Standard & Poor's, 피치 Fitch IBCA 등 3대 신용평가사를 대표적으로 꼽을 수 있다.

이들은 절대적인 영향력을 가지고 국제사회를 좌지우지하고 있는 형국이다. 이들 국제신용평가기관이 평가하는 대상채권은 장기와 단기로 나뉘는데, 더 중요한 것은 장기채권이다. 이는 사실상 국채의 신용등급을 의미하며, 국제금융시장에서 차입금리나 투자여건을 판단하는 기준으로 활용되고 있다. 투자적격 채권의 범위는 무디스의 경우 Baa3, S&P와 피치는 BBB- 이상이다.

국가신용등급이 높게 나오면 국가이미지 개선과 금융비용의 절약으로 연결된다. 신용등급이 높을수록 낮은 금리로 채권을 발행하는 것이 가능하며, 해외투자자의 유치와 해외자금 조달이 쉬워진다. 또 국가브랜드를 제고시켜 수출증대를 가져오기도 해서, 특히 우리나라와 같이 대외의존도가 높은 국가일수록 국가경제에 긍정적인 효과를 얻는다.

이 국가신용등급은 고정되어 있는 것이 아니라 상황에 따라 계속 변화한다. 평가기관들은 신용을 정한 뒤에도 지속적으로 대상국가를 관찰하면서 등급을 조정하고 있다. 그 평가기준은 '긍정적'(등급 상향 가능성 높음), '안정적'(당분간 유지), '부정적'(등급하향 가능성 높음)으로 나뉘며, 이를 통해 앞으로의 국가신용 상태를 대략 예견할 수 있다.

그런데 얼마 전부터 이들 국제신용평가사들에 대한 비판이 가열되고 있다. 이들이 미리 상황판단을 하지 못하고 일이 벌어진 다음에야 뒤늦게 수선을 피운다는 비판과 함께, 평가의 공정성 측면에서도 논란의 대상이 되고 있다. 특히 이들이 유럽과 아메리카 대륙에는 프리미엄을 주고, 아시아 국가들은 저평가하는 편향된 관행을 가지고 있다는 지적이 오래전부터 제기되어 왔다. 사실 그동안 꽤 오랫동안 우리나라가 그리스보다 한참 낮은 국가신용 평가를 받아왔으며, 일본은 스페인과 동일한 수준에 머물러 있었다. 이 때문에 이들 3대 신용평가사들에 대한 비난이 이어졌고, 일본을 중심으로 몇몇 아시아 국가들은 아시아판 신용평가사를 만들려는 시도까지 했다.

2008년 글로벌 금융위기 이후에는 오히려 미국이 중심이 되어 이들 3대 신용평가사를 개혁하기 위한 논의를 본격적으로 해나가고 있다. 금융위기 과정에서 이들의 잘못된 신용평가가 금융위기를 한층 더 증폭시킨 원인 중 하나라는 주장은 신용평가사 개혁 논의의 단초가 되었다. 금융위기 당시 이들은 월가의 금융회사들과 공모해 서브프라임 모기지에 대한 신용등급을 높게 유지했으며, 이로 인해 서브프라임 모기지의 대량 부실사태가 일어난 사실이 밝혀졌다. 이것이 결국 금융위기로 이어졌다는 사실도 드러났다.

신용평가회사 직원들이 회사수익을 올리기 위해 엉터리 신용평가를 한 정황이 담긴 이메일이 공개되어 세상을 떠들썩하게 만들기도 했다. 무디스의 한 직원은 문제가 있는 모기지담보증권MBS에 신용등급을 부풀려 좋게 매긴 뒤 임원에게 보낸 이메일에 "우리는 매출을 위해 악마에게 영혼을 팔았다."라는 문구를 남겼다.

한·중·일 국가신용등급 삼국지

우리나라의 신용등급은 1997년 경제위기를 극복한 이후 많이 개선되고 있다. 2015년 9월에는 그동안 다른 기관에 비해 우리에게 상대적으로 비우호적이던 S&P마저 우리의 신용등급을 A+에서 AA-로 상향조정했다. 2015년 12월에는 무디스가 또다시 우리 신용등급을 Aa3에서 Aa2로 한 단계 상향조정했다. 이에 국가신용등급 면에서는 우리가 중국, 일본에 비해 한수 위다. 중국에 대해서는 S&P는 우리나라와 동급으로, 피치와 무디스는 한 단계 아래 등급으로 평가하고 있다. 또 일본에 대해서는 무디스와 피치는 우리나라보다 두 단계 아래 등급을 매기고 있고, S&P는 한 단계 아래 등급으로 평가하고 있다.

신용평가사별 한·중·일 국가신용등급 비교(2015년 12월)

구분	Moody's	Fitch	S&P
한국	Aa2(안정적)	AA-(안정적)	AA-(안정적)
일본	A1(안정적)	A(안정적)	A+(안정적)
중국	Aa3(긍정적)	A+(안정적)	AA-(안정적)
미국	Aaa(부정적)	AAA(부정적)	AA+(부정적)

뱅크런은 왜 일어나며, 예금자보호제도는 무엇인가?

2015년 6월, 그리스가 구제금융 협상 난항으로 채무불이행 및 유로존 탈퇴 우려가 높아지자 하루에만 약 15억 유로의 예금이 은행에서 빠져나가는 뱅크런이 발생했다. 금융강국인 미국에서도 2008년 글로벌 금융위기 당시 뱅크런이 일어났다. 이후 미국은 예금자 보호한도를 기존의 10만 달러에서 25만 달러로 상향했다. 우리나라에서도 유사한 사례를 수차례 겪었다. 우선 외환위기를 겪던 1997년 종합금융회사의 연쇄부도로 인한 뱅크런이 있었다. 또 2011년 저축은행 부실사태가 발생했을 때도 뱅크런이 일어난 경험을 가지고 있다.

뱅크런이 일어나는 이유

'뱅크런bank run'이란 이와 같이 단기간에 은행예금을 인출하려는 수요가 폭발적으로 늘어나는 사태를 말한다. 또 뱅크런에서 유래한 것으로, 펀드투자자들이 펀드에 투자한 돈을 회수하는 사태가 잇따르는 현상은 '펀드런fund run'이라고 한다.

이처럼 금융시장이 불안정하거나 거래은행의 재정상태가 좋지 않다고 판단되면 사람들은 은행에서 예금을 인출하려고 한다. 이때 많은 사람들이 한꺼번에 몰리면 은행에서는 당장 돌려줄 돈이 바닥나는 패닉현상에 빠진다. 이 경우 은행은 고객의 예금을 지급하지 못하고 결국 영업정지나 파산 등으로 이어질 것이다.

그런데 실제로 은행에 문제가 크지 않더라도 헛된 소문이나 과장된 정보에 의해 뱅크런이 발생할 수 있다. 이 경우 멀쩡하던 은행도 파산할 수 있다. 은행은 통상 예금자가 맡긴 예금 중에서 일정한 비율인 지급준비율만 인출 고객들을 위해 남겨놓고 나머지는 대출과 투자에 활용하고 있다. 따라서 갑자기 뱅크런이 발생하면 대출을 회수하거나 투자한 주식이나 채권을 팔아 대응해야 하는데, 그러려면 시간이 필요하다. 그러나 그럴 여유가 없이 당장 예금자에게 지급할 돈이 부족해지면 은행은 파산할 수밖에 없다.

또 뱅크런은 전염성이 강하다. 한 은행에서 뱅크런이 발생하면 다른 은행에 예금한 사람들도 자신이 예금한 은행의 부실 여부와 상

2015년 6월 그리스 국가부도 위기가 닥치자 하루에 약 15억 유로의 예금이 인출되는 뱅크런이 발생했다.

관없이 불안감 때문에 예금인출을 한다. 그러면 많은 은행들이 한꺼번에 줄도산을 해서 금융시장이 붕괴될 수도 있다. 이 경우 해당 예금자는 물론 전체 금융제도의 안정성이 큰 타격을 입는다. 국가경제 상황 악화, 경제공황 발생 등으로도 이어질 수 있다.

　뱅크런의 파괴력이 이처럼 크기 때문에 이를 예방하기 위한 예금자보호제도가 시행되고 있다. 이 제도를 통해 은행이 파산하더라도 예금자들의 손실을 어느 정도 줄이는 한편, 뱅크런의 갑작스런 발생도 방지하고 있다.

예금자보호제도는 어떻게 운영되는가?

예금자보험은 그 명칭에서도 알 수 있듯이, 보험의 원리를 적용하여 평소에 기금을 적립해 두었다가 만약의 사고에 대비하는 일종의 보험제도이다. 좀더 구체적으로는「예금자보호법」에 의해 설립된 예금보험공사가 평소에 금융기관으로부터 보험료(예금보험료)를 받아 기금(예금보험기금)에 적립한 후, 금융기관이 예금을 지급할 수 없게 되면 금융기관을 대신하여 예금(예금보험금)을 지급하는 것이다.

그리고 예금자보험은 예금자를 보호하기 위한 목적으로 법에 의해 운영되는 공적보험의 성격을 지닌다. 따라서 예금을 대신 지급할 재원이 금융기관이 납부한 예금보험료만으로 부족할 경우에는, 예금보험공사가 직접 채권(예금보험기금채권)을 발행하는 등의 방법을 통해 재원을 조성한다.

예금자보호 대상 금융회사로는 은행, 보험회사(생명보험·손해보험회사), 금융투자회사, 종합금융회사, 상호저축은행 등이다. 예금보험공사는 통합예금보험기구로서 은행, 금융투자회사, 생명보험회사, 손해보험회사, 종합금융회사 및 저축은행 등 6개 금융권역 301개 금융기관의 예금 등을 보호하고 있다. 다만 정부 및 지방자치단체, 한국은행, 금융감독원, 예금보험공사 등은 비보호 예금자에 해당한다.

보호대상 금융상품은 예금보험가입 금융기관이 취급하는 예금

예금자보호 대상 금융기관 및 예금 현황

구분	은행	금융투자	생보	손보	종금	저축은행	합 계
금융기관 수*	56	115	25	23	1	81	301
보호대상 예금**	970	18	446	120	1	32	1,587

*금융기관 수는 2015년 3월 기준, **보호대상 예금은 2014년 말 기준

만이 해당된다. 또 예금보험가입 금융기관의 상품이라고 해서 모두 다 보호대상이 되는 것도 아니다. 예금, 원본보전 금전신탁, 투자자 예탁금, 보험계약 등은 보호되지만, 운용실적에 따라 지급액이 변동 되는 투자상품 및 채권 성격의 금융상품 등은 보호되지 않는다.

따라서 예금자 보호대상이 되는지를 판단할 때는 어떤 금융기 관과 거래하는지도 중요하지만, 어떤 금융상품에 돈을 맡겨두었는 지가 더 중요한 기준이 된다. 예를 들면, 증권사의 금융상품 중에도 보호대상인 상품이 있다. 이 상품에는 증권투자에 직접 사용되지 않 고 CMA처럼 고객계좌에 현금으로 남아 있는 금액이 해당한다. 이에 반해 은행이 취급하는 상품 중에도 비보호대상 상품이 있는데, 양도 성예금증서CD, 환매채RP, 수익증권·뮤추얼펀드·MMF 등의 금융투 자 상품이 그 대상이다.

이러한 예금자보호제도는 보호되는 한도에 따라 전액보장제 도와 부분보장제도로 구분된다. 대다수의 나라는 예금 전액이 아닌 일정액만을 보호하고 있다. 이는 다수의 소액예금자를 우선 보호함

131

과 아울러 부실 금융기관을 선택한 예금자에게는 일정부분 책임을 분담시킨다는 차원에서 이루어진 것이다. 한마디로 예금자와 금융기관의 도덕적 해이를 방지하기 위한 취지에서 비롯되었다고 할 수 있다.

우리나라도 부분보장제도를 채택하고 있다. 1996년 예금자보호제도를 도입할 당시에는 1인당 2,000만원까지만 보호했다. 다만 1997년 외환위기 이후 금융산업 구조조정에 따른 사회적 충격을 최소화하고 금융거래의 안정성 보장을 위해 2000년 말까지 한시적으로 예금 전액을 보장했다. 2001년부터는 다시 부분보호제도로 환원되었다. 이에 따라 예금자 보호대상 금융기관이 영업정지, 인가취소 등의 보험사고가 발생해 파산할 경우, 보험금 지급 공고일 기준의 원금과 소정의 이자를 합하여 금융기관별로 1인당 최고 5,000만원까지 예금을 보호하고 있다.

예금보험금이란 예금보험에 가입한 금융회사가 예금의 지급정지, 영업 인·허가의 취소, 해산 또는 파산 등 보험사고로 인해 고객의 예금을 지급할 수 없는 경우, 예금보험공사가 해당 금융회사를 대신하여 지급하는 금전을 뜻한다. 예금보험공사는 1997년 11월 공적자금 지원을 시작으로 2014년 말까지 총 35.5조원의 예금보험금을 지불했다.

07

'검은돈'은 왜 사라지지 않을까?

우리 사회에는 아직도 비리와 부패가 독버섯처럼 자라고 있다. 남의 눈을 피해 뒤에서 하는 정당하지 않은 거래를 뜻하는 뒷거래와 관련된 사건들이 여전히 여기저기서 불거져 나오고 있기 때문이다. 이 뒷거래 관행은 촌지, 리베이트, 이면계약, 급행료 등 여러 가지 다양한 형태로 나타나고 있다.

'검은돈' 이란 무엇인가?

'검은돈'이란 일반적으로 이러한 뒷거래를 할 때 뇌물의 성격을 띠거나 그 밖의 정당하지 못한 방법으로 주고받는 돈을 일컫는다. 경제협력개발기구OECD에서는 검은돈을 불법적 무기 판매 및 밀수,

조직범죄, 횡령 및 내부거래, 뇌물수수 및 컴퓨터 사기 등 범죄행위를 통해 얻은 수입이나 이를 불법적으로 운용한 자금이라 정의하고 있다. 기업의 비자금이나 탈세 혹은 각종 뇌물 등을 통해 얻은 돈은 검은돈의 대표적인 사례가 된다. 꼭 돈이 아니더라도 부정한 거래를 위한 향응이나 뇌물로 받은 물건도 검은돈의 범주에 들어간다. 이러한 예는 나쁜 돈의 전형적인 모습이다.

어떤 거래를 체결하고자 할 때, 양 당사자 간에는 항상 '갑'과 '을'이란 위치관계가 형성된다. 을은 갑에 종속되거나 아니면 매우 불리한 위치에 놓여 있다. 특히 을의 경쟁자가 많을수록 을의 위치는 더욱 불리해진다. 물론 약자인 을은 「독점규제 및 공정거래에 관한 법률」 등에 의해 보호를 받지만 현실은 그리 녹록치가 않다. 갑이 자신의 우월적 지위를 암묵적으로 또는 직접적으로 행사하기 때문이다. 을은 계약을 성사시키기 위해 어쩔 수 없이 여러 가지 방법을 동원해 갑의 환심을 사려고 할 것이다.

그래서 리베이트, 촌지성 돈봉투 등의 음성적 뒷거래가 이루어지게 된다. 물론 이러한 음성적인 뒷거래는 원칙적으로 법으로 금지되어 있으나, 실제로는 광범위하게 일어나고 있다. 그래서 업계에서는 이를 공공연한 비밀이라고들 한다. 이 뒷거래 관행은 우리 사회를 부정부패의 늪으로 끌어넣어 결국 망조가 들게 하는 악습 중의 악습이다.

'검은돈'의 유형 – 촌지, 리베이트, 급행료, 이면계약

원래 촌지가 사회문제로 부각된 것은 학교, 특히 초등학교에서의 촌지관행 때문이었다. 극성스러운 학부모들이 치맛바람을 앞세워 자신의 자녀에게 특별히 더 신경을 써달라고 부탁하는 차원에서 돈 봉투를 비밀리에 교사에게 전달하던 관행이었다. 물론 최근 들어 교육계 내부의 자정 노력과 당국의 단속 강화로 촌지 문화가 점점 사라지고 있기는 하다. 그러나 아직도 학교 촌지를 둘러싼 비리소식이 가끔 언론을 장식하는 것을 보면 여전히 근절되지 않고 있는 것 같다. 그런데 이 촌지 관행은 교육계를 넘어 정·관계, 언론, 기업 등 사회 전반으로 확산되었고, 그 규모가 촌지라고 하기에는 너무나 엄청나서 문제의 심각성을 키우고 있다.

리베이트는 대부분의 업계에서 일어나고 있지만 의약계가 가장 전형적인 모습을 보이고 있다. 의약계의 리베이트란 제약회사에 돌아갈 수익의 일부를 자기회사가 생산한 약을 처방한 의사에게 주는 일종의 뇌물과 같은 것을 말한다. 리베이트에 대한 쌍벌제雙罰制가 시행된 이후 제약업계의 음성적인 리베이트가 많이 줄어들기는 했으나 근절되지는 못했다. 아직도 거액의 강연료나 자문료 지급, 학술대회 지원, 제품설명회 등 합법을 가장해 우회적으로 현금이나 상품권을 주고받고 있다.

이 리베이트는 일반 제조업이나 건설업에서도 광범위하게 이루어지고 있다. 그 형태는 협력업체와의 불공정 하도급 거래, 납품비리, 공사발주 시 뇌물공여 등 다양하다. 이들 음성적 뒷거래의 문제는 결국 제품의 하자와 부실공사로 이어진다는 점이다. 리베이트 비용이 들어가면 당연히 해당금액만큼 이윤이 줄어든다. 따라서 업체는 줄어든 이윤을 만회하기 위해 부품을 빼먹거나 계약체결 할 때 약정한 것보다 훨씬 저가의 부품을 사용하게 된다. 이는 부실공사로 이어지고 또 불량품을 납품하는 결과를 초래한다.

현대사회의 모든 일은 속도전이다. 즉 시간은 돈인 것이다. 정해진 시간에 누가 먼저 도달하느냐에 따라 실패와 성공이 판가름 나게 된다. 그래서 민원인들은 급행료를 지불하더라도 일이 빨리 마무리될 수 있도록 뛰어다닌다. 급행료란 일이 빨리 진행되도록 하기 위해 지불하는 일종의 수수료다. 특급열차가 완행열차보다 비싸고 빠른우편이 일반우편보다 더 비싼 것이다. 따라서 자본주의사회에서 급행료 지불은 당연히 합법적이다. 그런데 국민의 세금으로 월급을 받는 공직자가 당연히 신속하게 처리해야 할 일을 고의로 지체하고, 소위 급행료를 받아 챙긴다면 이는 마땅히 처벌받아야 할 불법행위이다.

이면계약은 동일한 계약관계에 대하여 서로 상이한 내용의 계약을 체결하는 것이다. 즉 본계약이 있는데 그 내용과 별개의 다른 내용으로 또다시 계약을 맺는 것이다. 이중계약이라고도 한다. 당사자 간에 '누이 좋고 매부 좋다'는 식으로 상호 이해가 맞아떨어지면 이를 실질적인 계약내용으로 합의한다. 한편 이와는 별도로 대외발표용 계약서를 만들기도 하는데, 이는 세간의 따가운 눈총을 피하기 위한 눈속임에 불과하다. 이러한 작태들은 밀실에서 이루어지는 일종의 야합으로 흔히 비자금 조성을 위해 이루어진다.

'검은돈'의 폐해와 척결방안

이러한 음성적인 뒷거래 관행으로 인해 아직도 우리나라의 지하경제 규모가 GDP의 16~18% 수준에 이르고 있다. 이는 OECD 회원국 평균 14%에 비해서도 상대적으로 높은 편이다. 그만큼 우리 사회에 부정과 부패, 비리의 소지가 아직 많이 남아 있다는 것을 방증한다. 검은 뒷거래는 결국 부메랑이 되어 우리 자신에게 되돌아온다는 사실을 잊어서는 안 될 것이다. 뒷거래에 들어간 비용을 메우기 위한 시도는 우리 경제사회의 총체적 부실을 초래하고 경쟁력을 훼손시킨다. 결국 우리 제품과 서비스에 대한 평판이 나빠지고, 더 나아가 우리나라 전체에 대한 이미지와 브랜드에 엄청난 악영향을 끼친다. 때로는 대형사고를 유발하여 국가사회의 재앙을 불러오기도 한다.

1970년대 와우아파트 붕괴, 대연각호텔 화재, 1990년대 성수대교와 삼풍백화점 붕괴, 1999년 경기 화성 씨랜드 청소년수련원 화재, 2003년 대구 지하철 참사, 2011년 우면산 산사태, 그리고 2014년 300여 명의 꽃다운 학생들의 목숨을 앗아간 세월호 사고에 이르기까지 일일이 꼽을 수 없을 정도다. 이를 두고 혹자는 한국을 '사고 공화국'이라고 비아냥댔다. 이들 사고들은 대부분 복합적인 연유에 기인하지만, 검은 뒷거래가 그중에서도 가장 큰 요인이라는 사실이 밝혀지고 있다.

이처럼 검은 뒷거래는 인간의 양심과 존엄성마저 갉아먹는 무서운 바이러스이다. 이를 퇴치하기 위해서는 엄정한 법집행과 함께 의식개혁이 동반되어야 한다. 빠진 너트들을 찾아 다시 조이는 사회 시스템 정비작업을 추진해 나가야 한다. 적당주의와 빨리빨리 문화에 '철저하고 빈틈없는 부지런함', '섬세함과 침착함을 지닌 여유로움'을 더해나가야만 한다. 무엇보다도 기본과 원칙에 충실하고, 부정부패 없는 맑고 투명한 사회분위기를 조성·정착시키는 데 힘을 모아야 한다. 이것이 전제되지 않으면 선진사회가 아니라 오히려 뒷걸음쳐 나라가 망할 수도 있다.

08

금융실명제는 왜 필요하며 주요 내용은 무엇인가?

얼마 전까지만 해도 세계의 검은돈들이 스위스로 몰려들었다. 그 이유는 바로 스위스 은행의 비밀유지 조항 때문이었다. 스위스의 「연방은행법」에 따르면 은행 직원이 고객의 개인정보를 공개하는 경우, 징역이나 벌금형 등의 형사적 제재 조치를 받았다.

스위스 은행의 비밀주의

스위스 은행의 비밀주의 역사는 17세기 가톨릭교도와 개신교도 사이의 종교전쟁 와중에, 스위스로 피신한 프랑스 위그노 개신교도들의 돈을 끌어들이기 위한 방편으로 시작됐다. 이후 치러진 독일과 프랑스의 보불전쟁과 프랑스혁명 기간 동안에도 자신의 재산을 지키려는 부유층들의 돈이 스위스로 몰려들었다. 그러나 이때까지만 해도 스위스 정부가 비밀주의를 공식적으로 인정한 것은 아니었다.

그러다 제1차 세계대전 때 스위스는 정치적 중립을 지켰고, 또 가장 안전한 돈과 은행을 갖고 있는 나라로 부각되면서, 유럽 유대인들의 돈이 스위스 은행으로 몰리기 시작했다. 스위스 정부는 유대인들이 나치의 탄압을 피해 부동산을 처분한 자금을 안전한 스위스 은행에 예치하기 시작하자 유대인을 돕고 실속도 차리는 정책을 폈다. 이에 1934년 은행법을 전면 개정하여 '스위스 비밀계좌'를 공식적으로 인정한 것이다. 나치 독일이 유대인 재산 색출을 위해 고객 정보 공개를 요구했으나 스위스 은행은 이를 거부했다. 대신 유대인으로부터 약탈한 나치정권의 자금 역시 고객으로 받아들여 양다리 비밀주의를 지켜나갔다.

그런데 스위스는 최근 들어 이 비밀금고의 빗장을 풀기 시작하고 있다. 왜 그런 것일까? 2008년 글로벌 금융위기 이후 미국 및 유럽연합EU, European Union 국가들이 금융거래 투명성 제고와 세금범죄 방지를 명분으로 스위스 정부에 은행 비밀주의 철회를 강력히 요구하고 나섰다. 특히 미국은 이 과정에서 2009년 스위스연방은행 UBS, Union Bank of Switzerland을 상대로 비밀계좌를 가지고 있는 미국인 고객 5만여 명의 명단 제출을 요구하는 소송을 제기했다.

이와 같은 상황에서 스위스 은행의 비밀주의는 더이상 유지되기 어려울 것으로 전망되고 있다. 실제로 스위스는 미국을 비롯한 국제사회의 강력한 압력에 굴복하면서 비밀주의를 풀고 있다. 물론 아직까지 스위스 정부가 '은행 비밀주의'를 완전히 포기한 것은 아니다.

우리나라 금융실명제도의 내용

우리나라는 투명한 금융거래를 위해 금융실명제도를 도입해 운용하고 있다. 금융실명제란 금융기관과 거래할 때 거래자의 실제명의(실명)로 거래하고, 거래의 비밀을 철저히 보장함으로써 금융거래의 투명성을 높이는 제도이다. 이를 통해 금융거래가 부정부패·부조리와 연결되는 고리를 차단하고, 아울러 금융자산에 대한 종합과세가 가능하여 공평과세를 이루는 데 그 뜻이 있었다. 나아가 지하경제 규모를 축소함으로써 국민경제의 건전한 발전을 도모할 수 있다는 것이다.

우리나라가 처음 금융실명제도를 도입한 것은 1993년 8월로, 당시에는 '대통령 긴급재정경제명령' 형식으로 운용되었다. 이후 1997년에는 「금융실명거래 및 비밀보장에 관한 법률(금융실명법)」을 제정했다. 이 법을 제정할 당시의 주요 내용은 다음과 같다.

금융거래자는 금융기관과의 모든 금융거래에서 가명假名이나 차명借名 등이 아닌 실명實名으로 금융거래를 해야 한다. 또 금융기관은 본인의 요구 또는 동의가 있는 경우를 제외하고는 원칙적으로 금융거래의 내용에 대한 정보 또는 자료를 타인에게 제공할 수 없다. 그리고 금융회사는 계좌개설 시 본인 여부를 반드시 확인하도록 하고, 본인이 아닌 경우 위임장이 있어야만 계좌 개설이 가능하다. 이를 위반할 경우에는 500만원 이하의 과태료가 부과되고 관련 임직원에 대해 제재 조치가 내려진다. 고의로 차명계좌를 개설했다면 금융회사와 관련 임직원은 가중처벌을 받는다.

그러나 당시의 이 금융실명법은 금융기관에 대해서 거래당사자가 본인임을 확인할 의무를 부과하고 있을 뿐, 금융실명제를 위반하여 계좌를 개설한 사람은 따로 처벌하지 않고 있었다. 이처럼 차명거래에 대한 처벌이 미온적이어서 그동안 차명에 의한 거래가 광범위하게 이루어져 왔으며, 이로 인한 사회적 문제 또한 심각한 수준이었다.

대표적인 예가 대포통장이다. '대포통장'이란 제3자 명의를 불법 도용하여 실제 사용자와 명의자가 다른 통장이다. 명의를 도용해 제3자가 통장을 개설한 행위는 금융실명법 위반이지만, 발급된 통장 자체는 사용에 아무런 문제가 없는 상태이다. 이 때문에 대포통장인지 아닌지를 사전에 확인할 방법이 없다. 명의도용 사실이나 통장을 이용한 범죄 사실이 발각되어 해당통장이 '대포통장'이라는 사실이 드러나기 전까지는 알기 어려웠다.

차명거래 금지를 위한 금융실명제 강화

　이런 상황에서 그동안 사회불안을 조장하던 다양한 불법적인 차명거래 행위를 규제하기 위해 금융실명법이 강화되었다. 2014년 11월 29일부터 시행되고 있는 개정 「금융실명거래 및 비밀보장에 관한 법률」에 따르면, 타인 명의에 의한 금융거래인 차명거래는 범죄수익 은닉, 비자금 조성, 조세포탈, 자금세탁, 횡령 등 불법·탈법 행위나 범죄의 수단으로 악용될 수 있으므로, 이를 금지하고 있다.

　여기서 말하는 불법적인 차명거래의 유형은 다음과 같다. 채권자의 강제집행을 회피할 목적으로 타인명의 계좌에 자산을 넣어두는 경우, 불법 도박자금 은닉을 위해 타인계좌에 예금하는 경우, 증여세 감면혜택 범위를 초과해 가족 명의 계좌에 넣어두는 경우, 친한 친구의 돈을 내 명의의 계좌에 맡아준 행위, 세금을 적게 내는 절세형 예금에 가입하기 위해 부모 명의를 이용하는 행위, 금융소득종합과세 회피를 목적으로 타인명의에 예금하는 경우 등이다. 다만 동창회나 친목모임회비 관리용 통장 또는 가족 간의 차명거래, 1인당 한도 이상 공모주를 청약하기 위한 취지로 운영하는 차명거래계좌 등은 예외로 인정해 준다.

　더불어 종전에는 차명거래를 한 당사자에게 세금만 추징하는 데 그쳤던 처벌 수위를 5년 이하의 징역 또는 5,000만원 이하의 벌금으로 강화시켰다. 금융회사도 종전에는 차명거래 계좌를 개설했을 경우 500만원 이하의 과태료만 물었지만 이제는 건별 과태료가 3,000만원 이하로 바뀌는 등 그 처벌 수준이 무거워졌다. 이와 함께 기존 법에서는 실명이 확인된 계좌에 보유하고 있는 금융자산은 실소유주에게 소유권을 인정해 주었지만, 앞으로는 명의자 소유로 추정한다. 이에 따라 앞으로는 실소유자가 차명의 소유자로부터 금융자산을 되찾으려면 재판을 통해 실소유자임을 입증해야만 한다.

그런데 다른 한편으로 실명거래가 강화되면서 고객들이 금융거래에 불편을 느끼는 문제가 생겼다. 왜냐하면 고객들이 처음 금융거래를 하기 위해서는 반드시 은행창구에서 은행직원을 통해야만 실명확인이 가능하기 때문이다. 그래서 앞으로 고객들의 불편을 줄여주기 위해 비대면 실명확인 절차가 도입될 예정이다. 즉 은행을 직접 방문하지 않고도 인터넷을 통한 실명확인 절차를 거치면 금융거래가 가능해진다. 인터넷을 통한 실명확인 제도는 앞으로 인터넷은행이 발족되면 더욱 확산될 것으로 보인다.

09

'자금세탁'이란 무엇이며, 이를 방지하기 위한 제도는?

'자금세탁Money Laundering'이라는 용어는, 1920~1930년대에 마피아가 불법적인 도박이나 마약거래 등으로 얻은 수입을 주로 세탁소의 합법적인 수입처럼 위장하면서 등장했다.

'자금세탁'이란?

돈세탁 혹은 자금세탁의 개념은 나중에 '자금의 위법한 출처를 숨겨 적법한 것처럼 위장하는 과정'이라는 의미로 일반화되었다. 우리나라는 관련법에서 '불법재산의 취득·처분 사실을 가장하거나 그 재산을 은닉하는 행위, 그리고 탈세목적으로 재산의 취득·처분 사실을 가장하거나 그 재산을 은닉하는 행위'를 자금세탁 행위로 규정하고 있다.

　자금세탁의 목적은 통상 자금의 출처나 용도가 드러나지 않도록 하기 위한 것이다. 자금세탁의 방식은 다른 사람 이름으로 된 여러 금융기관 계좌로 자금을 옮기거나, 도중에 자주 거액을 현금으로 입출금하거나, 합법적인 자금과 뒤섞는 등 다양하게 활용되고 있다. 그중에서도 가장 전형적인 방식은 불법적으로 얻은 수입금을 가명으로 만든 계좌를 통해 은행에 입금시킨 다음 엄격한 금융비밀 제도를 갖춘 국가에 송금했다가 해외자금인 것처럼 가장해서 국내로 들여오는 방식으로 이뤄지고 있다.

　자금세탁의 대부분은 불법 비자금을 조성·은닉하거나 탈세를 위한 목적으로 쓰이고 있으나, 최근에는 테러자금으로 활용되기도 한다. 2001년 9월 11일, 미국의 세계무역센터 빌딩World Trade Center을 붕괴시키는 테러사건이 일어났다. 당시 이 사건의 배후로 지목된 국제테러조직 '알카에다'가 돈세탁을 했다는 의혹이 제기되었다. 그래서 여러 나라의 금융기관들이 테러와 연계된 것으로 의심되는 계좌들을 동결하기도 했다.

자금세탁방지 기구로서의 금융정보분석원
이와 같은 불법적인 자금세탁 행위를 예방하고 적발하기 위해 세계 각국은 사법제도 · 금융제도 · 국제협력을 연계하는 종합관리 시스템인 자금세탁방지AML, Anti-Money Laundering 제도를 마련 · 운용하고 있다. 즉 OECD 국가를 포함한 50여개 국가에서는 자체적으로 금융정보기구FIU, Financial Intelligence Unit를 설립해 자금세탁행위를 감시하고 있다. 이와 함께 검은돈의 흐름을 억제하기 위한 국제공조체제도 강화해 나가고 있다. 이는 검은돈이 국경을 넘어 빈번히 거래되고 특히 이 돈이 테러자금으로 활용되고 있다는 문제의식 아래 국가 간 정보교환 등 긴밀한 협력체제를 유지하는 것이다.

우리나라도 2001년 11월, '금융정보분석원KoFIU, Korea Financial Intelligence Unit'을 설치하여 자금세탁방지를 위한 업무를 추진해오고 있다. 이 자금세탁방지 제도를 구체적으로 뒷받침하기 위해 「특정금융거래정보의 보고 및 이용 등에 관한 법률(특정금융거래보고법)」과 「범죄수익은닉의 규제 및 처벌 등에 관한 법률(범죄수익규제법)」을 제정 · 운영하고 있다.

범죄수익규제법은 「형법」, 「폭력행위 등 처벌에 관한 법률」, 「특정범죄 가중처벌 등에 관한 법률」, 「정치자금법」, 「공중 등 협박목적을 위한 자금조달행위의 금지에 관한 법률」 등 30여개 법률에 의거한 사기, 횡령, 배임 등 40여 가지 종류의 특정범죄를 자금세탁행위의 전제범죄로 규정하고 있다. 그리고 이러한 특정범죄 관련 범죄수익의 취득 · 처분 사실을 가장하거나 그 재산을 은닉하는 행위에 대해서는 5년 이하의 징역 또는 3천만원 이하 벌금을 부과하도록 규정하고 있다.

우리나라 자금세탁방지제도의 내용

한편, 자금세탁행위를 방지하기 위한 핵심적인 수단들을 담고 있는 특정금융거래 보고법의 주요 내용은 다음과 같다.

첫째, 자금세탁 의심거래 보고제도STR, Suspicious Transaction Report 이다. 금융거래와 관련하여 수수한 재산이 불법재산이라고 의심되거나, 금융거래의 상대방이 자금세탁행위·공중협박자금조달행위를 하고 있다고 의심되는 합당한 근거가 있는 경우, 이를 금융정보분석원FIU에 보고해야 한다. 카지노에서 칩을 교환하는 행위도 해당된다. 의심거래보고 기준금액은 종전에는 원화 1천만 원/외화 5천달러 이상인 경우로 되어 있으나, 지금은 금액에 상관없이 의심거래는 모두 다 보고하도록 되어 있다.

둘째, 고액현금거래 보고제도CTR, Currency Transaction Report이다. 이는 일정금액 이상의 현금거래를 금융정보분석원에 보고하는 제도이다. 1일 거래일 동안 2천만 원 이상의 현금을 입금하거나 출금한 경우, 거래자의 신원과 거래일시, 거래금액 등 객관적 사실이 전산으로 자동적으로 보고된다. 이처럼 고액현금거래 보고제도가 자동

검은돈은 전형적인 '나쁜 돈'이다. 마약과 도박, 매음, 뇌물로 공여되는 돈 등이 그 예이다.

적으로 보고되는 데 비해 의심거래 보고제도는 금융기관의 자율적인 판단에 근거해 보고한다는 점에서 두 제도 간에는 차이가 있다.

셋째, 고객확인제도CDD, Customer Due Diligence이다. 이는 금융회사가 고객과 거래할 때 고객의 성명과 실지명의 이외에 주소, 연락처 등을 추가로 확인하는 제도이다. 이를 통해 차명거래가 의심되거나 자금세탁행위 등의 우려가 있는 경우 실제 당사자인지와 금융거래의 목적을 확인한다.

넷째, 금융정보분석원은 금융회사 등이 제공한 자료를 심사분석한 결과 자금세탁의 개연성이 큰 경우, 관련 정보를 법집행기관인

검찰총장 · 경찰청장 · 국세청장 · 관세청장 · 중앙선관위 · 금융위원장 등에게 제공해야 한다.

다섯째, 금융정보의 누설금지와 금융회사 등의 제도이행에 대한 감독 · 검사권 행사이다. 금융정보분석원 · 법집행기관 소속 등 금융정보 취급자가 직무상 취득한 정보는 누설해서는 안 된다. 또한 누구든지 그 제공을 요구하는 것도 금지하고 있다.

이러한 통상적인 자금세탁행위 외에도 '테러자금' 조달행위도 금지되고 있다. 2008년 12월 제정된 「공중 등 협박목적을 위한 자금 조달행위의 금지에 관한 법률(테러 방지법)」에 의하면, 공중을 협박할 목적으로 하는 일정한 유형의 폭력 · 파괴행위에 이용하기 위해 제공되는 자금(테러자금)의 조달행위를 범죄화하고, 이와 관련된 금융거래가 의심되면 금융정보분석원에 보고토록 의무화하고 있다. 또 공중협박자금 조달과 관련된 것으로 판단되는 개인 · 법인 · 단체를 지정 · 고시해 금융거래를 제한하고, 허가를 받은 경우에만 거래할 수 있도록 하고 있다. 그리고 금융회사는 거래제한 대상자의 거래를 취급하지 못하도록 하고 있다.

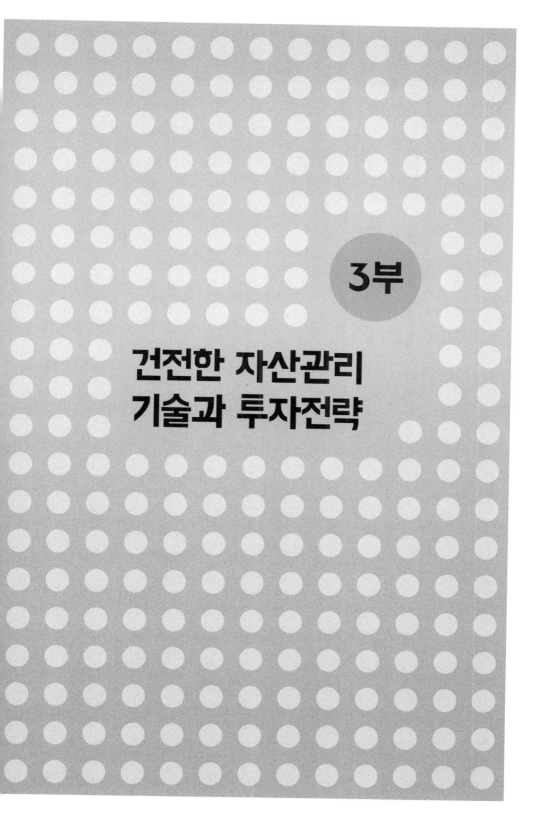

3부

건전한 자산관리
기술과 투자전략

01

세계의 부자들은 누구이며
또 어떤 나라들일까?

세계에서 가장 잘사는 나라는 어디일까? 경제규모를 측정하는 대표적인 지표인 국내총소득GDP이 가장 큰 나라는 미국이다. 국제통화기금IMF이 발표한 2015년 세계 GDP 자료에 따르면 미국은 18조 1,247억 달러로 세계 전체 GDP 75조 달러의 약 25%를 차지하고 있다. 중국은 11조 2,119억 달러로 미국에 이어 세계 2위의 경제대국이다.

세계의 부자 나라들

세계 3대 경제대국인 일본은 그동안 줄곧 2위를 유지해 오다가 잃어버린 20년 동안 저성장하면서 2010년부터 중국에 2위 자리를 넘겨주고 3위로 내려앉게 되었다. 일본에 이어 유럽의 전통적 경제 강국인 독일, 영국, 프랑스가 차례로 뒤를 잇고 있으며, 신흥공업국으로 부상하고 있는 인도가 그 뒤를 바짝 뒤쫓고 있다. 인도의 모디 총리는 취임 이후 'Make in India'를 주창하며 제조업의 허브를 중국에서 인도로 옮겨놓겠다는 야심찬 계획을 발표했다. 실제로 최근 수년 간 인도의 연간 경제성장률이 7% 이상을 보이면서 조만간 미국과 중국에 이어 세계 3위의 경제대국으로 부상할 잠재력을 지니고 있다.

세계 경제규모 순위

(2015년 기준, 달러)

순위	국가	규모	순위	국가	규모
1위	미국	18조 1,247억	9위	이탈리아	1조 8,428억
2위	중국	11조 2,119억	10위	캐나다	1조 6,155억
3위	일본	4조 2,103억	11위	대한민국	1조 4,351억
4위	독일	3조 4,134억	12위	호주	1조 2,523억
5위	영국	2조 8,534억	13위	멕시코	1조 2,319억
6위	프랑스	2조 4,695억	14위	스페인	1조 2,302억
7위	인도	2조 3,080억	15위	러시아	1조 1,760억
8위	브라질	1조 9,039억	16위	인도네시아	8,957억

자료 : IMF

그런데 각국의 물가수준을 고려한 구매력평가PPP, Purchasing power parity에 따른 국내총생산은 이미 중국이 미국을 추월해 세계 1위로 올라섰다. 구매력 기준 GDP란 명목 GDP에 각국의 물가수준을 함께 반영해 조금 더 실질적인 소득과 구매력을 가늠케 하는 수치

중국 상해의 푸동지구 야경

이다. IMF와 세계은행에 따르면 2015년 중국의 구매력 기준 GDP는 18조 9,759억 달러로, 미국(18조 1,247억 달러)을 꽤 큰 차로 앞섰다. 3위는 명목기준 3위인 일본(4조 8,431억 달러)을 제치고 명목기준 7위인 인도(7조 9,966억 달러)가 차지했다.

그러면 인구를 감안한 1인당 국민소득이 많은 나라들은 어디일까? 1인당 국민소득 수준은 전체 GDP 통계와는 상당한 차이가 있다. 인구대국인 중국과 인도는 그 순위가 매우 낮았고, 미국을 위시한 서방 선진국들이 대부분 상위권을 차지하고 있다. 1인당 GDP가 가장 높은 나라는 9만 6,269달러의 룩셈부르크이고, 그 뒤를 스위스

(8만 4,070달러)와 카타르(8만 1,603달러), 노르웨이(8만 749달러)와 미국(5만 6,421달러)이 잇고 있다. 일본은 3만 3,223달러로 25위를, 우리나라는 2만 8,338달러로 28위를 차지하고 있다.

돈을 잘 버는 글로벌 기업들

돈을 잘 버는 기업은 어떤 기업들일까? 미국의 경제잡지 〈포춘 Fortune〉은 매년 세계의 기업실적을 조사해서 그 순위를 발표하고 있다. 이 순위는 〈포춘〉지가 기업실적, 자산, 종업원 수 등을 종합해 평가한 것이다. 가장 많은 기업이 리스트에 오른 나라는 미국으로, 128개의 기업이 세계 500대 기업에 선정됐다. 그리고 500대 기업의 전체 매출은 31.2조 달러, 이익은 1.7조 달러였다.

〈포춘〉이 조사한 2015년 '글로벌 500' 리스트에 따르면, 1위는 미국 월마트로 지난해에 이어 2년 연속 선두 자리를 지켰다. 월마트는 2014년 4,856억 달러 매출과 163억 달러의 순이익을 기록했으며, 자산은 2,037억 달러, 종업원 수는 220만 명으로 집계돼 세계에서 가장 규모가 큰 기업으로 나타났다. 2위는 지난해 2위였던 네덜란드 로열더치셸을 제치고 지난해 3위였던 중국석유화학공사가 차지했다. 중국석유화학공사는 매출 4,468억 달러, 순이익 51억 달러를 기록했고, 자산은 3,591억 달러, 종업원 수는 89만 명이다. 10위권 내 중국 기업은 이 밖에도 중국석유천연가스공사와 중국전력공사로 각각 4위와 7위에 선정됐다. 그리고 500대 기업에는 중국기업 106개가 리스트에 이름을 올렸는데, 이는 지난해 100개보다 늘어난 것이다.

5~6위는 에너지 기업인 엑슨모빌과 BP가 차지했다. 에너지 기업이 다수를 차지한 상위권에서 자동차 기업인 독일 폭스바겐과 일본 도요타는 전년도와 마찬가지로 나란히 8위와 9위를 기록했다. 폭스바겐은 매출 2,685억 달러, 순이익 145억 달러를 기록했고, 자산은 4,249억 달러, 종업원 수는 59만 명으로 집계됐다. 도요타는 매출이 지난해보다 3% 줄어든 2,477억 달러를 기록했지만 순이익은 8% 늘어난 19억 달러로 조사됐다. 자산 3,980억 달러, 종업원 수 34만 명이다.

국내기업으로는 글로벌 500대 기업에 17개가 포함됐는데, 그중 삼성전자가 1,958억 달러의 매출을 기록해 13위에 올라 가장 순위가 높았다. SK홀딩스가 57위, 현대자동차가 99위로 100위 안에 이름을 올렸다. 101~200위에는 포스코(162위)와 LG전자(175위), 한국전력(193위) 등 3개 기업이 포함됐고, 201~300위 사이에는 현대중공업(210위)과 기아자동차(242위) 등 2개 기업이 이름을 올렸다. 그밖에 500대 기업에 포함된 국내기업들은 GS칼텍스(302위), 한화(329위), 한국가스공사(332위), 현대모비스(347위), S오일(439위), 삼성C&T(441위), 롯데쇼핑(445위), 삼성생명(456위), LG디스플레이(473위) 등이다.

세계의 부자들은 누구인가?

날이 갈수록 국가들 간에 부의 불평등이 심화되고 있다. 2015년 다보스포럼의 최대 화두는 '부의 불평등'이었다. 국제구호단체 옥스팜Oxfam, 세계경제포럼WEF 사무국이 보고서를 통해 상위 1%가 나머지 99%보다 더 많은 자산을 보유한다고 지적하며 대책을 촉구했다. 이들은 "부유층과 빈곤층간 격차가 빠른 속도로 커져 상위 1%가 전세계 부에서 차지하는 비중이 2009년 44%에서 2014년 48%로, 2016년에는 50% 이상으로 확대될 것"으로 내다봤다.

그런데 전세계 부의 절반 이상을 차지하고 있는 상위 1%는 북미와 유럽 지역에 집중돼 있는 것으로 나타났다. 크레딧 스위스 은행에 따르면 가계자산이 79만 8,000달러 이상인 자산가가 상위 1%에 해당하며 이들의 수는 4,700만 명으로 조사됐다. 이 가운데 미국이 1,800만 명으로 가장 많았다. 그리고 상위 10개국 가운데 2위 일본(400만 명)과 9위 중국(160만 명)을 제외하고는 대다수가 유럽 국가였다. 3위인 프랑스는 350만 명, 이어 영국이 290만 명이었으며, 5위인 독일은 280만 명이었다. 이밖에 이탈리아가 230만 명, 호주가 180만 명, 캐나다가 160만 명으로 각각 6~8위를 기록했고, 스위스가 80만 명으로 10위에 올랐다. 스위스는 전체 인구 800만 명 가운데 80만 명이 글로벌 자산가 1%에 들었다.

한편 자산컨설팅업체 웰스엑스Wealth-X가 조사·발표한(2015)

'세계 25대 자수성가 부호'에 따르더라도 세계의 성공한 부자들은 북미지역에 가장 많았다. 60%인 15명이 미국과 멕시코 출신이다. 특히 이 중 14명이 미국인으로 세계 최고 자수성가형 억만장자가 미국에 집중돼 있다. 1위는 빌 게이츠Bill Gates 마이크로소프트 창업자로 자산 857억 달러였다. 2위는 워런 버핏Warren Buffett 버크셔 해서웨이 회장(701억 달러)이다. 비미국계 북미대륙 출신으로는 멕시코 통신재벌 카를로스 슬림Carlos Slim 텔맥스 텔레콤 회장이 354억 달러로 7위에 올랐다. 페이스북의 마크 저커버그Mark Zuckerberg가 353억 달러로 8위, 블룸버그 통신사의 마이클 블룸버그Michael Bloomberg가 337억 달러로 10위를 차지했다. 유명한 헤지펀드 투자가 조지 소로스Georg Soros와 칼 아이칸Carl Icahn도 각각 248억 달러와 228억 달러로 18위와 20위에 올라 있다. 스티브 잡스Steve Jobs와 함께 애플사를 창시한 스티브 발머Steve Ballmer도 224억 달러로 21위를 차지했다.

아시아권 부호는 5명으로 집계됐다. 14위에 오른 알왈리드 빈 탈랄Alwaleed Bin Talal 사우디아라비아 왕자(283억 달러)를 제외하면 4명이 중국과 홍콩 등 동아시아 출신이다. 전체 순위 9위에 오른 중국 최대의 부동산그룹인 완다그룹의 왕젠린王健林 회장(352억 달러)이 아시아 출신으로는 가장 성공한 자수성가 부호로 나타났다. 다음은 중국 최대 온라인 쇼핑몰 알리바바의 창시자인 마윈馬雲, Jack Ma이 267억 달러로 16위를 차지했다.

유럽권의 자수성가 부호들은 대부분 제조업으로 성공한 사람들이 순위에 올랐다. 의류브랜드 자라Zara 등을 보유한 스페인의 아만시오 오르테가Amancio Ortega 인디텍스그룹 회장이 650억 달러로 3위를 차지했고, 스웨덴의 잉그바르 캄프라드Ingvar Kamprad 이케아 창립자가 5위(481억 달러)로 그 뒤를 이었다.

그런데 이들 세계부호들의 특징은 대부분이 상속에 의해서가 아니라 자신이 성공을 이루어낸 자수성가형이라는 점이다. 미국의 경제정보 미디어 〈블룸버그〉가 조사·발표한 2015년 세계 400대 부자들 명단에 따르면, 65%인 259명이 자수성가형이었으며 35%인 141명만 상속형이었다. 특히 세계 10대 부호들은 모두 창업 스토리를 세계인의 뇌리에 각인시킨 창업자들이었다. 주요 나라별로는 미국이 명단을 올린 125명 중 89명, 중국(홍콩 제외)은 29명 중 28명, 일본은 5명 모두 자신의 손으로 창업해 부를 일군 자수성가형이었다. 반면, 이 명단에 포함된 한국인 5명은 모두 상속형인 것으로 나타났다.

사람들은 이처럼 돈이 많은 사람이나 나라들을 부러워 하고 있다. 그러나 이들이 반드시 가장 행복한 사람이나 나라들은 아닐 것이다. 한 예로서 히말라야 산맥에 위치한 은둔국가 부탄이 있다. 부탄은 국민소득이 2,000달러를 조금 넘는 수준에 불과하지만 국민행복도는 세계 최고 수준이다. 부탄 정부는 국민들이 맑고 깨끗한 자연환경에서 행복한 삶을 살아갈 수 있도록 개발을 제한하고 숲의 면적을 늘려나가고 있다. 특히 재미난 사실은 여기서는 첫눈이 내리면 공휴일이 된다고 한다. 이는 결국 삶의 가치는 돈의 많고 적음에 상관없이 어떠한 신념과 사고를 가지고 살아가느냐에 따라 좌우된다는 것을 보여주는 사례이다.

02
투기가 아닌 투자가 되어야 한다

사람이 경제생활을 해나갈 때 투자행위는 불가피하다. 투자를 하는 이유는 사람들마다 다르겠지만, 모두들 안정되고 윤택한 가정생활과 사회활동을 해나가기 위해서라는 공통분모를 가지고 있다.

투자가 불가피한 시대를 살고 있다

갈수록 미래에 대한 불확실성이 커지면서 노후생활을 좀더 안락하게 보내려는 목적으로 사람들은 이런저런 종류의 투자를 하게 된다. 이제 우리는 투자행위를 전혀 하지 않거나 혹은 잘못된 투자를 할 경우 커다란 낭패를 보는 그러한 시대를 살고 있다. 그런데 간혹 이 투자가 도를 넘어 투기로 변해 문제를 일으키고 있으며, 날이 갈수록 그 정도가 심해지고 있다.

사회통념상 투자는 정상적인 방법처럼 느껴지고, 투기는 사기 또는 도박처럼 인식된다. 사전적으로 투자investment는 생산활동과 관련된 자본재의 총량을 유지하거나 증가시키는 활동을 일컫는다. 반면에 투기speculation는 생산활동과 관계없이 이익추구만을 목적으로 자산을 사고파는 행위를 뜻한다. 〈국부론The Wealth of Nations〉의 저자 애덤 스미스Adam Smith도 이렇게 말했다. "투자는 상품을 사용해서 얻는 이득을 보고 거래를 하는 것이고, 투기는 구매하는 상품의 가격 상승을 바라고 그 매매 차익을 위하여 거래하는 것이다."

자본주의 시장경제에서는 투자와 투기 둘 다 시장 조성을 위해서 반드시 필요하다. 예를 들어 모든 주택 소유자가 장기간 투자의 목적으로 보유만 하고 있다면 주택시장 자체는 형성될 수 없다. 주식시장에서도 단기수익을 바라지 않고 모든 투자자가 장기수익만을 바라고 보유한다면 주식거래가 이루어질 수 없다. 이처럼 투자나 투기 모두 이익을 추구하는 관점에서 보면 다를 게 없으며, 시장이 굴러가는 데 필요한 행위들이다. 어느 것이 옳고 그르다고 확정지어 말하기도 매우 어렵다.

생산적이고 합리적인 투자 vs 탐욕과 위험이 가득한 투기

투자와 투기는 다음과 같은 분명한 차이점이 존재한다.

첫째, 자금을 운용하는 목적에서 차이가 있다. 일반적인 투자는 실제 경제활동의 필요성에 따라 이루어지는 반면, 투기는 가격이 오르내리는 차이에서 오는 이득을 챙기는 것을 목적으로 한다. 따라서 부동산을 구입할 때 그곳에 공장을 지어 상품을 생산할 목적을 지닌 경우는 투자이지만, 부동산 가격의 인상만을 노려 일정 기간 후에 이익을 남기고 다시 팔려는 목적을 가진 경우에는 부동산투기 행위이다. 이 부동산투기로 인한 폐해는 너무나 크다. 집값을 상승시켜 서민들의 부담을 가중시키고 성실하게 일하는 사람들의 일할 의욕을 상실시킬 뿐만 아니라, 결국은 우리 경제사회 전체를 나락으로 빠지게 한다.

둘째, 이익을 추구하는 방법에서도 차이가 있다. 투자는 생산활동을 통한 이익을 추구하지만 투기는 생산활동과 관계없는 이익을 추구한다. 즉 투자를 통해서는 재화나 서비스가 생산되고 고용이 창출되는 등 경제활동이 이루어지면서 다양한 부가가치가 생겨난다. 시간이 지나면서 애초 투자의 가치가 커져 자본이익도 함께 발생한다. 하지만 투기는 생산활동과는 관계없이 가격변동에 따른 이익추구만이 목적이기 때문에 부가가치가 거의 발생하지 않는다.

셋째, 투자와 투기는 제공되는 정보의 질에 현저한 차이가 있다. 투자는 전문지식을 기반으로 다양하고 합리적인 정보들이 제공되지만, 투기는 질적으로 낮은 정보에 의존하는 경우가 많다. 투자는 정확한 데이터를 기반으로 미래를 예측하고 효용을 이끌어내는 활동이다. 이에 비해 투기는 구체적이고 신뢰할 만한 데이터data가 아닌 소위 '~카더라'성 추측성 정보에 의존하는 것이 대부분이기 때문에 특히 주의해야 한다.

넷째, 투자는 리스크risk 관리가 가능하지만, 투기는 리스크 관리가 잘되지 않는다. 투자는 어떤 목적 달성을 목표로 합리적 판단을 위한 정보수집과 분석 등을 통해 위험을 줄이는 것이 가능하다. 하지만 투기는 쉽게 한방을 노리는 마음으로 운에 맡기는 경우가 일반적이기 때문에 큰 불확실성이 따른다. 결국 누군가는 마지막에 손해를 볼 수밖에 없는 구조를 갖는 경우가 대부분이다.

이 밖에도 자산운용의 규모가 매우 크거나 혹은 빚을 내어 투자하는 경우 등을 투기로 보기도 한다. 또 시간상으로 장기적 수익을 기대하면 투자인 반면, 투기는 단기적 수익을 노리고 돈을 굴리는 것으로 간주하기도 한다. 적법성 여부에 따라 합법이면 투자, 불법이거나 혹은 법적으로는 문제가 없어도 도덕적인 문제가 있다면 투기라고 볼 수 있다.

튤립 투기의 역사와 닷컴버블의 붕괴

역사상 가장 폭발적인 투기의 대상은 무엇이었을까? 놀랍게도 그건 주식도 아니고 부동산도 아닌 튤립이었다. 17세기 네덜란드에서 일어난 튤립에 대한 과열투기 현상은 역사상 최초의 자본주의적 투기라 전해진다. 당시 네덜란드는 작물산업의 호황과 동인도회사를 통해 벌어들이는 막대한 수입 등에 힘입어 유럽에서 가장 잘사는 나라였다. 이로 인해 부에 대한 개인들의 과시욕이 상승하면서 튤립 투기가 발생한 것이다. 당시 네덜란드에서는 희귀한 튤립의 소유와 경작이 부와 명예의 표상이었다.

1630년대 네덜란드에서는 수입된 지 얼마 안 되는 터키 원산의 원예식물인 튤립이 큰 인기를 끌었고, 튤립에 대한 사재기 현상까지 벌어졌다. 이에 따라 수요가 급증했고 가격은 계속해서 올라갔기에 귀족부터 일반시민까지 전 재산을 털어 튤립 투기를 했다. 이에 튤립 투기수요가 엄청나게 증가하면서 튤립 가격이 1개월 만에 50배나 뛰는 일이 발생했다. 1630년대 중반에는 뿌리 하나가 8만 7,000유로까지 치솟았다. 심지어 시간이 지나면서 미래 어느 시점을 정해 특정한 가격에 매매한다는 계약을 사고파는 선물거래까지 등장했다.

그러나 이러한 거품bubble은 순식간에 꺼져버렸다. 사람들은 점차 가격은 형성되어 있지만 거래가 없다는 사실을 인식하게 되었다. 결국 법원은 1637년 튤립의 재산적 가치를 인정할 수 없다는 판결

얀 브뤼헐 2세, 〈튤립 광기에 대한 풍자〉, (1649). 왼쪽 하단 부분은 튤립투기로 부자가 되려고 하는 모습과 오른쪽 부분은 튤립 버블이 붕괴된 뒤의 처절한 상황을 보여주고 있다.

을 내린다. 이후 튤립 가격은 최고치 대비 수천 분의 1 수준으로 폭락했다. 가격이 하락세로 반전되면서 팔겠다는 사람만 넘쳐났으므로 거품이 터진 것이다. 상인들은 빈털터리가 되었고 영지를 담보로 잡히고 튤립에 투자했던 귀족들은 영지를 날려야 했다. 이러한 파동은 네덜란드가 영국에게 경제대국의 자리를 넘겨주는 한 요인이 되었다. 또 이 사건은 경제주체의 투기심리와 실물가치에 기반을 두지 않는 화폐거래는 금융공황을 발생시킨다는 교훈을 남겼다.

닷컴버블dot-com bubble 또한 주요한 투기 역사의 한 장이다. 1990년대부터 정보기술IT, Information Technology과 정보산업의 중요성이 사회 곳곳에서 언급되고, 아울러 인터넷이 서서히 대중화되기 시작했다. 사람들은 이 시기를 흔히 IT혁명, 정보혁명기라고 불렀다. 넷스케이프Netscape와 야후Yahoo에서 시작한 닷컴버블은 전자상거래의 대표기업인 이베이eBay와 아마존Amazon의 등장으로 점점 더 커졌다. 1999년 나스닥지수는 한 해에만 85%가 급등했고, 이러한 추세는 2000년 초반까지 화려한 랠리를 펼쳤다.

그러나 미국에서 제일 큰 인터넷 사업자 '아메리카 온라인(AOL)'이 주저앉아버리면서 곧바로 주가가 폭락하기 시작했고, 연이어 수많은 기업들이 파산했다. 증시는 하락하여 2000년 5월에는 주식가격이 최고점 대비 30% 가까이 빠졌다. 그러자 미국은 금리인상을 단행했고, 이후 IT 버블도 종말을 고했다. 닷컴경제의 상징인 나스닥지수가 2000년 3월 최고치인 5,048에서 2003년 10월 1,376으로 반의 반 토막이 났다.

투기가 아닌 투자가 되어야 한다

이렇게 볼 때 투자와 투기의 차이란 결국 욕심과 리스크 관리가 되느냐 안 되느냐의 차이라 볼 수 있다. 쉽게 더 많이 벌고 싶은 욕심에 눈이 멀면 무리를 하거나 불법도 저지르며 사기유혹에도 쉽게 넘어간다. 또 평소에는 하지 않던 이상한 유형의 투자도 시도하면서 투기에 빠져든다. 그리하여 돌이킬 수 없는 탐욕의 강을 건너게 되는 것이다.

"지금 월가에서의 승리는 수익뿐이다. 투기로 한순간에 대박이 나고 세상은 이를 승리로 포장한다."

아무리 합법적이고 좋은 투자라 하더라도 리스크 관리가 되지 않고 욕심에 눈이 멀어 무리수를 둔다면 투기가 될 수밖에 없다. 이런 투기는 투자자 자신을 파괴할 뿐만 아니라 우리 사회에도 결코 도움이 되지 않는다. 따라서 탐욕의 노예가 되어 스스로를 파괴하는 투기보다는 합법적이고 안전하며 건전한 투자 습관을 가지도록 노력해야 한다.

월스트리트wall-street의 전설 펠릭스 로하틴은 저서 〈Dealings-월가의 전쟁〉에서 이렇게 말하고 있다. "지금 월가에서의 승리는 수익뿐이다. 온갖 비밀스러운 금융상품을 고안하고, 회계조작이나 하는 기업에 막대한 자본을 쏟고 있다. 투기로 한순간에 대박이 나고 세상은 이를 승리로 포장했다. 내가 아는 월가는 자본을 모아 기업을 구해내는 일을 승리라고 믿던 곳이었다. 경제에 진정한 활력을 일으켜 사람들에게 일자리를 주는 것 말이다. 그 믿음이 다시 살아나야 한다. 지금 월가는 기로에 서 있다."

03

합리적인 자산관리 전략과 기술은 무엇인가?

우리는 주변에서 "○○는 재테크기술이 참 좋아! 그래서 큰돈을 벌었어!"또는 "xx는 자산관리를 잘해서 말년에 참 행복하게 잘 살아가고 있어!" 등 재테크와 자산관리란 용어를 자주 듣거나 사용하면서 살아가고 있다. 그런데 이러한 재테크와 자산관리는 여러 면에서 차이가 있다. 자산관리가 재테크에 비해 훨씬 더 전략적이며 고차원적인 것이다.

전술적 재테크 vs 전략적 자산관리

'재테크financial technology'란 재무관리에 대한 고도의 지식과 기술을 의미한다. 그런데 재테크는 단순히 돈을 어떻게 벌 것인가에 주목하고 있다. 따라서 투자목적에 상관없이 돈을 투자할 만한 상품을 찾는 데만 온 정성을 쏟는다. 이는 마치 전쟁을 하는데 전략은 세우지 않고, 오직 어떤 무기를 가지고 나가야 전투에서 이길 것인지를 생각하는 것과 같은 이치다.

이에 반해 '자산관리asset management, portfolio management'는 경제적으로 넉넉하지 못할 때 지출을 꼼꼼히 점검해서 원인을 찾아내고 저축을 늘리는 것을 기본으로 삼는다. 물론 자산관리에서도 투자는 매우 중요하다. 그러나 이 경우의 투자란 장기적인 계획을 세우고 수익률보다는 재무의 중심을 잡는 것이 우선이기 때문에 안전하면서도 효율적이다. 예를 들면 "1억원이 있는데 어디에 투자를 해야 많은 수익이 날것인가?"라고 접근하는 것이 재테크라면, "1억원의 자금이 있는데 이를 5년 후에 조금 큰 전셋집으로 이사 가기 위한 종자돈으로 활용하려면 어떤 방식의 투자를 선택해야 바람직할 것인가?"는 자산관리다.

재테크와 자산관리는 이처럼 돈을 투자하는 자세가 확연히 다르기 때문에 결과도 완전히 다른 형태로 나타난다. 투자목적이 불분명하고 고수익만 좇는 재테크는 위험종목에 투자할 가능성이 크므로 수익성이 클 수 있겠지만 낭패를 볼 확률도 높다. 반면 투자목적이나 투자기간 등이 명확한 자산관리는 그에 걸맞게 운용함에 따라 위험종목에 투자할 가능성이 낮아 실패할 위험도 그만큼 적다.

우리가 성공적인 투자를 하기 위해서는 먼저 사전에 자신의 연간소득, 지출, 자산상황, 현금흐름 등을 꼼꼼히 따져본 이후 투자목적과 기간을 계획해야 한다. 그리고 적절한 투자상품을 선택해야 한다. 다시 말해 "무작정 열심히 투자해서 큰돈을 벌어야 한다."가 아니라, "언제까지 어느 정도의 자금을 마련하겠다."는 식의 구체적인 계획이 필요하다는 것이다. 그렇지 않을 경우 운이 좋아 어느 시기에 큰돈을 벌었다 하더라도 정작 꼭 돈이 필요한 시점에는 돈을 확보하지 못해 낭패를 볼 우려가 있다. 또 투자가 아닌 투기로 흐르게 될 공산이 크다. 더욱이 욕심을 부려 빚을 내어 투자했다가는 자칫하면 빚더미에 올라앉을 수도 있다.

합리적인 자산관리 전략

이처럼 투자행위는 재테크의 차원을 넘어 자산관리 전략을 취해야 할 필요가 있다. 그러면 자산관리와 투자는 어떤 전략을 가지고 해야 하는지를 보다 구체적으로 살펴보자.

첫째, 투자상품에 대한 포트폴리오를 적절히 설계하는 것이 가장 기본적인 전략이자 전술이다. '포트폴리오Portfolio'란 위험을 줄이고 투자수익을 극대화하기 위해 여러 종목에 분산투자하는 방법을 말한다. 쉽게 말하면 주식, 사채, 현금, 상품, 부동산 등의 자산에 투자비율을 설정하는 계획을 의미한다. 투자를 할 때 너무 한곳에만 집중하면 실패할 위험성도 그만큼 커진다. 따라서 투자성공의 비결은 어떻게 더 잘 나누느냐에 달려 있다고 해도 과언이 아니다. 이 포트폴리오를 설계할 때 개인과 시장의 상황도 반드시 고려해야 한다.

성공률이 높은 포트폴리오가 되기 위해서는 자신만의 투자원칙을 가지고 목표수익률과 감당할 수 있는 위험 정도를 정한 후, 그에 맞게 포트폴리오를 구성하는 것이 바람직하다. 그래도 포트폴리오 설계에 대한 자신이 없다면, '100 – 나이 법칙'을 활용해 보는 것도 한 가지 방법이다. 이는 100에서 나이를 뺀 만큼의 비율은 수익성이 높은 상품에 공격적으로 투자하고, 나머지는 위험성이 낮은 상품에 안정적으로 투자하는 방식이다. 예를 들어 40대 투자자라면 60%(100-40)를 주식형펀드에 넣고, 나머지 40%는 안정적인 채권형펀드에 넣는다. 반대로 60대의 투자자라면 40%(100-60)를 주식형펀드에 넣고, 나머지 60%는 채권형펀드에 넣는 포트폴리오를 설계하면 된다. 한마디로 젊을수록 수익성 위주의 자산에 편중시키고, 나이가 들수록 공격적인 자산을 줄이는 대신 안전자산의 비중을 높이는 전략을 세우는 것이 바람직하다는 뜻이다.

둘째, 부동산과 금융상품에 대한 자산배분과 투자 비중을 적절히 설정해야 한다. 부동산과 금융상품에 대한 포트폴리오는 자금을 장기로 묻어둘 것인지, 혹은 단기에 초점을 두고 자금의 수시입출이 되도록 할 것인지의 문제와도 연결된다. 부동산투자는 장기적인 안목에서 이루어져야 한다. 우리나라는 일반적으로 가계자산 중에서 부동산이 차지하는 비중이 지나치게 높다. 반면, 금융자산 비중이 상대적으로 작아 노후대비가 취약한 상황이다. 금융투자협회가 조사한 자료에 따르면 우리나라 가계자산의 구성은 지난 2012년을 기준으로 금융자산이 24.9%, 부동산 등 비금융자산이 75.1%로 나타났다. 이는 금융자산 비중이 미국 70.7%, 일본 60.1%, 영국 49.6%, 호주 39.6% 등인 것과 비교할 때 매우 적은 것이다.

셋째, 금융상품에 투자할 경우 투자목적과 기간이 장기투자인지 단기투자인지를 잘 인식하고 판단해서 투자를 해야 한다. 우선, 1년 이내의 단기자금은 수익률보다는 안정성과 유동성을 고려해 위험이 적은 상품을 택하는 것이 적합하다. 또 투자위험을 고려하여 한곳에 집중투자를 하는 것보다 분산투자가 더 유리하다. 중기 목적 자금은 내집마련이나 자녀학자금 등 비교적 장기간 투자를 목적으로 하므로, 다소 공격적인 수익형 상품으로 운용하는 것이 바람직하다. 그러나 목돈을 일시에 투자하는 거치식 투자인 경우에는 원금손실의 위험에 대비해야 한다. 따라서 지나치게 공격적인 투자보다는 투자위험이 적으면서도 비교적 높은 투자수익을 기대할 수 있는 상품에 가입하는 것이 좋다.

장기 목적자금은 노후대비를 위한 자금이므로 소득공제나 비과세 혜택이 있는 장기상품이 바람직하다. 갈수록 평균수명은 늘어나는 데 비해 경제활동 기간은 늘어나지 않고 있어 노후를 위한 투자와 자산관리에 신중을 기해야 한다. 이런 목적에 부합하는 금융상품은 장기연금저축이나 보험상품 등이다.

넷째, 안정성과 수익성에 대한 균형을 잘 살려야 한다. 이는 결국 투자성향에 따른 투자전략의 문제이다. 우선 '원금보장 추구형' 투자성향을 가진 사람은 대개 위험에 대한 인내력이 부족하고 원금손실을 매우 꺼린다. 때문에 이들은 수익성은 작더라도 안전성이 있는 상품에 투자해야 한다. 그러려면 은행의 정기예금, 증권회사 환매조건부채권, 국채, 일반 회사채처럼 원금손실 우려가 거의 없는 확정금리형 상품에 투자하는 것이 바람직하다.

원금보장형과는 정반대의 투자유형으로 '고수익 · 고위험 투자형'이 있다. 이런 투자성향을 가진 사람들은 높은 수익률을 위해 위험을 적극적으로 감수하려는 공격성을 띤다. 그러므로 확정금리형 상품투자는 줄이고 주식이나 주식형펀드처럼 가격변동 폭이 커서 높은 수익률을 기대할 수 있는 금융상품 비중을 높이는 것이 바람직하다. 펀드에 가입할 때는 주식 비중이 높은 고위험 펀드가 적당하며, 나아가 자산의 일정부분은 펀드가입을 통한 간접투자가 아닌 직접투자도 고려해 볼 만하다. 물론 이 경우에도 수익의 대박만을 노리는 무모한 투기가 되지 않도록 해야 한다.

또 이들의 중간 형태를 취하는 '균형 투자형'이 있다. 이런 투자 성향을 가진 사람들은 수익률을 높이기 위해 약간의 위험은 감수할 의사가 있지만, 원금을 잃을 위험이 있는 투자는 사양한다. 따라서 안정적인 확정금리형 상품과 위험하지만 수익률이 높은 투자형 상품에 각각 절반씩 나누어 가입하는 것이 좋다. 펀드에 가입할 때도 적립식펀드나 주가연동상품과 같이 중간 수준의 위험펀드로 분류되는 상품을 선택하는 것이 바람직하다.

그런데 이와 같은 여러 가지의 투자전략들도 실제 자산관리 활동에 도움이 되겠지만, 무엇보다 중요한 투자원칙은 과욕을 버리고 정도를 취해야 한다. 다시 말해 탐욕적인 투기가 아닌 정상적인 투자를 해야 한다는 것이다. 그래야만 위험을 줄이고 제대로 된 성과를 거두는 합리적인 자산관리가 된다. 그 결과 꼭 필요한 시기에, 또 꼭 필요한 용도에 거둬들인 수익금을 활용할 수 있고, 아울러 국가경제에도 도움을 줄 수 있다.

04
금융상품의 종류와
이를 선택하는 요령은?

금융상품의 종류는 분류기준에 따라 여러 가지로 나눌 수 있다. 우선, 투자목적별로는 은행예금 · 채권투자 등 수익성은 낮으나 대신 원금보장이 가능한 안정형 상품, 주식투자 · 제2금융권 예금 등 안정성은 낮으나 수익성이 높은 고수익형 상품, 그리고 기타 목돈마련이나 노후생활 보장을 위한 상품인 저축성보험이나 연금펀드 등으로 나뉜다.

투자기간별로는 수시입출금이 가능한 요구불 예금, CMA · MMF 등의 초단기 상품, 양도성예금증서CD · 기업어음CP · 환매채RP 등의 3개월 상품, 그리고 저축성 은행예금 · 적립식 펀드와 랩어카운트 · 생명보험 등의 1년 이상 장기상품이 있다.

다양한 금융상품들

CMACash Management Account(자산관리계좌)는 종합금융사와 증권사가 판매하는 상품으로, 어음관리계좌와 자유입출금식 보통예금계좌를 접목한 것이다. CP·CD·국공채 등의 채권에 투자하여 그 수익을 돌려주는 단기 고수익 금융상품이다. MMFMoney Market Fund는 펀드사가 금리가 높은 CP나 CD 등에 투자해 수익을 돌려주는 수시입출금식 단기 금융상품으로「예금자보호법」의 적용을 받지 못한다.

CDCertificate of Deposit(양도성예금증서)는 은행이 양도성을 부여하여 무기명 할인식으로 발행하는 정기예금증서로, 과거 은행의 자금조달 수단으로 많이 활용되었으나 최근에는 거의 발행되지 않는다. CPCommercial Paper(기업어음)는 신용상태가 양호한 기업이 단기 자금을 조달하기 위해 발행한 만기 1년 이내의 융통어음을 말한다. RPRepurchase Agreements(환매조건부채권)는 채권투자를 활성화하기 위해 환매 조건을 붙여 장기채권의 만기를 줄여 단기금융상품으로 만든 것이다.

한편 적립식 랩어카운트wrap account는 적립식펀드와 비슷하면서도 고객들의 성향이나 투자목적에 맞게 대응할 수 있다는 장점이 있다. 펀드가 불특정 다수의 자금을 하나의 계좌로 통합해 운용하는데 비해, 랩어카운트는 개별 고객의 투자성향과 투자목적 등을 분석·진단한 후 고객의 계좌를 만들어 운용하기 때문이다.

생명보험사에서도 다양한 상품들을 선보이고 있다. 가장 기본적인 상품인 종신보험은 보장기간이 평생인 대표적인 사망보험으로, 피보험자가 언제 어떤 경우로 사망하든 사망 시 약정금액을 지불한다. 건강보험은 질병이 생겼을 때 진단, 입원, 수술, 요양, 사망보험금을 지불하는 질병보험 상품으로 생명보험사와 손해보험사가 모두 취급한다. 연금보험은 안정적인 노후생활 보장을 위해 경제적 능력이 있는 젊을 때부터 일정소득액을 적립했다가 은퇴 후 연금을 수령하는 보장성보험이다.

또 보험상품은 보험료 지불 방식의 차이에 따라 정액보험, 실손보험, 변액보험으로 나뉜다. 정액보험은 계약 시 약정한 금액을 지불하는 것이며, 실손보험은 실제 발생한 손해액을 보상하는 것이다. 그리고 변액보험은 보험료 가운데 일부를 주식·채권 등에 투자한 뒤, 운용실적에 따라 투자성과를 투자자에게 나눠주는 실적배당형 상품이다. 이는 인플레이션이 심화될 경우 보험사가 지급하는 약정금액의 실질가치가 하락하는 단점을 보완하기 위해 새로이 개발되었다. 변액보험은 투자전문가가 대신 운용하고 그 실적에 따라 성과가 달라진다는 점, 일정 기간마다 투자자금을 불입한다는 점 등에서 자산운용사가 취급하는 펀드상품과 매우 유사하다. 그러나 보험료를 납입하는 도중 사망이나 질병 혹은 장애사고가 발생할 경우 보험금이 지급되는 최소한의 보험기능이 있다는 점에서, 적립식펀드에 보험을 더한 금융상품이라고 할 수 있다.

복합금융상품의 활성화

이처럼 금융상품에는 여러 가지 많은 종류가 있다. 그런데 금융시장과 금융공학이 발전함에 따라 날이 갈수록 더 다양한 금융상품들이 쏟아져 나오고 있다. 즉 기존의 금융상품이 서로 결합해 새로운 상품이 만들어지거나, 혹은 기존 금융상품의 미래가치를 예측하여 새로이 탄생시킨 파생금융상품들이 금융소비자에게 선을 보이고 있다. 대표적인 사례가 복합금융상품과 파생금융상품들이다. 이를 좀더 구체적으로 알아보자.

기존의 금융상품들이 증권, 은행, 보험, 카드 등 금융업종이나 상품의 경계를 넘나드는 복합금융상품으로 만들어져 열풍을 일으키고 있다. 이 복합금융상품은 점차 고객과 금융사 모두에게 이익을 주는 '윈윈win-win 상품'으로 자리 잡아가고 있다. 금융기관으로서는 고객이 금융상품을 묶어서 하나의 세트로 구입하게 되면 비용 절감이 가능해져 수익이 증대되는 효과를 누릴 수 있다. 또 목돈마련과 신용대출 등 고객이 원하는 메뉴를 조합하고, 그에 따른 혜택을 알리는 과정에서 자연스럽게 주거래 고객으로 만들 기회를 가지게 된다.

고객 입장에서도 각 상품의 장점을 묶어 편리하게 이용할 수 있을 뿐만 아니라, 다양화·세분화된 자신의 욕구를 충족시켜 주는 장점이 있다. 가령 은행계좌와 증권계좌를 통합하고, 신용카드 포인

트로 주식거래 수수료를 납입할 수 있게 하거나, 주식 위탁매매 실적에 따라 예금금리를 올려주기도 한다. 또는 은행대출금을 보험사가 대신 갚아주거나, 정기예금에 들면 무료 보험가입 혜택을 주기도 한다.

이처럼 복합금융상품이 출시되고 활성화된 배경은 금융기관이 지주사 체제로 전환하면서 계열금융기관들이 연계해서 금융상품을 개발할 수 있는 여건이 조성되었다는 점이다. 또 대형통신사와 유통업 등 다른 산업과도 제휴하여 그 범위를 넓혀나갈 수 있기 때문이다. 특히 은행은 점포수가 많은 점을 활용하여 보험과 펀드상품까지도 취급하는 등 이런 추세를 주도해 나가고 있다.

파생금융상품의 종류와 투자 유의사항

금융공학이 크게 발전하면서 파생금융상품이 새로이 개발되어 갈수록 금융시장을 휩쓸고 있다. 파생금융상품이란 외환, 예금, 채권, 주식 등 기초금융자산의 미래가치를 예측해 파생적으로 만들어진 금융상품을 총칭하는 개념이다. 원래 이는 경제여건 변화에 민감한 금리 · 환율 · 주가 등의 가치변동 위험을 회피할 목적에서 만들어졌다. 이 파생금융상품을 거래할 때는 실제 투자금액의 몇 배에 달하는 거래를 할 수 있는 레버리지leverage(지렛대) 효과를 거둘 수 있다.

파생금융상품의 시장구조는 복잡할 뿐만 아니라, 모든 투자주체가 이익을 볼 수 있는 현물시장과는 달리 '제로섬 게임(zero-sum game)' 구조이다.

이처럼 거래의 기동성이 높고 거래비용도 저렴한 레버리지 효과에 현혹되어 많은 사람들이 파생금융상품 시장에 뛰어들고 있다. 그러나 파생금융상품의 시장구조는 복잡할 뿐만 아니라, 모든 투자주체가 이익을 볼 수 있는 현물시장과는 달리 '제로섬 게임zero-sum game' 구조이다. 따라서 기관이나 외국인에 비해 정보와 투자기법의 전문성에서 훨씬 열세에 놓여 있는 개인투자가들이 피해를 입을 가능성이 크다.

파생금융상품의 종류는 기초자산의 형태에 따라 통화파생, 금리파생, 상품파생, 주식파생 등으로 나뉜다. 또 기능적 형태에 따라 선물 · 옵션 · 스왑의 세 가지로 크게 나뉘는데, 이 구분이 더 일반적이다. 그리고 이들이 상호결합하여 수많은 변종상품들이 계속 생겨나고 있다.

첫째, 선물Futures 거래이다. 이는 미래의 특정시점에 미리 정한 가격으로 대상자산을 사거나 팔기로 약정하는 거래를 뜻한다. 우리나라의 '밭떼기 거래'와 같이 현재 시점에서 미래의 물건값과 인도 날짜를 정해서 계약하고, 약속된 날짜에 계약한 대로 물건과 대금을 교환하는 거래를 '선도거래'라고 한다. 이 선도거래가 발전하여 거래소를 통해 체결되는 거래가 바로 선물거래이다.

둘째, 옵션Option 거래이다. 이는 미래특정일에 약정한 가격으로 대상자산을 사거나 팔 수 있는 권리를 거래하는 것이다. 다시 말해 옵션은 상품을 구매한 사람에게 미래의 특정시점에 권리행사 여부의 선택권을 부여하는 것을 뜻한다. 이는 다시 살 수 있는 권리인 콜옵션Call option, 팔 수 있는 권리인 풋옵션Put option으로 나뉜다.

셋째, 스왑Swap 거래이다. 장래의 일정기간 동안 미리 정한 가격으로 자산을 교환할 것을 약정하는 계약으로, 통화스왑이나 이자율스왑 등이 대표적이다. 금리스왑의 예로는, 변동금리부채권을 가지고 있는 사람이 금리변동의 위험을 회피하기 위해 특정인에게 변동금리로 인한 수익을 넘기고, 대신 고정금리에 의한 수익을 지급받기로 하는 약정을 체결하는 형태를 들 수 있다. 상품스왑의 대상으로는 원유, 벙커C유油, 곡물 등이 있다.

내게 맞는 상품을 선택하라!

그러면 이처럼 다양한 금융상품 중에서 과연 어떤 상품을 선택하여 투자를 할 것인가? 금융상품의 선택에 관한 일반적인 요령과 기술을 간략히 소개하면 다음과 같다.

첫째, 자신이 세운 계획과 같은 목적을 가진 상품을 선택해야 한다. 이 경우에는 주택자금, 노후생활자금 등 목적에 따라 특화되어 나온 상품들을 주시해야 한다.

둘째, 목적을 달성하기 위한 투자기간을 고려해야 한다. 즉 금융상품을 고를 때에는 돈을 써야 할 때를 만기로 맞추어 선택해야 한다. 가령 6개월 뒤에 아파트 중도금을 치러야 할 돈을 1년 정기예금과 같은 금융상품에 불입하는 것은 잘못된 투자이다.

셋째, 금융상품과 금융기관의 안전성을 고려해야 한다. 같은 상품이라면 안전하고 건실한 금융기관의 상품을 선택해야 한다. 또한 금융상품 가입 전에 반드시 「예금자보호법」에 의한 원리금 보장대상 상품인지를 확인해야 한다. 가령, 펀드와 같이 실적배당형 상품은 운용실적에 따라 투자원금 손실을 볼 수 있으며 예금자보호 대상에서 제외되기 때문에 위험성이 크다. 따라서 한 개의 상품에만 투자하는 것보다 여러 상품에 나누어 분산투자하는 것이 바람직하다.

넷째, 수익률 비교는 세후 실효수익률을 기준으로 해야 한다. 각 금융기관에서는 다양한 형태로 이자율이나 수익률을 제시하고 있으나, 보통 판매상품이 유리해 보이도록 제시하는 경우가 많다. 단순히 수익률이 높다고 해서 가입하는 것은 금물이며, 세후 실효수익률로 바꾸어서 판단해야 한다. 비과세나 세금우대 상품의 경우 세후 실효수익률이 높아지는 효과가 있으므로, 비과세상품이나 일정한 한도범위 내의 세금우대상품에 최우선적으로 가입하는 것이 바람직하다.

05

저금리시대의 주식투자 전략은?

　금리가 한 자리수 시대로 접어들었다. 그것도 1%대의 초저금리 시대이다. 은행의 예금이자가 높던 시절에는 은행이자에 의존해 생계를 꾸려나가는 것이 가능했지만 이제는 그것이 불가능하다. 사람들은 자연히 금리가 높은 상품을 찾아 나설 수밖에 없고, 이에 따라 주식투자에 눈을 돌리는 사람들이 늘어나고 있다. 그런데 우리 주변에서 주식투자를 해서 크게 재미를 보았다는 사람을 찾아보기가 그리 쉽지 않다. 이는 그만큼 주식시장은 복잡하고 다양한 정보와 변수들이 존재하기에 시장의 흐름을 파악하고 대응하기 힘들다는 것이다. 더욱이 주식시장에는 작전세력이 등장해 시장을 혼탁하게 만들기도 한다. 그래서 저금리시대를 맞아 주식투자가 불가피하다고 여겨지더라도 여전히 주식투자에는 신중을 기해야 한다.

흥미로운 주식투자 원칙과 전략

이런 관점에서 몇 가지 주식투자 원칙과 전략을 소개한다. 우선, 투자의 귀재로 불리는 워런 버핏의 투자전략이다. 그는 많은 전략을 제시했지만 원리는 매우 단순하다. 하나는 장기투자이고, 다른 하나는 기업이 지닌 가치에 비해 상당히 저평가된 주식에 투자하는 방식인 이른바, 가치투자를 한다는 것이다. 그는 코카콜라 주식을 20년 이상 보유하는 장기투자자로 유명하다. 또 가치주를 찾아내는 능력을 가지고 있다. 그는 이렇게 말했다. "현명한 투자자의 현명한 투자법을 받아들여라. 주식투자에서 모른다는 것은 나쁜 것이다. 이보다 더 나쁜 것은 잘못된 지식을 갖고 있는 것이다. 가치투자의 개념을 받아들이고, 주식을 평가할 수 있는 투자지식을 습득하고, 주식을 매입하기 전에 안전 수익률을 고려하는 것이 성공투자의 지름길이다."

다음으로, 'ABCD 투자전략'이라는 흥미로운 투자원칙이 있다. 이는 2012년 10월 17일 싱가포르 마리나베이 샌즈호텔에서 개막한 세계 최대규모 헤지펀드 포럼인 SALT Skybridge Alternatives 컨퍼런스에서 처음 제시된 투자전략이다. A는 Asia in Investment로, 투자에 관한 한 아시아에 집중하라는 의미다. B는 Bluechip Investment로, 가장 핵심적인 업체에 투자하라는 것이다. C는 Cyclical Investment로, 위기는 기회라는 뜻이며 어려울 때일수록 투자하라는 의미이다. 그리고 D는 Diversification Investment로, 투자를 다양화하라는 뜻이다. 이들 네 가지는 모두 투자의 가장 기본적인 원

Asia in   아시아에 집중하라!
Investment

Bluechip   핵심적인 업체에 투자하라!
Investment

Cyclical   어려울 때일수록 투자하라!
Investment

Diversification
Investment   투자를 다양화하라!

칙으로 이에 충실하자는 것이다.

끝으로, 초심자가 주식투자를 할 때 유의해야 할 사항을 몇 가지 소개한다.

첫째, 주식투자에는 위험(리스크, risk)이 따른다는 점을 명심한다. 잘못하면 원금을 까먹을 수 있으므로, 여윳돈을 가지고 시작하는 게 바람직하다.

둘째, 관심종목에 투자한다. 투자종목을 선택할 때는 자신이 비교적 잘 알거나 좋아하는 기업이나 종목을 선택한다. 천하의 워런 버핏도 자신이 잘 모르는 종목에는 절대로 투자하지 않는다고 한다.

셋째, 앞으로 가격이 오를 종목에 투자한다. 지금은 우량주나 대기업이 아니라도 내실이 있어 앞으로 성장할 가능성이 있는 기업에 투자하는 것이 바람직하다. 한마디로 가치주에 투자하라는 말이다.

넷째, 장기투자를 한다. 변동성이 심한 주식시장에서 초심자가 단기수익을 노리고 투자하는 것은 매우 위험하다. 단타매매短打賣買는 작전세력에 휘둘릴 가능성도 크다.

다섯째, 되도록 직접투자보다는 간접투자를 한다. 개인은 아무래도 정보와 테크닉에서 전문투자회사보다 취약하다. 따라서 수수료를 다소 지불하더라도 전문가에게 투자를 맡기는 것이 안전하다.

주가 하락장에서 살아남는 투자기법

일반적으로 주식시장에서는 주가가 올라야 투자자들이 수익을 올리고 돈을 번다는 것이 상식이다. 그러나 처참한 하락장에서도 웃는 사람이 있다. 왜 그럴까? 이는 주식상품과 제도 중에는 주가가 떨어질 때 오히려 수익을 올리고 돈을 벌 수 있도록 설계해 놓은 것들이 있기 때문이다. 그 예를 몇 가지 들어보자.

우선, 인버스Inverse 상품이 있다. 이는 가격이나 지수가 하락할 때 수익을 낼 수 있도록 설계된 투자상품이다. 대표적인 인버스 상품인 인버스펀드는 주식 관련 장내외 파생상품 투자 및 증권차입매도 등을 통해 기초지수(KOSPI 200지수)의 일일변동률을 마이너스(-), 즉 역방향으로 움직이도록 설계해 놓은 ETF Exchange-Traded Fund(상장지수펀드)를 말한다. 예를 들어 KOSPI200 지수가 1% 상승할 경우 인버스 ETF는 마이너스 1% 수익률, 반대로 KOSPI200 지수가 1% 하락하면 인버스 ETF는 플러스 1%의 수익률을 목표로 운영된다. 인버스 상품은 하락장 투자는 물론이고 가격급변에 따른 주력 투자상품의 손실을 만회하는 헤징Hedging 목적으로도 유용하다. 다만, 인버스 상품 투자는 시장가격 전망에 전적으로 의존하는 것이라 장기투자에는 신중해야 한다.

다음으로 공매도(Short stock selling, 空賣渡)가 있다. 이는 말 그대로 '없는 걸 판다'란 뜻으로, 주식이나 채권을 가지고 있지 않은 상태에서 매도주문을 내는 것을 말한다. 이렇게 없는 주식이나 채권을 판후 결제일이 돌아오는 3일 안에 주식이나 채권을 구해 매입자에게 돌려주면 된다. 약세장이 예상되는 경우 시세차익을 노리는 투자자가 활용하는 방식이다.

예를 들어 A종목의 주식을 갖고 있지 않은 투자자가 A종목의 주가가 앞으로 하락할 것으로 예상하고 매도주문을 냈을 경우, A종목의 주가가 현재 2만원이라면 일단 2만원에 매도한다. 3일 후 결제일 주가가 16,000원으로 떨어졌다면 투자자는 16,000원에 주식을 사서 결제해 주고 주당 4,000원의 시세차익을 얻는다. 이처럼 예상대로 주가가 하락하면 많은 시세차익을 낼 수 있을 것이다. 그러나 예상과 달리 주가가 상승하면 공매도한 투자자는 손해를 본다. 앞의 예에서 만약 3일 후 주가가 2만 5천원으로 오르게 되면 주당 5천원의 손해를 보게되는 것이다. 또 주식을 확보하지 못해 결제일에 주식을 입고하지 못하면 결제불이행 사태가 발생할 수도 있다.

공매도에 대해선 의견이 엇갈린다. 공매도 옹호론자들은 공매도가 주가에 거품이 끼는 것을 막고 시장정보가 주가에 바로 반영되는 장점이 있다고 말한다. 공매도가 있다고 무조건 주가가 하락하는 것은 아니라는 주장도 있다. 이것이 세계 대부분 국가들이 공매도를 허용하는 이유다. 하지만 공매도는 투기적 성격 때문에 시세조정과 주가교란, 채무불이행을 유발할 수 있어 주가가 폭락할 때마다 논란이 돼왔다. 2008년 글로벌 금융위기가 일어났을 때 공매도를 인정할 것인가 하는 문제가 도마에 올랐고 여러 나라가 공매도를 규제하고 나섰다. 당시 우리나라에서도 모든 종목에 대한 공매도를 금지시켰다. 그러나 이후 점차 증시가 안정을 찾으면서 2009년 6월부터는 금융주를 제외한 나머지 종목은 공매도를 다시 허용하고 있다.

끝으로 풋옵션put option 제도를 들 수 있다. 이는 콜옵션Call option 에 반대되는 개념으로, 시장가격에 관계없이 특정상품을 특정시점에 특정가격으로 매도賣渡할 수 있는 권리를 말한다. 일반적으로 풋옵션 매수자는 만기일에 기본자산의 시장가격이 행사가격보다 낮으면 권리를 행사하고 차액만큼의 이득을 얻는다. 이는 시장가격보다 높은 행사가격에 기본자산을 파는 것이 유리하기 때문이다. 이와 반대로 만기일에 시장가격이 행사가격보다 높을 경우, 풋옵션 매수자는 직접 시장가격으로 기본자산을 파는 것이 더 유리하므로 옵션 행사를 포기하면 된다.

주요 주식투자 상품의 종류

● ELW(Equity Linked Warrant, 주식워런트증권)

주식옵션과 성격이 유사하지만 법적규제 면에서 차이가 있다. 주식옵션은 장내파생상품으로 분류되기 때문에 증거금납부 등의 면에서 파생상품에 대한 규제를 받는다. 반면 ELW는 법적으로 증권으로 분류되기에 기존 주식계좌를 이용해 일반 주식거래와 동일한 방식으로 거래할 수 있어 투자자에게 편리한 상품이다.

또 ELW는 레버리지 효과를 이용해서 적은 금액을 투자하여 공격적으로 큰 수익을 올릴 수 있으면서도, 손실은 프리미엄에 한정되기 때문에 원금 이상의 손실이 발생하지 않는다. 이러한 장점으로 인해 ELW 시장이 과열되면서 뜻하지 않은 투자자의 손실이 커지자, 이에 대한 대응책이 마련된 이후 ELW 시장은 크게 위축되었다.

● ELS(Equity Linked Securities, 주식연계증권)

ELS는 개별주식의 가격이나 주가지수에 연계되어 투자수익이 결정되는 증권으로, 주가와 연계되어 수익이 결정된다는 점에서 주가연계증권이라고 한다. ELS는 초기에는 채권형으로 발행되어 원금의 대부분인 90% 이상을 채권에 투자하고, 일부 금액을 옵션 등 파생상품에 투자함으로써 원금 손실이 최소화되는 구조였다. 그러나 지금은 여러 개의 우량종목을 선정해 이를 기초자산으로 하여 주가가 일정목표치를 달성하면, 3개월 또는 6개월마다 사전에 약정한 시기에 조기상환의 방식으로 투자금과 수익률을 돌려주거나 만기에 확정수익률을 보장하고 있다. 이에 따라, 주가가 상승하여 목표치를 크게 상회했다면 높은 수익을 거둘 수 있지만, 주가가 목표치를 달성하지 못했을 경우에는 원금 손실이 발생할 수도 있다.

● ETF(Exchange-Traded Fund, 상장지수펀드)

KOSPI200 등의 지수 혹은 특정자산의 가격 움직임에 따라 수익을 얻도록 만든 펀드상품이다. 주식처럼 거래소에 상장되어 있어 투자자는 자유로이 매수·매도가 가능하다. 우리나라는 2002년 ETF를 거래소에 상장한 이후 빠르게 성장하고 있다. ETF는 일반펀드와 유사하지만 차이점도 있다. ETF는 개별 종목에 비해 변동성이 작고 주가에 연동되는 상품이라는 점에서는 인덱스펀드와 유사하다. 그러나 수수료가 저렴하고, 또 주식처럼 상장되어 있어서 언제든지 매매가 가능하여 거래가 편리하다는 점에서 차별화된다. 그리고 일반펀드의 경우, 설정을 위한 개별종목의 매수세 증가와 펀드환매에 따른 빈번한 종목매매가 따르지만, ETF는 이러한 성향을 완화함으로써 시장을 안정시키는 역할도 하고 있다.

06

개미투자자들이 작전에
휘둘리지 않으려면?

자본시장이 장기적으로 국내외 투자자들로부터 신뢰를 받으며 건전한 발전이 가능해지기 위해서는 무엇보다 게임의 룰rule을 확립하고 시장을 공정투명하게 운영해 나가야 한다.

혼탁해지는 주식시장

2001년 노벨경제학상을 수상한 조지 애컬러프George Akerlof 교수는 '레몬이론The Market for 'Lemons': Quality Uncertainty and the Market Mechanism'을 통해 시장실패의 가장 큰 요인의 하나로 정보의 비대칭성을 들었다. 이는 바꾸어 말하면 공정한 정보배분이 시장경제 메커니즘의 작동에 무엇보다 중요함을 뜻한다. 모두가 동등한 정보를 가지고 동일한 출발선상에서 게임을 시작한다면 승자는 모두에게 인정받을 수 있고, 패자 또한 결과에 승복하고 기꺼이 다시 출발할 수 있기 때문이다.

그러나 정보기술의 발달로 인해 정보의 확산속도와 파급범위는 무제한적이며, 이를 접목한 투자전략 또한 급속히 진화되고 있어 정보의 공정성을 기하기란 쉽지 않다. 특히 최근 들어 양질의 정보는 기술장벽digital divide에 막혀 일부가 독식해 버리는 반면, 허위·과장 정보는 빠른 속도로 시장을 교란시키는 양태가 확산되고 있다.

여기에 이제는 트위터, 페이스북 등의 사회적 미디어Social network service를 이용한 작전행위마저 빈번해지고 있다. 다시 말해 인터넷의 익명성과 신속성을 기반으로 하는 각종 사기적 범죄행위가 빈발하고 있다. 그리고 수법 또한 실제 매매에 의한 시세조종 등의 고전적 수법에서 벗어나, 검증되지 않은 정보나 허위사실의 유포, 소액주주 경영참가 유인 등 날로 고도화·지능화되고 있다. 이들 작전세력은 호재好材는 침소봉대針小棒大하고 악재惡材는 숨기는 방법으로 주가지수 상승을 유도한다.

작전세력의 개미투자자 유혹 술책

개인투자자들 소위 '개미'들은 이와 같이 혼탁해지고 있는 자본시장에서 매우 취약한 상황에 놓여 있다. 이들은 우선 투자정보의

조지 애컬러프 교수는 시장실패의 가장 큰 요인으로 정보의 비대칭성을 꼽았다.

수집과 분석 능력이 취약하다. 투자정보의 양도 빈약하거니와 정보의 진위를 가릴 능력도 부족해 그럴듯한 거짓정보에 현혹되기 십상이다. 또 이들은 자금규모가 영세하다. 1억원을 운용하더라도 초우량주의 경우 100주를 사기가 어렵다. 그 결과 소액투자 자금의 효과를 극대화하려다 보니 저가주에 투자하고 거래 횟수를 늘리는 등 위험투자의 경향이 강하다. 여기에 이 개미들은 심리적으로도 불안정하다. 개인투자자들은 탐욕과 공포에 쉽게 휩싸이고 냉철한 이성적 판단이 요구될 때 즉흥적으로 결정하는 경향이 크다. 그러니 실적이

3부. 건전한 자산관리 기술과 투자전략

좋을 리가 없다.

　반면 작전세력과 기업사냥꾼들은 교묘한 방법으로 개미들을 유혹한다. 가격으로 유인하기도 하고 때로는 거래량으로 유인하기도 하며 거짓정보를 퍼뜨리기도 한다. 개미들이 일단 낚시의 떡밥을 물면 곧바로 올가미에 걸려들어 이러지도 저러지도 못하는 상황으로 전개되다가 결국엔 저가로 보유주식을 던지지 않을 수 없게 된다. 간혹 적은 금액의 수익을 보는 개미들도 없지는 않다. 그러나 이 역시 미끼라는 사실을 모르는 개미들은 오히려 더욱 깊이 발을 담그게 된다. 때늦게 모든 것을 날린 뒤에야 가슴을 치며 후회하는 사람들이 한둘이 아니다.

　일반적으로 정보에 어둡고 자금력이 취약한 개미들은 작전주의 주가가 움직일 때, 특히 오르기 시작하면 주식을 매집한다. 간혹 신용대출을 받거나 집을 팔아서까지 전 재산을 몽땅 투입하는 경우도 있다. 마치 언제 죽을지도 모르고 불빛을 향해 뛰어드는 부나방처럼 말이다. 그러다가 주식 가격이 빠지면 당황하기 시작한다. 이때 마음 약한 개미들은 손해를 보고서는 주식을 내다팔 수 없다며 미적거린다. 그러는 사이 개미들의 피해 규모는 더욱 커진다. 더욱이 작전세력과 기업사냥꾼의 농간으로 기업이 상장폐지나 부도를 맞기라도 하면 개미들은 그야말로 거덜이 난다. 마침내 전 재산을 날리고 신용대출 받은 자금까지 물려 빚더미에 오른 개미들은 신용불량자가 되거나 자살을 시도하기도 한다. 이것이 우리 불쌍한 개미들의 슬픈 자화상이다. 결국 선량한 대다수 개인투자자들의 희생을 바탕으로 일부 악덕 사기집단이 배를 채우는 것이다.

그러면 이들 작전세력과 기업사냥꾼들이 시장에서 기승을 부릴 수 있는 이유는 무엇일까? 이들은 우선 작전수행과 기업사냥에 필요한 비교적 대규모의 자금동원을 할 수 있다. 이들이 주로 노리는 대상은 주가변동이 상대적으로 용이한 코스닥Kosdaq시장에 진출하는 신생기업과 저가주들이다. 왜냐하면 작전과 기업사냥을 하려면 많은 돈이 필요한데, 저가주는 비교적 적은 돈으로도 가능하기 때문이다. 이 경우 사채업자들이 가담하여 판을 더욱 키우기도 한다. 또한 이들은 컴퓨터와 다양한 정보소스를 활용하여 시장정보를 비교적 정확하고 신속히 수집·활용하고 있다. 그러기에 항상 개미들보다 유리한 상황에서 시장을 파악하거나 교란시킬 수 있다.

개미투자자들의 생존전략

그러면 이들 개인투자자들이 투자손실의 악순환에서 벗어나기 위해서는 어떻게 해야 할까? 이에 대한 몇 가지 제안을 해본다. 먼저, 전문가들의 조언을 적극적으로 구하라는 것이다. 마치 환자가 절박하게 의사의 조언을 구하는 것처럼 개인투자자들도 전문가의 지식을 빌리는 것을 조금도 부끄러워할 이유가 없다. 다만 돌팔이를 명의라고 착각하는 일이 생기지 않도록 누가 전문가인지 판별하는 안목은 가져야 할 것이다. 또한 양질의 투자정보가 무료로 공개되어 있으니 이를 최대로 활용할 필요가 있다. 가령 거래소 홈페이지에 들어가면 상장기업 주식소유 현황, 기업공시, 기업실적, 시장정보 등이 무제한적으로 제공된다.

그리고 시장에는 다양한 상품이 있으니 이를 잘 활용할 필요가 있다. 예컨대 우량기업의 주가가 높아서 투자하기 힘들다면 소액으로 ETF에 투자하고, 옵션이 부담스러우면 ELS나 ELW를 활용해 볼 만하다. 이런 상품들을 잘 활용하면 소액투자자라도 분산투자와 리스크 관리를 할 수 있다. 또 투자에 따른 불안심리를 최소화하기 위해서는 종목 선정, 목표수익률, 보유기간 등에 대한 분명한 원칙을 가지고 투자해야 한다. 그렇게 할 때 확인되지 않은 소문이나 그럴듯한 말에 현혹되지 않고 정석투자를 할 수 있다.

이처럼 날이 갈수록 심각해지는 정보의 왜곡현상과 비대칭성을 시정하고 건전한 투자문화를 뿌리내리기 위해서는 건전한 시장환경을 조성하려는 감독당국의 노력이 매우 중요하다. 그러나 이보다 더 중요한 것은 시장참여자들 스스로 게임의 룰을 지키는 '페어플레이 fair play' 정신을 발휘해야 한다는 점이다. 이는 경기의 결과를 존중하는 건전한 승부의 장은 결국 심판이 아닌 선수가 만드는 것이며, 심판의 역할은 평등한 결과의 분배가 아닌 공정한 경쟁과정을 관리하는 데 한정되기 때문이다.

따라서 투자자들은 본인의 판단으로 투자하고 그 결과에 대해서도 스스로 책임을 지는 자기투자책임의 원칙을 준수해야 한다. 전문가의 조언이나 정보를 이용하더라도 최종결정은 투자자 자신의 몫이다. 특히 원금보장이 되지 않는 금융상품에 투자할 때는 수익에 대한 기대뿐만 아니라 손실발생의 가능성도 늘 고려하면서 투자에 따르는 위험을 분산하고 관리하는 자세가 필요하다.

07

노후생활의 버팀목,
연금은 어떻게 준비해야 하나?

은퇴자들은 드디어 은퇴했다는 자유로움과 함께 손에 쥔 상당한 액수의 목돈으로 욕심을 부릴 개연성이 크다. 하지만 은퇴자들은 원금이 종자돈Seed money이 아니라, 최종적으로 완성된 목돈이란 점을 명심해야 한다. 은퇴는 정기적인 소득의 공식적인 단절을 의미한다. 따라서 은퇴 후부터는 부의 축적이 아닌 부의 유지가 핵심이 되도록 해야 한다. 30대에는 투자 원금의 절반을 날리더라도 어떻게든 회복할 수 있겠지만, 60대에는 조금이라도 손실이 나면 커다란 타격을 받는다. 새롭게 벌어들이는 소득과 수입이 없기 때문이다.

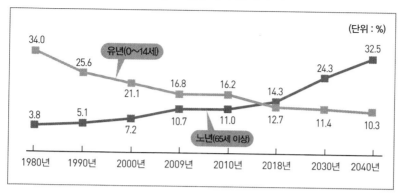

자료 : 통계청

은퇴자들에게 연금이 가지는 의미

은퇴자들은 되도록 원금을 지켜야 한다. 즉 은퇴생활을 위해 준비해 둔 원금은 훼손시키지 않도록 노력을 기울여야 한다는 것이다. 그리고 연금은 중간에 찾지 않아야 하며, 필요하다면 강제로라도 묶어두어야 한다. 목돈을 가지고 있으면 유동성은 높지만 이를 써버릴 위험이 높다. 은행예금에 들어 있는 돈 역시 지갑에 들어 있는 돈과 마찬가지로 언제든지 꺼내 쓸 수 있다.

이처럼 은퇴 후에는 소득이 줄어들지만 돈을 써야 할 곳은 오히려 늘어난다. 특히 목돈을 지출해야 할 곳이 많이 생긴다. 예를 들어 자녀교육비와 결혼비용에 허리가 휘청거리고, 이제는 좀더 쾌적한 주택을 장만하고 싶을 뿐만 아니라 좋은 차도 사고 싶다. 건강관리에도 적지 않은 비용이 들어간다. 또 주위에서의 유혹도 많다. 주위에서 돈이 되는 좋은 사업이 있으니 퇴직금으로 투자해 보라고 권하는 말에 마음이 흔들리기도 하고, 자식이 자기사업을 하고 싶으니 도와달라고 손을 내밀면 고민이 된다. 그러나 이러한 유혹을 이겨내야 한다. 연금자산은 누구도 건드리지 못하는 최후의 보루라고 생각해야 한다는 것이다.

갈수록 수명이 길어지면서 개인연금과 퇴직연금 등 사적연금의 중요성이 커지고 있다. 우리나라는 2000년부터 이미 65세 노인인구 비율이 전체인구의 7% 이상이 되는 고령화사회에 진입하여 2017년에는 그 비율이 14% 이상이 되는 고령사회에 진입하고, 2026년이면 20%에 달하는 초고령사회로 진입할 것으로 전망되고 있다. 이처럼 고령화는 가속화되는데, 노후의 안정적인 생활을 위한 공적 사회보장제도의 보장 수준은 아주 미흡한 편이다.

국민연금연구원 조사결과에 따르면 은퇴 후 적정 생활비는 퇴직 직전 소득의 60% 수준이지만, 공적연금인 국민연금의 명목소득대체율은 40%에 불과하다. 더욱이 실질소득대체율은 이에 훨씬 못 미치는 20%대에 머물 것으로 예상하고 있다. 반면 국민의 생애의료비 중 65세 이후 발생하는 비중이 50%를 넘을 정도로 노후에 의료비 지출이 집중된다. 국민 1인당 생애의료비는 1억원을 상회하지만, 이 중 건강보험에서 보장되는 수준은 62.5%에 불과하다.

퇴직연금의 종류와 운용상황

이러한 연유로 노후보장을 위한 개인연금의 중요성이 부각되고 있는 것이다. 노후보장을 위한 대표적인 개인연금으로는 기업퇴직연금과 개인연금보험이 있다. 우선, 기업퇴직연금의 경우 현역으로 근무할 때 은퇴에 대비해서 반드시 가입해 두어야 한다. 「근로기준법」에 의하면 사용자는 1년 이상 근무한 근로자에게 1년에 30일분 이상 해당되는 퇴직금을 적립한 후 퇴직 시 지급하도록 규정하고 있다. 하지만 앞으로는 이 퇴직금제도를 대신해 퇴직연금 가입이 의무화될 예정이다. 퇴직연금제도는 2005년부터 도입되었지만, 그동안 의무화되지 않아 실제 도입한 회사는 그리 많지 않다. 이는 기존 퇴직금제도가 현금보유 등 회사에 도움이 된다는 이유로 대다수 회사들이 퇴직연금 가입을 미루어왔기 때문이다.

그러나 근로자의 노후대비 본연의 목적을 이루기 위해 2016년부터는 기업퇴직연금제도가 의무화될 예정이다. 즉 2016년 300인 이상 대기업부터 시작해 점차 대상을 확대해 2022년에는 모든 기업이 퇴직연금제도의 적용대상이 될 예정이다. 이 제도는 크게 확정급여형DB, Defined Benefit과 확정기여형DC, Defined Contribution 방식으로 양분된다. 확정급여형은 법정퇴직급여를 회사가 사외 금융기관에 적립·운용해 투자성과는 회사가 갖고, 미리 정해진 퇴직급여는 근로자에게 연금으로 지급하는 방식이다. 즉 회사 내에 유보하던 퇴직금을 퇴직연금 사업자에게 예치하여 회사가 적립금을 운용하는 제도이다. 회사가 도산이나 파산할 경우 적립비율만큼 퇴직급여를 확보할 수 있다.

이에 비해 확정기여형은 사용자가 매년 근로자 연간 임금의 1/12 이상을 부담금으로 납부하고, 근로자가 직접 적립금의 운용방법을 결정하는 제도이다. 이는 근로자의 적립금 운영성과에 따라 퇴직 후 연금수령액이 증가 또는 감소하며, 결과적으로 적립금 운용과 관련한 위험과 성과 모두를 근로자 자신이 부담하는 것이다. 아직은 퇴직연금 시행기업의 대다수가 확정급여형을 선택하고 있는 상황이다.

개인연금보험과 자산의 연금화 방안

개인연금보험은 연금저축보험과 일반연금보험의 두 가지로 구분된다. 연금저축보험은 납입한 보험료에 대해 연간 400만원 한도 내에서 세액공제를 받는다. 따라서 연말정산을 하는 직장인들에게 유리하다. 다만 연금저축보험은 중도에 해지하거나 연금을 받는 경우 연금소득세 등을 부담해야 한다. 반대로 일반연금보험은 보험료 납입에 대해서는 세액공제 혜택이 없는 대신 5년 이상 납입을 하고 10년 이상 유지하면 발생한 이자소득에 대해서는 세금을 전혀 내지 않는다. 따라서 노후 생활비에 도움이 되는 노후준비가 목적이라면 일반연금보험이 오히려 더 유리하다.

이 개인연금보험은 나중에 연금을 지급받는 방식에 따라 또다시 몇 가지로 나뉜다. 즉 살아 있는 동안 계속해서 연금이 지급되는 종신연금형과, 5년·10년·20년 등 일정기간 동안만 지급되는 확정연금형, 그리고 살아 있는 동안에는 이자만 연금으로 받다가 사망시 원금을 받는 상속연금형 등이 있다. 갈수록 평균수명이 길어지는 점 등을 감안할 때 종신연금형이 좀더 유리하다고 생각된다.

이러한 기업퇴직연금이나 개인연금보험을 젊을 때 가입해 두지 못해 은퇴 후 별다른 연금혜택을 받기 어려운 경우, 마지막 수단으로 자산의 연금화 방법이 있다. 대표적인 방법이 주택연금과 즉시연금을 활용하는 것이다. 주택연금은 선진국형 제도다. 해외에선 '역逆모기지론reverse mortgage loan'란 이름으로 활성화돼 있다. 이는 담보로 맡긴 집에서 평생 거주하면서 매달 노후생활 자금을 받는 것이다. 물론 본인 사망 후에는 담보물인 집에 대한 소유권은 금융기관으로 이전된다.

주택연금에 가입할 수 있는 조건은 조금 까다롭다. 우선 주택소유자가 60세를 넘어야 한다. 부부 공동으로 주택을 소유하고 있다면 둘 중 한 명은 최소한 60세 이상이어야 한다. 또 다른 조건은 집값이 9억 원 이하여야 한다는 점이다. 이는 국가가 일정 혜택을 주는 제도인 만큼, 고급 주택에 살고 있는 고소득층에까지 혜택을 줄 필요가 없다는 취지에서 비롯되었다.

금융상품을 활용한 즉시연금도 활용할 만한 제도다. 즉시연금은 원금과 이자를 동시에 상환하는 주택담보대출을 거꾸로 생각하면 쉽다. 목돈을 넣어두고 처음부터 원금과 이자를 분할해 연금을 받는 방식이다. 즉시연금에 가입하면 바로 다음 달부터 꼬박꼬박 생활비를 탈 수 있다. 10년 이상 기간 동안 수령하겠다고 선택하면 처음부터 비과세를 받을 수 있다. 반면 이 즉시연금에는 위험도 따른다. 크게 두 가지다. 하나는 '돈이 묶이는 위험'이다. 갖고 있는 자금을 몽땅 털어 즉시연금에 부었다가 급전이 필요할 때 진퇴양난에 빠질 수 있다. 또 다른 위험은 금리 하락이다. 시중금리가 낮아졌을 때 대응하기가 쉽지 않다는 것이다.

재산상속도 요령껏 해야 한다

은퇴자들은 재산상속도 요령껏 해야 한다. 많은 사람들이 조기에 자식들에게 전 재산을 물려주는 것은 피해야 한다고 말한다. 이는 자식들을 의존적으로 만들 뿐만 아니라 나중에 재산이 없는 설움을 겪게 될지도 모르기 때문이다. 또 어쩌면 냉정하게 들릴 수도 있지만, 내 노후를 책임져 줄 사람은 나밖에 없다는 것을 명심해야 한다.

우리는 주변에서 일찍 자녀들에게 재산을 물려주었다가 나중에 그들에게 버림받고 비참한 노후를 보내고 있는 노인들을 종종 볼 수 있다. 또한 자녀들에게 조기에 재산을 물려주는 것이 자녀들을 위해서도 바람직하지 않다는 생각이 갈수록 힘을 얻고 있다.

4부

금융자본주의와
화폐전쟁

금융자본주의의 진전과 금융의 세계지배 전략

금융자본주의란 금융자본이 경제를 지배하는 자본주의 단계를 뜻한다. 이 '금융자본Financial Capital' 혹은 '금융자본주의Financial Capitalism'란 개념을 맨 처음 체계적으로 사용한 사람은 오스트리아의 힐퍼딩이다.

금융자본주의란?

힐퍼딩은 1910년에 발간한 〈금융자본론Das Finanzkapital〉에서 금융자본의 산업지배를 20세기 초반에 나타난 자본주의의 가장 중요한 특징으로 분석했다. 또 거대한 금융자본이 카르텔Cartel(기업연합), 트러스트Trust(기업합동)로 독점화한 산업자본과 결합하여 한 나라의

경제와 정치를 지배하는 금융과두지배金融寡頭支配가 나타나고 있으며, 자본주의가 산업자본주의에서 금융자본주의로 발전하는 단계로 이행하고 있다고 주장했다.

그러나 1929년 발생한 대공황 이후 강력한 국가개입으로 금융자본주의가 쇠퇴한다. 즉 경제력집중에 대한 견제와 대공황에 대한 금융독점자본의 원죄론이 대두되면서 정부통제가 시작된 것이다. 정부통제는 경쟁기업의 인수 제한, 담합행위 제재, 상업은행과 투자은행의 기능분리, 투자은행 주도의 기업구조 재편 제한 등의 형태로 나타났다.

그런데 1980년대 이후 신자유주의 사조가 풍미하면서 또다시

4부. 금융자본주의와 화폐전쟁

금융자본주의가 확장되어 왔다. 특히 정보통신기술IT의 발달과 함께 자본의 이동이 세계적으로 확대되고 금융시장의 통합성이 높아졌다. 또 금융자본의 기업부문에 대한 영향력도 확대되어 갔다. 즉 금융자본은 주주가치 증가가 가능한 기업에 직접 투자하기도 하고, M&A 시장에 적극 개입하고 있으며, 기업 경영권의 획득과 개입 움직임도 확산되어 왔다. 이러한 움직임은 실물경제에 대한 금융부문의 영향력을 확대하는 결과를 초래했다.

제조업에서 금융으로의 패러다임 시프트

금융자본주의의 진화과정을 구체적으로 살펴보자. 흔히들 금융을 경제의 혈맥이라고 부른다. 금융이 원활하지 못하면 경제가 동맥경화증에 걸리기 마련이다. 다시 말해 제조업이 아무리 강력한 경쟁력을 가지고 있다고 하더라도 금융이 제대로 받쳐주지 않으면 경제가 원활히 돌아가지 않는다는 뜻이다. 미국과 일본경제의 부침에서 이를 잘 알 수 있다.

1980년대까지만 해도 제조업 강국이던 일본은 세계제패의 꿈을 키웠다. '21세기 일본의 시대', '일본제일Japan as Number One'이라는 말이 유행어가 됐다. 그러나 1990년대 들어 일본의 영향력은 급격히 줄어들었다. 당시 일본이 이처럼 패권경쟁에서 뒤떨어지게 된 이유는 경제력의 중심이 제조업에서 금융으로 옮겨가는 패러다임 시프트Paradigm shift에 적절히 대응하지 못했기 때문이라는 분석이다.

미국은 1970년대 들어 그전까지만 해도 세계최강이라 자랑하던 제조업의 경쟁력이 약화되기 시작했다. 그 자리를 일본에게 넘겨준 것이다. 이후 미국은 무역수지가 적자로 돌아서고 갈수록 적자규모가 커졌다. 특히 일본에 대한 무역수지 적자가 심각했다. 미국은 특단의 대책을 마련하기로 했다. 다름 아닌 달러 약세를 통해 제조업의 경쟁력을 회복하고 아울러 무역수지도 개선하는 것이었다.

이를 위해 미국은 1985년 '플라자 합의Plaza Accord'를 이끌어냈다. 그러나 이 구상은 결과적으로 실패했다. 일본과 독일 등 무역흑자를 보이던 나라의 통화를 대폭 절상시키고 달러 약세를 꾀했지만 미국의 무역수지는 개선되지 않았다. 제조업의 기술력과 서비스산업의 경쟁력 약화 등 근본적인 문제가 있었던 것이다. 이에 미국은 무역수지 개선이라는 목표를 버리고 차라리 달러 강세를 통해 자본수지를 개선코자 했다. 이것이 루빈의 '금융에 의한 미국의 세계 지배전략'의 골자이다. 즉 통상을 통한 문제해결 방식을 버리고, 금융을 통해 세계의 주도권을 행사하겠다는 정책전환인 것이다. 이는 세계경제의 주도권은 돈의 흐름, 즉 금융에 있다는 것을 뜻한다.

이후 이 전략은 세계화, 자유화라는 신자유주의 사조와 맞물려 착실히 진행되었다. 새로운 금융상품과 금융기법이 쏟아져 나왔다.

선물, 옵션Option 등 각종 파생상품, 사모펀드Private equity fund와 헤지
펀드Hedge fund 등이 그 예이다. 또 미국의 글로벌 투자은행Investment
Bank들이 금융에 의한 세계지배 전략의 전면에 나섰다. 특히 당시 연
방준비이사회(FRB) 의장이던 그린스펀은 이를 적극 뒷받침했다. 그
는 연이어 금리를 인하하고 돈을 풀었다. 다행히 당시 중국이 생필
품들을 값싸게 공급하고 있었기에 인플레이션 걱정도 없었다. 소위
저물가 속 고성장이라는 '골디락스goldilocks'를 즐겼던 것이다.

금융자본주의의 후유증

이처럼 1980년대 신자유주의 사조와 함께 확산된 금융자본주
의는 일정한 단계에 이르기까지는 금융과 실물의 통합성을 높이는
등 세계경제 발전에 기여한 것이 사실이다. 그러나 시간이 흐를수록
여러 가지 탐욕적인 부작용들이 두드러지게 나타나기 시작했다.

우선, 금융부문의 과도한 팽창으로 자본주의의 불안정성을 높
이는 요인으로 작용하고 있다는 점이다. 특히 급격한 자본이동과 환
율변동성의 증대는 국제금융질서를 더욱 불안정하고 균형을 잃어가
게 만들었다. 이제 전세계는 시시각각 변하는 환위험에 노출되어 있
으며, 이러한 리스크risk를 헤지hedge하기 위해서 선물이나 옵션 등
수많은 파생상품이 생겨났다. 그리고 단기차익의 극대화를 노린 헤
지펀드나 사모펀드는 극심한 투기성을 보이고 있다. 하루가 멀게 쏟

아져 나오는 신종 금융상품들로 인해 자본의 이동성은 한층 더 커졌고, 이로 인해 1990년대 후반 아시아 지역에서 발생한 외환위기가 세계적 위기로 확산되었던 것이다.

또 다른 문제점으로는 투기적 금융자본이 거두는 막대한 이익이 국제사회에서 부의 양극화를 더욱 심화시키고 경제사회의 불안정성을 높이는 요인이 되고 있다는 점이다. 이 시절에 확산·누적된 대기업과 부자의 탐욕, 승자독식 메커니즘 등은 심각한 양극화 현상과 각종 사회 부조리를 양산하는 후유증을 낳았다. 나아가 외환이나 선물시장의 유동성을 높여 원자재 가격의 폭등이나 외환가치의 변동 등으로 산업생산에도 심각한 영향을 끼쳤다.

이러한 상황 속에서 2008년에는 또다시 글로벌 금융위기가 터졌다. 이번의 위기는 과거처럼 이머징마켓Emerging Market에서 시작된 것이 아니라, 기축통화인 달러를 무기로 금융자본주의 시대를 주도해 나가고 있던 미국이 그 진원지가 되었다. 당시 금융권 지배세력에 불만을 품은 군중들은 '월가를 점령하라Occupy Wall Street'는 기치를 내걸고 일어났다. 그들은 대기업과 금융자본의 탐욕, 사회의 부조리를 시정하기 위해 가진 자들이 솔선수범할 것을 강력히 요구했다. 또 시장논리에 근거하여 고삐가 풀렸던 금융산업에 대한 규제를 강화하고 대기업의 탐욕을 억제하는 적극적인 정책을 펴라고 요구했다. 나아가 이들은 금융권의 탐욕이 사람들의 윤리의식을 병들게 했을 뿐만 아니라 양극화를 초래해 사회공동체를 피폐화시켰다면서, 자신과 돈밖에 모르는 '천민자본주의'를 종식하고 새로운 자본주의를 열어갈 것을 주장했다.

금융자본주의는 어떻게 바뀌어 나갈까?

이러한 상황 속에서 국제통화체제 개편문제가 논의되고 있다. 이 논의의 핵심은 달러가 계속 기축통화로 운용되는 것은 용인하지만, 대신 달러체제의 불안정성을 줄이는 방안을 강구하기로 했다. 특히 급격한 자본이동의 방지와 단기 외환시장의 변동성을 줄이기 위한 노력을 강화해 나가고 있다. 아울러 금융기관의 자본건전성을 높이는 등 국제금융 시스템의 안전망을 강화하는 노력도 기울여 나가고 있다.

이와 함께 신자유주의 체제를 개선하는 문제에 대해서도 고민을 해나가고 있다. 이는 자본주의 체제가 앞으로도 지속되기 위해서는 정부와 시장이 상호보완적이어야 한다는 인식을 기반으로 한다. 그리고 신자유주의가 지녔던 시장만능 주의에서 벗어나 시장의 기능을 일부 보완해 나가야 한다는 것이다. 특히 그동안 시장이 가장 중요시해 오던 경쟁원리를 재평가해 볼 필요가 있다는 것이다.

과연 그동안 시장에서 경쟁이 공정하게 이루어져 왔을까? 과도한 경쟁은 이루어지지 않았는가? 경쟁에서 살아남기 위해 탈법과 부도덕한 수단이 동원되지는 않았는가? 그리고 경쟁으로 인해 발생하는 후유증은 무엇이며 이를 치유하는 방법은 무엇일까? 이런 의문들을 가지고 성찰하며 또 개선하는 방안을 연구 검토하고 있는 중이다.

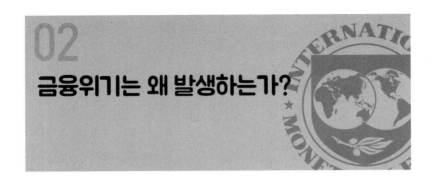

02 금융위기는 왜 발생하는가?

세계경제는 수차례에 걸쳐 크고 작은 금융위기를 겪어왔다. 그 중에서 1997년 아시아 금융위기와 2008년 글로벌 금융위기가 가장 대표적인 위기였다. 이중 1997년 금융위기는 우리나라가 직격탄을 맞았고, 2008년의 글로벌 위기는 기축통화국인 미국이 그 진앙지였다.

1997년 아시아 금융위기

우선 1997년 아시아 금융위기를 살펴보자. 서구사회는 1990년대로 들어서면서 국제통화기금IMF을 내세워 동아시아 지역의 자본시장을 좀더 과감하게 개방하도록 요구했다. 아시아 국가들은 외국인 투자자금이 필요했기에 별수 없이 자본시장을 열기 시작했다. 그러나 얼마 되지 않아 그들은 어떤 안전장치도 갖추지 못한 상태에서 헤지펀드들의 공격을 받았고, 태국이 가장 먼저 표적이 되었다. 조지 소로스George Soros가 회장으로 있는 퀀텀펀드, 타이거펀드 등은 태국통화에 막대한 투기공격을 감행했다. 결국 태국은 1997년 6월, IMF에 구제금융을 요청했고, 이후 투기세력들은 잇달아 필리핀, 인도네시아, 말레이시아와 우리나라를 강타했다.

이로 인해 동남아시아 국가들은 통화가치가 대폭 떨어지고, 나아가 신용경색과 신용불안을 초래했다. 이러한 금융시장 불안은 실물경제의 위축으로 이어졌다. 결국 이들은 IMF로부터 구제금융을 받았고, 아울러 강도 높은 금융개혁을 요구받았다. 이러한 위기는 1999년 이후에야 진정되었다.

당시 우리나라도 직격탄을 맞았다. 국내 금융기관들은 동남아시아에 빌려주었던 자금을 회수할 수 없게 되자 휘청거렸다. 이러한 현상을 지켜보고 있던 외국투자자들은 국내 금융기관에 빌려주었던 자금들을 회수하기 시작했다. 이처럼 해외에서 자금조달이 어려워지고 달러가 부족해지자 국내 금융기관들은 외환시장에서 환율 수준을 불문하고 달러를 매입했다. 그 결과 원화환율이 급등하고 외환보유고는 바닥난 것이다.

한편, 실물부문에서는 1997년 1월, 한보철강의 부도로부터 위기가 시작되었다. 이후 삼미그룹과 진로, 기아자동차 등 대기업들이 줄줄이 도산하거나 부도처리 되었다. 1999년 7월에는 당시 재계 순위 3위였던 대우그룹마저 기업회생 절차인 '워크아웃workout'을 신청했다. 이러한 실물경제의 혼란과 외환위기가 맞물려 우리나라는 유사 이래 최대의 경제위기를 맞았다.

결국 우리나라는 1997년 12월 3일부터 총 195억 달러의 구제금융을 지원받으면서, IMF 관리체제가 시작되었다. 당시 외환은 바닥이 나고, 30대 재벌그룹 가운데 16개가 해체됐으며 100여 개의 중소기업이 줄도산했다. 금리는 천정부지로 치솟았고 부동산 가격은 폭락했다. 거리에는 직장을 잃은 실업자들이 넘쳐흘렀다. 이로 인해 그동안 땀 흘려 이룩해 놓은 경제성과를 일시에 날릴 뻔했다.

이후 우리나라는 피나는 노력 끝에 2001년 8월 23일, 1억 4천만 달러의 구제금융지원 잔금을 모두 상환함으로써 IMF 관리체제에서 벗어나게 되었다. 이는 구제금융을 신청한 지 3년 8개월 만이며, 당초 예정보다 3년 가까이 앞당겨 빚을 정리한 것이다. 그나마 우리나라가 IMF 관리체제를 거치는 가운데 거둔 성과도 없지 않았다. 우리 경제사회의 시스템을 향상시켰으며, 아울러 전국민이 실전의 경제교육을 이수했다는 점이다. 그러나 너무 비싼 레슨비를 지불했다. 한마디로 국민들의 아픔과 고통이 너무나 컸던 것이다.

2008년 글로벌 금융위기

아시아 금융위기의 상처가 점차 아물어갈 무렵 또다시 2008년 글로벌 금융위기가 터졌다. 그 파장이 우리에게도 밀려왔음은 물론이다. 이후 우리 경제사회는 잠재성장률이 약화되는 데다가, 그마저도 '고용 없는 성장' 현상으로 이어지는 새로운 성장통을 심하게 겪고 있다.

2008년 들어 미국은 베어스턴스Bear Sterns, 리먼브라더스Lehman Brothers, 메릴린치Merrill Lynch 등 대형 투자은행 3개가 매각되거나 파산하고, 세계 최대 보험회사인 AIG도 파산 직전까지 가는 금융위기를 맞았다. 1997년 금융위기가 금융변방국들인 아시아 국가에서 촉발된 데 반해, 이번 위기는 금융최강국인 미국에서 시작된 것이다.

2008년 금융위기의 시발점은 2000년의 닷컴버블dotcom. bubble로까지 거슬러 올라간다. 미국은 1990년대로 접어들면서 새로운 성장동인을 가지게 되었다. 바로 정보화의 총아 IT산업의 부흥기를 맞이한 것이다. 1990년대 중·후반은 IT산업의 절정기였다. 나스닥Nasdaq시장은 주가가 3배 정도 뛰었다. 그러나 2000년 들면서 점차 거품이 빠지기 시작했다. 이어진 금리인상은 결국 IT버블(닷컴버블)의 붕괴를 초래했다.

당시 연방준비이사회 의장이던 그린스펀은 IT버블이 종료된 뒤 곧바로 2001년 엔론의 회계부정 사건이 터지자 한때 연 6.5%에 달하던 정책금리를 10여 차례의 조정을 거쳐 2003년 6월 1%까지 낮췄다. 이후 시중유동성이 크게 늘어났고 이들은 대부분 주택시장으로 유입되었다. 이로 인해 부동산경기는 당시 부시 행정부의 주택장려정책과 맞물려 유례없는 호황을 맞았다. 그 결과 주택담보대출이 크게 늘어났고, 이를 증권화securitization했던 점이 금융위기의 직접적인 뇌관이 된 것이다. 2000년부터 5년간 미국의 주택 시가총액은 무려 50%나 급증했다.

이 기회를 틈타 미국의 모기지Mortgage 업체들은 앞뒤 가리지 않고 주택담보대출을 제공하며 수수료 수입을 올리는 데 혈안이 되어 있었다. 나중에는 주택을 담보로 돈을 빌리는 대출자 중 빚을 제대로 갚을 능력이 떨어지는, 즉 상대적으로 저신용자인 '서브프라임subprime'에 대한 대출마저 급증하기 시작했다. 당시 주택가격은 늘어난 유동성과 적극적인 주택시장 부양책 등으로 인해 지속적으로 상승했다. 이것이 일반적으로 은행이 대출을 꺼렸을 서브프라임sub-prime 등급의 사람들에게도 대출을 시작한 배경이다.

금융회사들은 이 대출채권을 기초자산으로 한 파생상품을 대거 만들어 유통했다. 이것이 바로 '주택저당증권MBS, Mortgage Backed Securities'이다. 문제는 주택이나 토지를 담보로 발행되는 채권인 주택저당증권이 주택가격이 빠지면 곧바로 휴지조각이 될 가능성이 높다는 것이었다. 물론 주택가격이 한두 달 오르다 말았다면 은행도

뉴욕 월가를 점령한 시민들. 이들은 미국을 경제위기에 빠뜨리고서도 수백만 달러의 퇴직금을 챙겨 떠나는 월가 최고경영자들에게 분노했다

섣불리 서브프라임 등급의 사람들에게 돈을 빌려주지 않았을 것이다. 하지만 이 기조가 수년간 지속됨에 따라 은행 또한 주택가격은 계속 오르리라 믿었다. 여기에 신용평가사들까지 가세했다. 신용평가사

4부. 금융자본주의와 화폐전쟁

들이 월가의 금융회사들과 공모해 서브프라임 모기지에 대한 신용 등급을 높게 유지했고, 이로 인해 서브프라임 모기지의 대량 부실사태가 증폭한 것이다.

이런 상황에서 미국 연방준비이사회는 거품과 인플레이션을 우려해 2004년 이후 금리를 17번에 걸쳐 4.25%p(1.0 → 5.25%) 올렸다. 마침내 부동산 버블이 터지고 금융위기가 시작되었다. 주택시장 경기가 꺾이고 부동산 거품이 붕괴되면서 집값이 곤두박질치자 대출금을 갚지 못하고 집을 포기하는 사람들이 급증하기 시작했다.

이후 2008년 9월 미국정부는 주택시장 침체와 모기지 손실로 유동성 위기에 직면한 양대 모기지업체 패니메이Fannie Mae와 프레디맥Freddie Mac을 국유화하고, 양사에 총 2천억 달러 규모의 공적자금을 투입하기로 했다. 이 두 회사는 미국 전체 모기지 채권 발행 규모의 절반을 차지하고 있었다. 연이어 투자은행 리먼브라더스가 파산신청을 했고 결국 파산하고 말았다.

금융위기의 발생원인과 재발방지 대책은?

그러면 이처럼 세계적인 금융위기가 빈번하게 일어나는 이유는 무엇일까? 우선, 자본시장의 자유화가 지나치게 빠른 속도로 이루어졌고, 아울러 이에 대한 적절한 안전장치의 부족 문제를 꼽을 수 있다.

세계화와 자본자유화의 급속한 확산은 헤지펀드hedge fund나 사모펀드private equity fund 등 투기자본들이 단기차익의 극대화를 노리고 국제금융시장을 별다른 통제를 받지 않고도 자유로이 넘나들 수 있었기 때문이다. 이는 결국 국제자본의 변동성을 높여 1990년대 후반 아시아 지역에서 발생한 외환위기가 세계적 위기로 확산되기도 했다.

이와 함께 금융공학의 발전도 금융위기를 초래하는 데 일조했다. 하루가 멀다 않고 이상한 이름의 금융상품들이 쏟아져 나오고 있으며, 이들 금융상품을 관리하는 기법도 첨단을 걷고 있다. 특히 파생상품들은 레버리지leverage 효과를 통해 거래되므로 투기성이 강하고 고위험이 따른다. 1995년 영국의 베어링사가 파산한 뒤 ING사에 1달러에 인수된 사례에서 볼 수 있듯이, 단 한 번의 투자실패가 회사를 망하게 할 수 있을 정도이다. 이런 특성으로 인해 파생상품 거래는 잇단 금융위기의 주범으로 지목되고 있다. 더욱이 일부 악명 높은 헤지펀드들은 파생금융 거래를 주 무기로 금융취약국들을 공격하고 다니면서 국제금융질서를 어지럽혔다.

금융기관에 대한 규제와 감독부실도 금융위기 요인의 하나로 꼽힌다. 금융기관의 자본건전성과 운영의 투명성에 대한 별다른 제재조치가 없다 보니 금융기관들의 무리한 대출이 자행되었다. 결국 수익성이 높은 고위험 상품에 대한 투기가 일어났던 것이다. 국제신용평가사들이 의뢰기관으로부터 뇌물을 받고 신용등급을 올려주는 엉터리 신용평가 관행도 이에 가세했다.

실물경제의 뒷받침이 없는 금융만의 성장도 위기를 키우는 데 한몫을 했다. 1990년대 중반부터 2000년대 초반까지 미국은 금융시장에서 호황국면을 즐기고 있는 동안에도 실물시장의 성적은 처참했다. 경상수지가 만성적인 적자를 기록했고 경제성장률도 둔화되어 실업자가 늘어나는 추세였으며, 재정적자도 지속적으로 확대되고 있었다. 금융시장이 아무리 활성화되어도 실물시장에서 그것을 받쳐주지 못하면 이는 거품에 지나지 않는다. 즉 실물경제의 성장 없이 금융부문만의 확장은 언제 터질지 모르는 폭탄이라는 것이다.

그렇다면 이제 앞으로 더이상 금융위기가 재발되지 않도록 하기 위해서는 어떻게 해야 할까? 우선 이미 지적한 위기의 원인들을 모니터링하고 문제의 소지가 발생할 경우 이를 즉시 치유함으로써 국제금융질서를 안정시키는 노력을 강화해야 한다. 또한 국제금융시스템의 안전망을 강화하기 위한 제도개선과 감독기능을 강화해야 한다. 예를 들면 국제회계기준 강화, 국제신용평가기관에 대한 감시 강화, 헤지펀드와 사모펀드 등의 투기자본에 대해서도 다른 금융기관과 유사한 수준의 건전성과 안정성 감독 및 규제를 하는 것 등이다. 그리고 이러한 노력을 담보하는 국제사회의 협력과 공조가 매우 중요하다.

그런데 이러한 금융위기의 재발방지를 위해 무엇보다 중요한 것은 다 같이 잘사는 세상을 만들어 나가겠다는 마음, 즉 인간성을 회복시키는 노력을 강화해 나가는 것이다. 금융위기의 본질과 근원은 남이야 어찌되던 자신만의 이익을 극대화하겠다는 이기심과 탐욕에서 비롯되었기 때문이다.

03

핫머니와 헤지펀드란 무엇이며 어떤 역할을 하는가?

2008년 글로벌 금융위기 이후 외국인투자 자금이 신흥국시장에 대거 유입되었다. 이는 선진국들의 양적완화 조치로 크게 늘어난 유동성이 상대적으로 높은 수익률을 찾아 움직였기 때문이다. 우리나라 주식과 채권시장에도 이러한 자금이 유입되었는데, 그중에는 상당수가 단기차익을 노리는 핫머니나 헤지펀드일 가능성이 높다. 이는 한국경제의 펀더멘털이 다른 신흥국시장에 비해 상대적으로 건실하다는 측면과 함께 원/달러 환율도 하락세(평가절상)를 보여왔기 때문이다.

단기적 투기적 이익을 노리는 핫머니와 헤지펀드

뜨거운 돈, 핫머니hot money는 국제금융시장을 이동하는 단기자금을 일컫는다. 핫머니에는 각국의 단기금리 차이, 환율 차이에 의한 투기적인 이익을 목적으로 하는 것과, 국내통화의 불안을 피하기 위한 자본도피 등 두 가지 종류가 있다. 핫머니의 특징은 자금이동이 일시에 대량으로 이루어진다는 점과 자금이 유동적인 형태를 취한다는 점을 들 수 있다. 따라서 핫머니는 외환 수급관계를 크게 동요시켜 국제금융시장의 안정을 저해한다. 특히 일시적으로 대량의 자금이 이동하는 경우에는 외환의 수급관계뿐만 아니라 물가, 주가, 원자재 가격의 움직임까지도 큰 폭으로 등락시킴으로써 국가경제 전체에 악영향을 미친다.

이에 비해 헤지펀드hedge fund란 개인을 모집하여 조성한 자금을 국제증권시장이나 국제외환시장에 투자하여 단기이익을 거둬들이는 개인투자신탁이다. 투자지역이나 투자대상 등 당국의 규제를 받지 않고 고수익을 노리지만 투자위험도 높은 투기성자본이다. 헤지란 본래 위험을 회피·분산시킨다는 의미이지만, 헤지펀드는 위험회피보다는 투기적인 성격이 더 강하다. 이들이 금융시장에 미치는 영향력은 가히 상상을 초월한다.

뮤추얼펀드mutual fund가 다수의 소액투자자를 대상으로 공개모집하는 펀드인 데 반해, 헤지펀드는 소수의 고액투자자를 대상으로 하는 사모 투자자본이다. 또 뮤추얼펀드가 주식·채권 등 비교적 안전성이 높은 상품에 투자하는 데 반해, 헤지펀드는 주식·채권보다 오히려 파생상품 등 고위험·고수익을 낼 수 있는 상품과 초단기 금융상품에 집중된다. 특히 옵션 등 파생상품에 공격적으로 투자를 하고 있는데, 이는 5~10%의 증거금으로 10~20배의 투자수익을 거두는 레버리지 효과를 노릴 수 있기 때문이다.

핫머니와 헤지펀드의 두 얼굴

헤지펀드가 금융시장에 미치는 영향에 대해 좀더 구체적으로 알아보자. 우선 역기능으로는 고수익을 좇는 과정에서 세계경제와 국제금융시장을 교란시킨다는 점을 꼽을 수 있다. 투명성이 낮고 폐쇄적이며, 법적 규제를 덜 받고, 과도한 자금차입과 단기투자 등 투기적 기법을 사용함으로써 금융시스템의 안정성을 저해할 위험이 있다.

헤지펀드 업계의 전설이라 불리는 조지 소로스George Soros의 퀀텀펀드Quantum Fund는 1992년 영국 파운드를 투매하여 영국 중앙은행에 막대한 환차손을 입혔다. 또 1997년 태국 바트화 공격을 주도하여 아시아 금융위기를 초래했는데, 이는 우리나라 외환위기의 계기로도 작용했다. 이처럼 헤지펀드는 이익을 내기 위해 수단과 방법을 가리지 않고 국경을 넘나들며 다니기 때문에 국제투기자본으로 통한다.

　2015년 여름에도 유대계 헤지펀드인 엘리엇은 우리나라 시장을 공격했다. 당시 삼성그룹은 계열기업간 순환출자 구조를 단순화하면서 이재용 부회장의 경영 지배권을 확보하기 위해 삼성물산과 제일모직의 합병을 시도했다. 그러자 엘리엇은 이를 반대하고 나섰는데, 표면적인 이유로는 합병안의 합병 비율이 삼성물산 주주들에게 불리하다는 것이었다. 그러나 속내는 시세차익 확보에 있었다. 다툼의 귀결은 비록 삼성의 승리로 끝났지만 이 과정에서 엘리엇은 커다란 수익을 챙겼다.

　이처럼 헤지펀드는 국제금융시장을 교란하는 장본인이지만, 다른 한편으로는 비효율적인 시장구조의 개선 및 유동성 공급자 역할의 수행, 금융서비스·제도·감독기능 개선을 통한 금융산업과 금융기법의 발전, 신규시장 개척과 자본시장기반 확대 등의 순기능도 한다.

　국제금융시장에서의 자본이동 규모는 1980년부터 1999년 사이 총생산GDP의 5% 미만이었으나 글로벌 금융위기가 발생하기 직전인 2007년에는 20%나 됐다. 특히 2007년 이후 중국에 유입되는 핫머니 양이 급증하기 시작했다. 이들 핫머니가 중국으로 흘러들어간 이유는 중국의 금리가 다른 선진국들에 비해 상대적으로 높다는 점, 위안화의 평가절상 추세, 중국의 빠른 경제성장 속에서 고수익을 챙기려는 투기적 요인 등에서 비롯되었다. 중국으로 흘러들어간 핫머니의 대부분은 중국은행이 제공하는 높은 예금금리를 노리고 중국은행에 예치되었다. 또 일부는 부동산·토지·주식시장 등으로 흘러들어가 중국의 부동산가격을 부풀리는 데 일조했다.

그런데 중국으로 유입된 이 핫머니가 2012년부터는 순유출로 돌아섰다. 그 배경에는 위안화 절상에 대한 기대저하, 중국정부의 부동산 투기억제정책, 10년 만의 지도부 교체를 앞두고 중국 내 정치상황이 불안하자 중국 부유층들이 자산을 해외로 도피시킨 것 등을 들 수 있다.

이 핫머니는 우리나라 금융시장도 교란시키고 있다. 우리나라는 1997년 외환위기를 극복한 이후 국제수지가 지속적으로 흑자를 보여왔다. 이에 원화가 절상추세를 보이자 환율차액을 노리고 핫머니가 유입되기 시작했다. 특히 2008년 글로벌 금융위기를 극복하는 과정에서 미국을 위시한 선진국들이 양적완화를 통해 엄청나게 공급시킨 유동성이 다른 신흥시장과 함께 우리나라 금융시장에도 유입되었다.

핫머니 방지대책과 토빈세
이후 신흥국을 위시해 자본시장이 취약한 국가들은 핫머니와 헤지펀드의 흐름을 규제하기 위한 조치를 취하고 있다. 우리나라 또한 2010년부터 선물환포지션 제도, 외국인 채권과세 제도, 외환건전성부담금 제도 등 소위 '자본유출입 변동완화 3종 세트' 조치를 마련·운용하고 있다.

선물환포지션 제도는 은행부문의 외채증가를 억제하기 위해 은행의 선물환포지션에 대해 상한을 설정하는 것이다. 외국인 채권과세 제도는 외국인 투자촉진을 위해 그동안 비과세해 오던 외국인 투자자의 투자수익에 대해서도 국내투자자와 동일하게 과세하는 것이다. 그리고 외환건전성부담금 제도는 은행의 외화차입을 줄이기 위해 은행의 비예금성 외화부채(전체 외화부채 – 외화예수금)에 부담금을 부과하는 제도이다.

이러한 안전장치들safeguard과 함께 금융위기 진화와 투기억제를 위해 일명 '토빈세Tobin's tax'라 불리는 금융거래세를 도입하는 문제가 최근 국제사회의 핫이슈로 등장하고 있다. 원래 이 금융거래세는 1978년 경제학자 제임스 토빈이 단기성 투기자금을 규제하기 위해 모든 외환거래에 0.1% 정도의 세금을 부과하자고 주장한 데서 비롯된 것이다. 그러나 이 제도는 만약 일부 국가에서만 실시할 경우 국제자본이 조세회피를 위해 토빈세가 없는 곳으로 이전할 가능성이 높아 토빈세를 도입한 나라만 손해를 보게 된다. 따라서 토빈세가 실효성을 거두기 위해서는 모든 관련국들이 이 제도를 동시에

도입·운용해야만 한다. 이런 문제로 인해 토빈세를 운용한 나라는 브라질뿐이었고, 브라질도 2013년 6월 이를 폐지했다.

그런데 2008년 금융위기 이후에는 구제금융을 받은 금융기관들이 세수증대에 기여할 수 있도록 또다시 토빈세 도입문제가 여러 나라에서 검토되었다. 독일, 프랑스를 비롯한 유럽연합EU 11개국은 당초 이 토빈세를 2014년부터 도입하려고 준비해왔다. 그러나 금융시장 상황이 개선되지 않아 도입일정을 계속 관망중에 있다. 우리나라 또한 실정에 맞는 토빈세 도입 문제를 본격적으로 논의해 나가기로 했다.

그러나 토빈세 시행이 브라질의 예에서와 같이 세수증대에 기여하지 못할 뿐만 아니라, 금융거래를 위축시키고 시장을 왜곡하는 부작용을 낳을 것이라는 우려도 적지 않다. 특히 미국과 영국 등은 국제조세법 위반이라고 강하게 비판하고 있다.

국제통화기금IMF은 지난 수십 년 동안 자본의 자유로운 흐름을 차단해서는 안 된다는 입장을 견지하면서 금융의 세계화와 자유화의 전도사로 불려왔다. 그러던 IMF가 얼마 전 입장을 바꾸었다. 한 보고서에서 "완전한 자본자유화가 항상 모든 국가에 바람직한 것은 아니다. 적절한 금융규제와 감독이 수반되지 않으면 자본자유화는 변동성과 취약성을 증폭시켜 위기를 초래할 수 있다."고 지적했다.

이는 결국 미국 연방준비이사회FED와 유럽중앙은행ECB 등 선진국 중앙은행이 경기부양을 위해 대량으로 공급한 자금들이 단기수익을 노리고 신흥시장Emerging Market에 대거 유입되어, 일부 신흥국이 통화정책에 어려움을 겪고 있는 현실을 IMF가 인정한 것이다.

04

기축통화란 무엇이며
달러가 기축통화가 된 배경은?

2008년 글로벌 금융위기 이후 미국은 자국경제의 회복을 위해 6년이 채 안 되는 기간 동안 '양적완화Quantitative Easing'란 이름 아래 약 4조 5천억 달러 이상의 자금을 살포했다. 경제논리에 따른다면 양적완화 시책으로 달러가 증발하면 달러가치가 하락한다. 그러나 현실은 그렇지 않았다. 오히려 위기의 순간에는 안전자산을 선호하는 심리가 확산되어 달러가치가 안정되거나 오르기까지 했다. 또한 미국이 2014년 10월 양적완화를 종료하자 신흥국 시장들은 출렁거렸다. 그동안 신흥국 시장에 유입되었던 외국인 투자자금들이 썰물처럼 빠져나가기 시작한 것이다.

기축통화란 무엇인가?

왜 그랬을까? 바로 미국 달러가 기축통화Key currency이기 때문이다. 기축통화란 국제간 결제나 금융거래의 기본이 되며, 금과 동격으로 국제사회에서 널리 사용되고 있는 통화를 뜻한다. 따라서 세계 대다수의 국가들은 달러를 보유하려고 한다. 특히 세계 제2위와 3위의 경제대국인 중국과 일본은 각기 1조 달러 이상의 미국국채를 보유하고 있다. 만일 기축통화인 달러가치가 폭락하면 이들은 엄청난 타격을 입을 것이다. 그래서 달러를 많이 보유하고 있는 달러 채권국들은 달러가치의 폭락을 원하지 않는 것이다. 이와 함께 세계경제에 위기가 닥치면 그나마 미국이 상대적으로 가장 빨리 위기를 타개할 것이라는 막연한 기대심리, 그리고 달러의 위상이 흔들리면 국제금융질서가 마비될 것이라는 우려 등도 이러한 왜곡된 현상을 야기하는 데 일조했다.

제1차 세계대전 이전까지만 해도 영국의 파운드가 세계의 기축통화 역할을 해왔다. 그러나 이후 영국의 경제력이 점차 쇠퇴하면서 기축통화로서의 파운드는 그 운명을 마감한 대신 미국 달러가 부상하기 시작했다. 제2차 세계대전 종전 직후 미국은 슈퍼파워가 되었다. 당시 미국은 전세계 GDP의 50%와 전세계 금의 70% 정도를 보유하고 있었다. 이러한 경제력을 바탕으로 미국 달러가 힘을 발휘할 수 있었던 것이다. 더욱이 강력한 군사력도 뒷받침되었다. 여기에 뉴욕은 이미 국제금융의 중심지로서의 역할과 기능을 수행하고 있었다.

중국 위안화가 미국 달러화와 EU 유로, 영국 파운드, 일본 엔화에 이어 5번째로 기축통화 지위를 획득했다.

완비된 은행조직과 어음 할인시장이 존재하고 있었기에 세계의 자금들이 이곳에 몰려들어 거래되고 있었던 것이다.

브레튼우즈 체제를 통해 세계의 기축통화가 된 달러

달러가 세계의 기축통화가 된 배경을 좀더 구체적으로 알아보자. 제2차 세계대전이 끝나갈 무렵인 1944년, 주요 연합국 대표들은 전쟁 이후 세계경제질서의 회복과 국제통화제도 재편방향을 논의하기 위해 미국 뉴햄프셔 주의 브레튼우즈에서 회담을 가졌다. 여기서 국제금융질서의 관리시스템인 '브레튼우즈 체제Bretton Woods system'가 출범했다. 아울러 이 체제를 안정적으로 운영해 나갈 국제금융기관

으로서 세계은행World Bank과 국제통화기금IMF, Internation Moentary Fund
이 설립됐다.

　　브레튼우즈 체제의 핵심내용은 세계 각국의 통화가치를 미
국 달러를 기준으로 일정하게 유지하는 것이다. 그리고 달러의 가
치는 금 1온스당 35달러로 정해졌다. 금을 기준으로 만들어진 변
형 금본위제이며, 또 미국 달러를 기준으로 한 고정환율제도이기
도 하다. 그러나 얼마 지나지 않아 체제의 허점이 드러났다. 미국
의 화폐인 달러가 세계의 기축통화로 사용되려면, 세계 각국에 달
러가 충분히 공급되어야 한다. 문제는 이 경우 미국의 무역적자가
불가피하다는 것이다.

　　미국 예일대의 로버트 트리핀Robert Triffin 교수는 이와 같은 상황
을 다음과 같이 정리했다. "미국이 경상수지 적자를 허용하지 않고
국제유동성 공급을 줄이면 세계경제는 크게 위축되고 만다. 하지만
지금과 같이 미국의 적자상태가 지속되면 달러가치가 하락해 준비
자산으로서의 신뢰도가 떨어지고 결국은 고정환율제도가 붕괴되고
말 것이다." 이 현상을 '트리핀의 딜레마Triffin's dilemma'라고 한다. 한
국가의 통화를 기축통화로 채택했을 때 필연적으로 생겨날 수밖에
없는 진퇴양난의 상황을 압축해 표현한 말이다.

　　이런 현상은 실제로 나타났다. 미국은 원활한 유동성 공급이라

는 명분 덕분에 무역적자에 시달리게 되었다. 게다가 베트남 전쟁에 필요한 돈을 충당하기 위해 달러를 계속해서 찍어냈다. 나중에는 미국이 보유한 금의 4배나 되는 달러가 시중에 돌아다녔다. 결국 미국을 불신하게 된 각국에서는 달러를 금으로 바꿔달라고 요구했다. 그러나 그만한 금을 갖고 있지 않던 미국은 "달러를 금으로 바꿔주지 않겠다."고 선언했다. 이것이 1971년에 있었던 '닉슨 선언' 또는 '닉슨 쇼크Nixon shock'라고 불리는 조치이다. 이렇게 해서 브레튼우즈 체제는 막을 내렸고, 달러가치의 하락이 이어지게 되었다.

이에 달러를 대체할 새로운 기축통화에 도전장을 내는 통화가 늘어났다. 우선 유로화가 있다. 유로화는 1999년 처음 도입됐을 당시, 1€당 1.18US$의 비율로 거래됐다. 달러를 능가하는 강세통화로 출범한 것이다. 이후 등락을 보이다가 2002년 7월 15일 미국 달러와 동등한 비율이 된 이후부터는 계속해서 미국 달러를 능가하는 가치를 보이고 있다. 미국에서 금융위기가 한창 진행 중이던 2008년 4월 23일에는 달러 대비 사상 최고치인 1€당 1.5940US$(€0.6273/$)까지 치솟았다. 그러나 이후 미국이 점차 위기에서 벗어나고 달러가치도 강세를 보이면서 2015년 말 유로화는 1€당 1.08US$ 수준을 보이고 있다.

중국도 자국의 경제력이 커지고 위안화가 아시아권을 중심으로 국제시장에서 통용되는 빈도가 높아지자, 위안화를 기축통화로 만들어보겠다는 야심을 내비치고 있다. 2015년에는 중국 위안화가 미국 달러화, 유로화, 영국 파운드화, 일본 엔화에 이어 국제통화기금 IMF에 의해 국제결제통화 내지 기축통화의 하나로 공식적인 인정을 받았다. 그러나 아직은 이들 통화의 위력은 제한되어 있는 상황이며, 여전히 미국 달러가 사실상 세계의 기축통화 역할을 수행하고 있다.

기축통화가 가지는 패권이익

그러면 기축통화가 되면 어떤 이득을 볼 수 있을까? 첫째, 전세계를 상대로 시뇨리지Seigniorage를 누릴 수 있다. 국가권력은 화폐를 찍어내는 발권력을 가지고 있다. 이때 화폐의 액면가치에 비해 실제로 화폐를 만드는 데 들어가는 비용의 차액을 '시뇨리지'라고 한다. 이는 결국 국가가 화폐를 찍어냄으로써 얻는 이익을 뜻한다. 개별국가의 정부가 그 나라 국민들로부터 시뇨리지를 거두는 것처럼, 기축통화는 세계경제 전체를 대상으로 시뇨리지를 거둘 수 있는 것이다.

둘째, 기축통화가 되면 대외균형에 얽매이지 않고 국내의 경제정책 목표에 우선할 수 있다. 쉽게 말해 환위험에 노출되지 않으므로 아무리 무역적자가 나더라도 외환부도를 걱정할 필요가 없다. 1997년 우리나라를 강타했던 외환위기 같은 걸 겪을 일이 절대 없다는 얘기다. 미국은 세계최대의 무역수지 적자국이며, 세계최대의 재정적자국이기도 하다. 경제이론에 따른다면 미국은 만성적인 외환위기에 시달리거나 달러가치의 폭락으로 이어질 것이다. 그러나 현실은 그렇지 않다. 그 이유는 바로 달러가 세계의 기축통화이기 때문이다. 미국은 1945년 달러를 기축통화로 만들면서부터 세계경제 체제에서 이 같은 특권을 누리게 되었다.

중국의 싱크탱크인 중국과학원은 2013년 발표한 「국가건강보고國家健康報告」 연구보고서에서, 미국이 전세계 패권적 이익을 싹쓸이하고 있으며 이로 인한 최대 피해국이 중국이라고 주장했다. 그리고 패권적 이익이란 패권국가가 세계적으로 짜놓은 패권구조를 통해 얻는 독점적이고 약탈적인 초과이익이라고 정의했다. 이 보고서는 미국은 화폐주조, 국제통화 팽창, 채권발행, 해외투자, 불공정무역 등 다양한 경로를 통해 패권적 이익을 얻고 있다고 지적했다. 또 미국이 패권을 통해 얻은 이익이 2011년 7조 4천억 달러로 전세계 패권적 이익의 96.8%를 점한 것으로 분석했다. 아울러 미국의 패권 추구로 인한 최대 피해국이 중국이라며, 그 손실액은 3조 7천억 달러에 달한다고 주장했다. 그리고 중국이 이런 손실을 보지 않았다면 중국 노동자들은 매일 근로시간을 20~30% 줄일 수 있고, 주 4일 근무제도 가능할 것이라고 덧붙였다.

결과적으로 미국은 별반 노동 없이 이득을 누리는 반면 중국은 열심히 물건을 만들지만 막상 노동자들이 손에 쥐는 것은 별로 없다는 것이다. 물론 이 보고서 내용 중에는 과장된 부분이 없지 않다. 그러나 달러가 세계의 기축통화로 운용됨에 따라 미국이 커다란 이득을 챙기고 있다는 점만큼은 틀림없는 사실이다.

05

통화전쟁을 일으킨 전범, 양적완화

세계에서 돈을 가장 많이 써본 사람은 누구일까? 아마 벤 버냉키Ben Bernanke 전 미국 연방준비이사회FRB 의장이 아닐까 싶다. 버냉키는 2008년 글로벌 금융위기 이후 전례 없는 세 차례의 대규모 양적완화와 '제로zero, 0금리' 정책으로 미국과 세계경제를 대공황의 위기에서 벗어나게 했다.

버냉키는 양적완화라는 명분 아래 6년 동안 4조 5천억 달러 이상의 돈을 쏟아 부었다. 우리나라 연간 GDP의 약 4배에 달하는 돈을 퍼부은 것이다. 정말 원도 한도 없이 돈을 쓴 것이다. 그는 '헬리콥터 벤Helicopter Ben'이라고도 불렸는데, 이런 별칭은 "경제가 디플레이션 상태로 빠져들면 헬리콥터로 돈을 공중에서 뿌리는 것이 유용할 수도 있다."고 주장하면서 얻게 되었다. 그런데 그가 취한 이 양적완화 조치는 세계 통화전쟁의 시발점이 되었다. 그 이후 유럽과 일본, 중국 등 경제대국들뿐만 아니라 우리나라를 비롯한 신흥국들도 이 대열에 가세했다.

미국이 먼저 양적완화를 시작하다

미국은 2008년 금융위기를 타개하기 위해 대규모 자금을 살포하는 정책을 취했는데, 이를 '양적완화QE, quantitative easing' 시책이라고 한다. 좀더 구체적으로는 중앙은행이 장기국채를 인수하고 이를 통해 시중에 자금을 공급하는 프로그램을 뜻한다. 통상 중앙은행이 신용경색에 대응하는 방법은 기준금리를 낮추는 것이다. 그런데 당시 미국의 기준금리는 0~0.25%로 제로금리 수준이었기 때문에 기준금리를 추가로 인하하기란 현실적으로 어려웠다. 이에 양적완화 시책을 취한 것이다.

미국은 2008년 9월 리먼브라더스 파산 이후부터 시작된 극심한 경기침체를 극복하기 위해 기준금리를 5.25%에서 사실상 제로금리로 인하했다. 그후 경기는 잠시 회복되었지만 얼마 안 가서 또다시 위축되는 조짐을 보였다. 그러나 더이상 금리를 낮출 수 없는 상황이었다. 그래서 시중에 돈을 풀어서 실질금리 하락을 유도하기로 결정한 것이다.

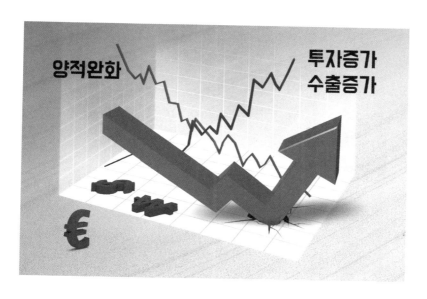

    양적완화 시책이 실물경제로 파급되는 경로와 효과를 좀더 구
체적으로 알아보자. 양적완화 시책의 추진목적은 총수요 증가를 통
해 경제성장률을 높이자는 것이다. 양적완화로 인해 통화량이 늘어
나 실질금리가 떨어지면 경기는 두 개의 경로를 통해 상승한다. 우
선 실물경기의 회복이다. 소비와 투자의 증가를 통해 내수가 확대되
고, 또 돈이 풀려 달러가치가 하락하게 되면 수출증가와 수입감소로
이어진다. 이런 경로를 통해 경기가 회복되면 고용, 가계소득과 소
비가 증가하고, 또 조세수입이 늘어나 재정적자 문제도 해결되리라
는 선순환구조를 염두에 둔 것이 양적완화 시책의 논리적 골격이다.
그리고 세계 최대의 경제대국인 미국의 경기회복은 세계 전체의 경
기회복으로 연결 된다는 것이다.

나아가 낮은 실질금리는 실물경기의 회복뿐만 아니라 자본시장에도 활기를 불어넣는다. 즉 자본시장에 유동성을 풍부하게 공급함으로써 주가를 상승시켜 가계의 부를 늘리고, 기업의 자금조달 비용을 낮춰 투자가 늘어나는 효과를 볼 수 있다는 것이다. 반면 미국이 달러가치 하락으로 겪게 될 인플레이션의 고통은 중국으로부터 값싼 수입 효과, 달러의 기축통화 효과, 유럽위기 등으로 인해 생각만큼 크지 않았다.

미국은 그동안 몇 차례에 걸쳐 양적완화 시책을 추진했다. 1차 양적완화QE1 기간인 2008년 12월부터 2010년 3월까지 1조 7천억 달러 규모의 자금을 풀었고, 2차 양적완화QE2 기간인 2010년 11월부터 2011년 6월 말까지는 6천억 달러에 달하는 국채를 추가로 매입했다. 두 차례에 걸친 양적완화 조치에도 불구하고 미국 경기는 좀처럼 살아날 기미를 보이지 않고, 오히려 더블딥Double dip까지 우려되는 상황에 놓였다. 이에 2012년 9월부터 3차 양적완화QE3를 실시했다. 국채매입 규모는 매달 4백억 달러로 1차 1천억 달러, 2차 750억 달러에 비해 작았다. 그러나 단기채권을 팔고 장기채권을 매입해 채권의 잔존만기를 연장하는 시책인 '오퍼레이션 트위스트Operation Twist' 규모를 합친 총 양적완화 규모는 매달 850억 달러에 달했다.

이후 양적완화 덕분에 미국경제가 서서히 회복되자, 연방준비이사회는 2013년 12월 양적완화 규모를 줄여나가는 '테이퍼링 Tapering'계획을 밝혔다. 아울러 기존의 초저금리 기조를 2015년 중반까지 유지한 뒤, 이후 경기상황을 봐가면서 금리인상 여부를 결정한다는 내용을 발표했다. 그리고 2014년 10월에는 마침내 양적완화를 완전히 종료했다.

1·2·3차 양적완화 조치 비교

	1차	2차	3차
시행 기간	2008.12~2010.3	2010.11~2011.6	2012.9~2013.11
시행 규모(억 달러) (월 규모, 억 달러)	1조 7,000 (1,000)	6,000 (750)	1조 2,750 (850)*

* operation twist 포함
* 1차 operation twist(2011. 9~2012. 6) : 4,000억 달러, 2차 operation twist (2012. 7 ~2012년 말) : 2,670억 달러
* tapering → 2013. 12 : 750, 2014. 1~2 : 650, 2014. 3~4 : 550, 2014. 5 : 450, 2014. 6~7 : 350, 2014. 8~9 : 250, 2014. 10 : 150억 달러

유로존과 일본도 양적완화를 따라하다

유로존도 글로벌 금융위기 이후 지속적으로 금리를 인하해 왔다. 이에 기준금리가 0.05%로 거의 제로금리 수준에 와 있다. 특히 유럽 중앙은행인 ECB는 시중은행들이 ECB에 돈을 맡길 때 적용하는 하루짜리 단기금리를 마이너스(-) 금리로 떨어뜨렸다. 이는 시중은행들이 중앙은행인 ECB가 푼 값싼 금리의 돈을 시중에 풀라는 강력한 메시지다. 시중은행들이 돈을 ECB에 예치하면 오히려 마이너스 금리라는 벌금을 부과하겠다는 뜻이다. 이와 함께 ECB는 총 2조 유로

규모의 장기대출 프로그램LTRO 제도를 활용해 오고 있다. 이는 자금 난에 빠진 유럽 국가들을 지원하기 위해 유로존의 중앙은행인 ECB 가 유로존 개별국가의 시중은행에 기준금리 수준의 저금리로 3년간 돈을 빌려주는 제도를 말한다.

더욱이 국채매입을 통한 본격적인 양적완화 시책도 추진해 나 가고 있다. 물론 그동안에도 ECB는 양적완화 시책을 추진해 왔다. 그러나 매입대상 채권이 주로 시중은행들이 보유하고 있던 자산담 보부증권ABS 등으로 국채매입은 제한적이었다. 이에 따라 양적완화 효과가 크지 않았다. 그러나 앞으로는 재정이 어려운 유로존 국가의 국채를 ECB가 직접 사들이면서 시장에 유동성을 공급하겠다고 발 표했다. 국채매입 규모는 2015년 3월부터 2017년 3월까지 25개월 동안 매월 6백억 유로씩 총 1조 5천억 유로다.

일본 또한 아베노믹스를 통해 양적완화 시책을 추진 중이다. 아 베노믹스의 핵심은 10년간 2백조 엔의 자금을 각종 토목공사에 투 입하는 재정정책과 중앙은행의 양적완화 확대라는 통화정책을 병 행하는 것이다. 2013년 4월, 일본 중앙은행은 시중 통화 공급량을 2 년 안에 두 배로 늘리고, 또 국채 매입량도 두 배 확충하기로 결정했 다. 이를 통해 2012년 말 138조 엔이었던 일본의 본원통화 공급량은 2014년 말 270조 엔으로 두 배 늘어났다. 장기국채 매입 규모도 연 간 50~60조 엔 규모에 달했다. 그러나 이러한 노력에도 경기가 제대로 살아나지 않자 2015년 이후에도 양적완화를 계속하기로 결정했다. 유동성 공급규모는 종전보다 오히려 10~20조 엔 증가한 연간 80조 엔 수준이 될 전망이다.

양적완화 시책의 후유증

2008년 글로벌 금융위기 이후 미국이 먼저 양적완화 시책을 실시했고, 2010년부터는 유럽이 그 뒤를 이었다. 그리고 2013년부터는 일본까지 양적완화 정책을 뒤쫓아 시행하자 세계는 온통 통화전쟁의 소용돌이 속으로 빠져드는 형국이다. 이에 따라 세계경제는 앞으로 자칫하면 커다란 혼돈 속에 빠질 가능성이 크다. 우선 인플레이션에 대한 우려이다. 지금 당장은 세계경제의 부진으로 인플레이션 현상이 현실화되고 있지 않지만, 앞으로 경기가 살아날 경우 전세계는 또다시 자산 버블 붕괴와 같은 가공할 경제위기에 휘몰릴지 모를 일이다. 또한 늘어난 유동성을 활용해 국제투기꾼들이 신흥국을 위시한 자본취약국들을 공격한다면 또 다른 세계금융위기를 초래할 가능성도 없지 않다.

아울러 우리나라를 비롯한 신흥국의 실물경제가 받게 될 타격도 커다란 문제다. 그렇지 않아도 자본과 기술경쟁력 면에서 어려움을 겪고 있는 신흥국들이 이제는 양적완화로 인해 가격경쟁력까지 갖추게 된 선진국들과 무역경쟁을 치러야 하기 때문이다. 일본과 치열한 경쟁관계에 있는 우리나라로서는 더욱 그러하다. 끝으로 양적 완화 조치가 주로 선진국들에 의해 이루어졌기 때문에, 국가들 간의 빈익빈 부익부 문제가 더욱 증폭될 우려가 있다는 점도 앞으로 국제 사회가 풀어나가야 할 숙제로 남아 있다.

06

환율전쟁, 일본의
'잃어버린 20년' 시발점

환율이란 두 나라 사이에 통화의 교환비율을 의미하며, 외국통화라는 상품에 붙여진 일종의 가격이다. 따라서 시장에서 수요와 공급에 의해 상품 가격이 결정되는 것처럼 환율도 외환시장에서 외화의 수요와 공급에 의해 결정된다. 이 환율변동은 다양한 경로를 통해 수출입, 물가 등 경제전반에 커다란 영향을 끼친다.

환율의 역할과 기능

외국통화가 필요한 이유는 그 나라의 상품과 서비스를 구매하려고 하기 때문이다. 또 외국통화에 대한 대가로서 일정한 자국통화를 지급하는 것은 자국통화가 지니고 있는 자국 내 상품과 서비스에 대한 구매력을 지급한다는 뜻이다. 따라서 자국통화와 외국통화와의 교환비율은 그것들이 각 국가 내에서 가지고 있는 구매력의 비율, 즉 구매력 평가에 따라서 결정된다.

'빅맥 지수Big Mac index'라는 경제용어가 있다. 이는 일정 시점에서 각국의 미국 맥도널드사 햄버거 제품인 빅맥 가격을 달러로 환산한 후 미국 내 가격과 비교한 지수로서, 세계적으로 값이 거의 일정한 빅맥 가격을 달러를 기준으로 비교해 보면 각국의 통화가치를 알 수 있다는 것이다. 예를 들면 우리나라의 빅맥 햄버거 가격이 3,000원이고, 미국에서는 2달러일 경우, 빅맥지수는 3,000/2 = 1,500원이 된다. 이 수치를 실제 환율과 비교함으로써, 환율이 제대로 평가되어 있는지를 가늠할 수 있다.

환율이 상승한다는 것은 원화의 가치가 떨어졌다는 의미로 '평가절하depreciation'되었다고 표현하기도 한다. 이 경우 수출은 증가하고 수입은 감소하여 경상수지가 개선되는 긍정적인 효과가 나타난다. 그러나 부담이 되는 측면도 있다. 우선, 외국에서 빌려온 외채 부담이 커지면서 이를 갚아야 하는 기업들에게는 큰 부담이 된다. 아울러 달러로 환산한 우리나라 국민소득의 규모도 줄어든다. 또 해외여행이나 해외유학에 들어가는 비용이 늘어나는 부담이 생겨 국민후생이 줄어드는 결과가 초래된다.

·

반대로 환율이 하락하면 이는 원화가치가 상승하는 것을 뜻하며 '평가절상appreciation'이라고 표현한다. 이 경우 수출상품의 가격은 상대적으로 오르고 수입상품의 가격은 낮아진다. 이에 수출은 감소하고 수입이 증가하면서 국내기업들의 생산이 감소하고 고용이 축소된다. 하지만 기업들의 외채상환 부담을 감소시키는 긍정적인 영향이 나타나기도 한다. 그리고 달러로 환산된 우리의 소득이 증가하고, 또 해외여행에 들어가는 비용이 줄어드는 효과도 발생한다.

플라자 합의, 환율전쟁의 시발점

환율은 국가경제 운용에 커다란 영향을 미친다. 이에 따라 각국은 자국의 산업경쟁력 확보를 위해 환율을 조정하는 경우가 많다. 이러한 시도가 심각한 상황에 이르면 환율전쟁으로 돌입한다. 이러한 환율전쟁의 원조는 1985년에 이루어진 '플라자 합의'이다.

일본경제는 1970년대부터 1980년대 말까지 20년간 연간 4% 이상의 높은 성장을 지속해 왔다. 그 결과 세계 제2위의 경제대국으로 올라섰고, 1인당 국민소득도 계속 증가하여 1987년에는 미국을 앞질렀다. 당시 일본의 제조업 경쟁력은 세계 최고였다. 세계 최강의 기술력을 바탕으로 '메이드 인 제팬Made in Japan' 제품은 세계시장을 석권했는데, 특히 소니sony사의 워크맨을 비롯한 전자제품은 절대강자의 위치를 구축했다. 자동차 판매량도 자동차 왕국인 미국을 위협

할 정도로 증가했다.

이에 반해 1980년대 초 당시 미국은 대외적으로는 무역수지 적자, 안으로는 재정적자를 보이는 소위 쌍둥이적자에 시달리고 있었다. 1980년 대통령에 당선된 레이건은 '레이거노믹스Reaganomics'라고 불리는 경제정책을 펼치는데, 이는 군사력 우위와 달러강세를 양축으로 하는 '강한 미국Strong America' 정책이었다. 당시 미국은 1973년과 1979년 두 차례의 오일쇼크로 물가상승과 경기침체가 동시에 오는 스태그플레이션stagflation 상태였다. 이를 극복하기 위해 레이건 행정부는 경제정책 면에서 고금리정책과 감세정책을 추진해 나갔다.

그러나 고금리는 기업투자를 위축시켜 미국의 제조업 경쟁력이 악화되었다. 그 틈새를 일본 상품들이 들어오면서 미국의 무역적자 폭이 증가했다. 특히 1985년 들어 대일對日적자는 전체 무역수지 적자의 38%에 해당하는 429억 달러로 확대됐다. 한편 감세정책은 감세를 단행할 경우 민간소비가 늘어나 경기가 호조를 보이고, 이에 조세 수입이 증가하여 재정수지를 개선한다는 논리에 입각하고 있었다. 하지만 실상은 오히려 재정적자를 악화시켜, 레이건 행정부는 쌍둥이적자라는 어려움에 처하고 만 것이다.

'플라자 합의Plaza Accord, Plaza Agreements'는 이러한 상황에서 취해졌다. 이는 1985년 9월 22일 미국 · 영국 · 프랑스 · 독일 · 일본 등 선진 5개국 재무장관과 중앙은행 총재가 뉴욕의 플라자 호텔에서 만나 미국의 무역수지 개선을 위한 조치에 합의한 것을 말한다. 여기에는 일본 엔화와 독일 마르크화의 평가절상을 유도하고, 만약 이것이 순조롭지 못할 때에는 정부 개입을 통해 목적을 달성한다는 등의 내용이 담겨 있었다. 이 합의로 달러가치는 이후 2년 동안 30% 이상 급락한 반면에 일본 엔화 가치는 급격히 상승했다. 엔화 가치는 1985년 2월 당시 1달러당 260엔에서 3년 만인 1987년 말 120엔대로, 1995년 중반에는 80엔까지 올랐다. 10년 만에 통화가치가 3배나 오른 셈이다.

이처럼 플라자 합의는 한마디로 미국의 경상수지 적자를 줄이고 달러의 위상이 흔들리는 것을 방지하려는 데 목적이 있었다. 지금도 마찬가지지만 당시에도 기축통화인 달러화의 위상은 지켜져야만 했다. 즉 달러가치가 지나치게 떨어지면 많은 달러를 보유하고 있는 여타 무역 흑자국들은 달러를 금이나 다른 자산으로 변경해 보유하려 할 것이고, 그럴 경우 결국 달러의 위상이 흔들리는 것이다. 그런 위험 때문에 세계 전체적으로도 달러화의 강세를 유지시켜야 한다는 입장이 강했다.

그러나 미국의 경상수지 적자는 갈수록 확대되었다. 특히 일본에 대한 경상수지 적자가 너무 크다는 것이 가장 큰 문제였다. 만약 엔화의 저평가 상태가 지속된다면 미국의 경상수지 적자는 계속 불

플라자 합의에 의한 엔화 가치의 급상승으로 수출 주도의 일본 경제는 위기를 맞게 된다.

어날 것이고, 그에 따라 달러가치가 하락하는 것은 물론이고 기축통화로서의 위상이 흔들릴 수밖에 없었다. 그래서 미국은 일본이 엔화 가치를 상승시키는 노력을 취하도록 요구한 것이다.

이러한 미국의 압력을 일본은 받아들이지 않을 수 없었다. 당시 일본의 수출라인은 대부분이 미국시장이었고, 다른 국가들에 대한 수출의존도는 그리 크지 않았다. 만약 미국이 무역장벽을 높여 일본의 수출에 압박을 가하면 스스로 환율을 상승시키는 것보다 더 큰 직접적인 위험이 될 수 있었다. 또 외환보유고로 가지고 있던 달러의 가치가 폭락할 경우 큰 타격을 입을 수밖에 없었기에 어쩔 수 없는 선택이기도 했다. 일본은 결국 미국의 요구를 받아들인 것이다.

일본의 잃어버린 20년 전개과정

이후 일본 기업들은 엔화가치가 급상승하면서 수출하는 데 어려움을 겪었다. 이는 그동안 수출주도로 고도성장을 구가해 온 일본에겐 위기였다. 이를 타개하기 위해 일본정부가 취한 대책은 금융완화 시책이었다. 그러나 이로 인해 부동산 버블이 생기게 되었고, 이 부동산 버블이 터지면서 일본경제는 나락으로 떨어졌다.

당시 일본은 엔화 가치 상승으로 인한 수출경쟁력 약화를 일부 보전해 준다는 뜻으로 정책금리를 5%에서 1년 사이에 2.5%까지 인하했다. 그동안의 호황기 동안 방만하게 풀린 시중자금들은 이러한 저금리시책과 맞물려 주식과 부동산시장으로 흘러 들어가 이들의 가격을 급등시켰다. 당시 주식가치가 지금의 3배 수준, 동경의 땅값이 미국 전체를 사고도 남는 수준이 될 정도였다.

이러한 과잉유동성과 부동산 버블을 걱정한 일본은 뒤늦게 금융긴축으로 돌아섰다. 1989년 4월부터 1990년 8월까지 1년 반도 안 돼 금리는 6%까지 치솟았다. 갑자기 돈줄이 조여지자 거품이 잔뜩 끼어 있던 부동산과 주식 가격이 폭락했다. 주식과 부동산 버블이 터지면서 자산가치가 폭락하자 소비와 내수가 크게 위축되었다. 또한 기업투자 부진, 기업과 금융기관의 동반부실, 제로 또는 마이너스 경제성장 등의 후유증이 이어졌다.

이후 일본 기업들은 축소지향적 경영에 몰두했다. 엔고에 따른 가격경쟁력 약화를 연구개발과 신사업에 대한 과감한 투자 등을 통해 극복하지 못했다. 수출기업들은 엔고를 피해 생산기지를 해외로 이전해 나갔다. 1985년 3.0%에 불과했던 일본 제조업의 해외생산 비율은 1990년 6.0%로 늘어났고, 2010년 18.1%까지 증가했다. 지속되는 장기불황을 극복하기 위해 일본정부는 재정지출 확대와 제로금리를 선택해 보았지만 여의치가 않았다. 내수가 계획한 대로 살아나지 않고 오히려 악화되어 갔다.

더 큰 문제는 내수부진이 고용과 임금 불안정성 증대, 인구고령화 진전 등 당장 해결하기 어려운 구조적인 요인들에 주로 기인하고 있다는 것이었다. 나아가 재정지출 확대는 내수진작에는 다소 도움이 되었지만, 국내총생산GDP 대비 200%를 상회하는 국가부채 비율이 보여주듯 재정부실을 초래했다. 그리고 금리가 하나도 없으니까 돈이 더 높은 이자를 찾아 해외로 빠져나가는 '엔 캐리 트레이드yen carry trade' 현상이 지속되었다.

일본의 거품경제가 붕괴된 후 약 20년 이상 경제가 침체된 기간을 소위 '잃어버린 20년'이라고 부른다. 이 잃어버린 20년을 떨치고자 아베가 총리로 취임한 2012년 말부터 일본은 보다 과감한 경기부양책을 '아베노믹스Abenomics'라는 이름 아래 적극 추진해 나가고 있다. 오랜 기간 지속된 디플레이션 우려에서 벗어나기 위해 연

간 물가상승률 목표를 2%로 정하고, 이의 실현을 위해 과감한 금융
완화정책과 인프라 투자확대 재정정책을 동시에 펼치고 있다.

지금도 진행 중인 세계 환율전쟁

지금 세계는 경쟁적으로 환율의 평가절하 정책을 취함으로써
'근린궁핍화정책近隣窮乏化政策(Beggar-Thy-Neighbor Policy)'을 시행하고
있다. 자국의 통화가치 절하는 수출경쟁력을 키우지만 반대로 경쟁
국에는 직접적인 타격을 가하게 된다. 이는 한마디로 자국의 이익을
위해 주변국의 경제를 희생시키는 것을 뜻한다.

이러한 국제사회에서의 환율전쟁은 지금도 진행 중이다. 그동
안 세계 제2의 경제대국이자 최대의 무역대국으로 부상한 중국은

주요 국가통화 환율

(대 달러환율, 기말기준)

통화	2011	2012	2013	2014	2015
한국 원(KRW)	1,151.80	1,070.60	1,055.40	1,099.30	1,172.00
일본 엔(JPY)	77.66	85.86	105.04	119.46	120.58
EU 유로(EUR)	0.77	0.76	0.72	0.82	0.92
중국 위안(CNY)	6.32	6.23	6.06	6.20	6.49
호주 달러(AUD)	0.99	0.96	1.12	1.22	1.37
스위스 프랑(CHF)	0.94	0.91	0.89	0.99	0.99
영국 파운드(GBP)	0.65	0.62	0.61	0.64	0.68

자료 : 한국은행

4부. 금융자본주의와 화폐전쟁

위안화를 달러에 맞서는 기축통화의 하나로 만들겠다는 야심을 가지고 꾸준히 위안화 절상을 진행해 왔다. 미국 또한 중국과의 무역에서 큰 폭의 적자를 내고 있던 중이라 위안화의 평가절상을 요구해 왔다. 그런데 중국은 실물경기가 예상외로 부진하자 이를 타개하기 위한 방책의 하나로 2015년 8월, 위안화의 대폭적인 평가절하를 단행했다. 이에 대해 미국을 비롯한 국제사회는 어떻게 대응해 나갈 것인지 그 귀추가 주목되고 있다.

07

아직 끝나지 않은 유로존의 금융위기

2008년 미국에서 시작된 글로벌 금융위기의 여파는 곧 유로존 Eurozone 국가들을 덮쳤다. 특히 재정적자가 심했던 포르투갈Portugal, 이탈리아Italy, 아일랜드Ireland, 그리스Greece, 스페인Spain 등 소위 PIIGS 국가들은 크게 흔들리는 모습을 보였다. 'PIIGS'는 이들 국가의 머리글자를 따서 만들어진 용어인데, '돼지pig'를 연상시켜 모멸적인 느낌을 주는 이 용어에 대해 해당 국가들은 불쾌감을 드러내기도 한다.

이후 그리스(2010년 4월)를 시작으로 아일랜드(2010년 11월)와 포르투갈(2011년 4월), 스페인(2012년 7월)이 재정악화로 구제금융을 지원받았다. 이들 중 스페인은 은행부문만 지원받았으나, 다른 국가들은 전면적인 구제금융을 지원받았다. 다행히 구제금융 덕분에 그리스와 키프로스를 제외한 나머지 국가들은 위기상황에서 벗어날 수 있었다. 아일랜드(2013년 12월)와 스페인(2014년 1월)에 이어 포르투갈이 2014년 5월 구제금융을 졸업했다.

그리스 구제금융 협상의 드라마

위기의 진원지인 그리스는 2010년부터 두 차례 구제금융을 통해 2,400억 유로를 지원받았지만 여전히 위태롭다. 공공부채가 GDP의 180%에 해당하는 약 3,200억 유로에 달하며, 길거리에는 실업자가 넘치고 있다. 특히 청년실업률은 50%에 달한다. 급기야 국가부도 상황에까지 직면하게 된 그리스는 3차 구제금융을 받아야 할 지경에 놓였다.

그런데 그리스정부는 유럽연합EU, 유럽중앙은행ECB, 국제통화기금IMF 등 이른바 트로이카Troika로 불리는 국제채권단이 제시한 구제금융 조건이 너무 가혹하다며 이를 거부해 왔다. 벼랑 끝 전술로써 3차 구제금융안에 대한 국민투표까지 실시했다. 결과는 긴축을 강요하는 구제금융에 대한 반대가 압도적으로 높았다. 그러나 이러한 발버둥도 소용이 없었다. 결국 그리스는 3차 구제금융을 신청하는 것 외에 다른 선택이 없었다. 만약 추가적인 구제금융 지원이 없다면 그리스의 재정과 경제는 파탄이 나고, 유로존에서도 퇴출되는 이른바 그렉시트Grexit가 진행되었을 것이다. 이는 그리스 자체에도 재앙이겠지만 유로존의 다른 국가들에게까지 그 여파가 미칠 우려가 있었다.

그리스는 작은 나라이다. 인구 1,100만 명이 채 안 되고, 경제규모는 2천억 달러가 조금 넘어 우리나라의 1/7 수준에 불과하다. 그럼에도 이처럼 세계경제가 그리스 사태에 신경을 곤두세우고, 유럽연합 채권국들이 그리스와의 협상결과에 매달리는 이유는 무엇일까? 이는 그리스가 유로존을 탈퇴할 경우 도미노domino 현상이 우려되기 때문이다. 재정상태가 좋지 않은 유로존 국가들이 그리스에 이어 유럽연합을 탈퇴하면 유로존 전체가 와해될 가능성마저 없지 않기 때문이다. 그 경우 그렇지 않아도 어려운 세계경제는 더 크게 흔들리고 새로운 위기국면으로까지 치달을 가능성마저 배제하지 못하기 때문이다. 실제로 그리스의 디폴트Default(채무불이행) 우려가 높아진다는 소식이 전해졌을 당시에는 신흥국들의 금융시장 불안이 크게 높아지기도 했다.

다행히 그동안 지리멸렬하던 그리스에 대한 3차 구제금융 협상은 2015년 8월 타결을 보게 되었다. 3년간 총 850억 유로를 지원받는 것을 주 내용으로 하는 3차 구제금융 협상의 타결로 그리스는 부채를 갚고 디폴트를 면했으며, 유로존에도 남을 수 있게 됐다. 그러나 이전의 두 차례 구제금융처럼 지출삭감과 세금인상이 포함된 예산정책을 실시해야 한다. 만약 채권단과의 약속을 지키지 못하면 자금줄이 또다시 끊길 가능성도 배제할 수 없다.

유로존 경제위기의 본질

이와 같은 유럽의 재정위기는 기본적으로는 위기 당사국들이 과다한 복지수요를 뒷받침하려다 보니 재정운영이 방만하게 이루어진 데서 찾을 수 있다. 여기에 글로벌 경제위기가 기름을 부은 격이다. 그런데 이러한 표면적인 이유 못지않게 유럽경제 통합에 따른 구조적 문제에서도 그 뿌리를 찾을 수 있다. 유럽경제가 통합될 당시 유로존 회원국들 상호간에는 엄연히 인플레이션, 단위 노동비용, 생산성 등 경제의 기초체력 면에서 커다란 격차가 있었다. 그러나 이를 무시한 채 단일화폐인 유로Euro를 도입했다. 이에 회원국 간 대외경쟁력 격차는 더욱 확대되어 갔다.

유로존은 단일통화 도입과 함께 무역장벽을 철폐하고 자본이동의 자유를 보장했지만, 회원국 간 생산성 격차는 줄어들지 않았다. 여기에 단일화폐 시스템의 도입은 환율의 대외불균형 조절기능을 할 수 없도록 만들면서 회원국 간 경상수지 불균형은 더 심화되었다. 예컨대, 독일과 네덜란드 등 경쟁력이 높은 북유럽국가들은 경상수지 흑자를 누리고 있는 데 반해, 그리스·포르투갈·스페인 등 산업 경쟁력이 떨어지고 물가가 높은 남유럽 국가들은 경상수지 적자가 누적되면서 대외채무가 크게 늘어났다. 결국 경쟁력이 있는 북유럽 국가들은 수출을 통해 지속적인 성장을 하고, 경쟁력이 약한 남유럽 국가들은 지출과 소비를 지탱해 나가기 위해 대규모의 부채를 질 수밖에 없는 구조적인 문제가 발생하게 된 것이다.

이와 함께 통화정책과 재정정책이 분리된 것도 문제를 키웠다. 통화정책은 유럽중앙은행을 통해 시행되는 반면, 재정정책은 각 회원국 자율에 맡겨져 있어 동질성을 확보하기가 어려웠다. 개별 회원국이 자국의 경제상황에 따라 통화정책을 신축적으로 운용할 수 없는 상황에서는, 경기침체 등에 따른 정책부담이 고스란히 재정으로 전가될 수밖에 없었다. 따라서 경제적 어려움에 처한 나라는 재정건전성을 확보하기가 어려웠다. 더욱이 재정이란 기본적으로 조세 등 한 나라의 주권과 밀접한 관련이 있을 뿐 아니라, 그 수요가 개별 회원국의 정치·사회·경제상황에 따라 상당한 편차가 있기 마련이다.

EU 입장에서도 회원국들에게 엄격한 재정기준을 적용하지 못했다. EU는 '재정 안정성장 협약'을 통해 각 회원국에 연간 재정적자 및 국가부채 잔액 규모를 각각 GDP의 3% 및 60% 이내로 제한할 것을 요구하고 있다. 그러나, 이는 선언적인 의미에 그치고 있을 뿐이다. 결국 단일 통화체제를 유지하는 데 필수인 '회원국의 재정 동질성 확보'라는 대전제는 이처럼 이원화된 정책체계로 인해 한계가 있었던 것이다.

여기에 회원국 내부의 정치적 이해가 다른 것도 문제를 키우고 있다. 영국은 유럽연합 회원국이지만 유로존Eurozone에는 가입하지 않았다. 자국통화인 파운드화를 지키고 싶기도 했지만 정치적 이유가 더 컸다. 유로존은 독일과 프랑스가 주도하고 있기에 영국은 자칫 들러리로 전락할 우려를 느꼈던 것이다. 최근에는 유럽연합에서도 탈퇴할 가능성마저 열어두고 있다. 이를 '브렉시트BreXit'라고 하는데 Britain과 Exit의 합성어이다. 현 집권당인 보수당은 2015년 실시한 총선에서 2017년 국민투표를 통해 EU 탈퇴여부를 결정하는 문제를 공약으로 내걸어둔 상태이다.

EU 회원국은 총 28개국인데, 이 중 유로화를 통화로 사용하는 유럽연합 국가들은 그리스, 네덜란드, 독일, 라트비아, 룩셈부르크, 몰타, 벨기에, 스페인, 슬로바키아, 슬로베니아, 아일랜드, 에스토니아, 오스트리아, 이탈리아, 키프로스, 포르투갈, 프랑스, 핀란드, 리투아니아 등 19개국이다. 영국, 덴마크, 스웨덴, 체코, 헝가리, 루마니아, 불가리아, 크로아티아, 폴란드 등 9개국은 유로를 국가통화로 도입하지 않았다.

유로존의 장래는?

유럽의 경제위기는 위기당사국의 국내 경제문제에서 비롯되었지만, EU의 태생적·구조적인 문제도 무시하기 어렵다. 이런 관점에서 볼 때 구제금융 지원은 개별국가의 위기가 유럽 전역으로 확산되는 것을 막는 일시적인 방편에 불과할 수도 있다.

따라서 유럽이 당면하고 있는 재정과 경제의 위기를 근본적으로 해결하고 재발을 방지하기 위해서는 위기당사국들이 구조조정 등 고통을 감내함으로써 경제체질을 강화해야 한다. 그리고 EU 차원에서도 경상수지 불균형 해소와 재정의 동질성 확보를 위한 제도적 장치 마련과 함께 정치적 이해 조정을 위한 상호협력도 매우 중요한 과제이다.

사실 유럽통합 이후 국가 간 이주가 자유로워지면서 동구권 국가에서 많은 부랑자와 난민들이 영국을 비롯한 서부와 북유럽 국가로 쏟아져 들어왔다. 이들 국가에서는 이주자들로 인한 사회적 혼란을 우려하는 부정적인 여론이 일고 있기도 하다. 만약 영국이 2017년 국민투표를 통해 브렉시트BreXit를 현실화할 경우 유로존과 EU가 급속히 와해될 것이라는 우려 섞인 전망이 나오고 있다.

08 미국과 중국의 경제전쟁은 어떻게 전개되고 있는가?

세계 1, 2위의 경제대국인 미국과 중국의 경제전쟁은 이미 오래전부터 시작되었다. 단적인 예로 중국은 보유한 미국국채를 활용해 미국을 견제해 오고 있었다. 중국은 일본과 함께 미국의 최대 채권국이다. 약 3조 6천억 달러에 달하는 외환보유고 중 1조 달러 이상을 미국국채에 투자하고 있다. 이는 미국의 총 국가부채 18조 달러의 6%에 해당한다.

오래전부터 시작된 경제대국 간의 경제전쟁

이에 따라 양국 간에는 미묘한 신경전이 발생하게 되었다. 더욱이 중국은 보유한 미국국채를 무기화하는 전략을 추진해 나가고 있다. 이는 중국이 미국국채를 시장에 대량매각하거나 혹은 통상외교 현안에 협상카드로 활용한다는 것을 뜻한다. 실제로 중국은 미국국채 보유 규모를 점차 줄여나가고 있다. 이는 미국 달러의 저금리 기조, 중국의 외환보유고 운용전략과 정치적 계산 등이 복합적으로 작용한 것으로 보인다.

중국의 미국국채 보유를 둘러싼 극단적인 파국 가상 시나리오는 다음과 같다. 먼저, 중국의 공격적인 미국국채 대규모 매각전략이다. 중국이 미국국채를 투매할 경우 일본을 비롯해 다른 국가들 역시 매각행렬에 동참할 가능성이 크다. 그러면 미국국채 가격은 폭락하고 금리는 급등할 것이다. 결국 미국경제는 큰 혼란에 빠지게 된다는 것이다.

다음으로는 미국의 중국에 대한 압박 카드로서, 미국이 스스로 달러가치를 폭락시키는 전략이다. 이 경우 미국국채의 가치가 하락하여 결국 중국의 자산가치 상실로 이어지게 된다. 중국 입장에서는 충격이 크다. 나아가 어느날 미국이 금으로 태환되는 돈을 하나 더 만들어낸다면 기존의 달러는 휴지조각이 되고 만다. 이렇게 되면 중국은 그동안 벌어놓은 돈을 몽땅 다 날리는 셈이다.

그러나 이러한 파국적인 시나리오가 발생할 가능성은 크지 않다. 현실적으로 중국은 막대한 외환보유고의 안전투자처로서 별다른 대안이 없기에 미국국채 매입이 불가피한 상황이다. 재정적자에 시달리는 미국으로서도 국채에 대한 수요가 많을수록 금리를 낮게 유지할 수 있다는 점에서 중국의 미국국채 매입을 반기고 있다. 따라서 현 상태를 유지하는 것이 서로에게 도움이 된다는 인식을 하고 있다.

중국 대망론의 부상

21세기로 접어들면서 국제사회에서의 중국 영향력이 빠른 속도로 커지고 있다. 특히 미국이 주택버블 붕괴로 휘청거리던 2007년 이후에는 '중국 대망론'이 부상했다. 실제로 중국은 지난 30년 넘게 약 10%의 높은 경제성장률을 보이며 빠르게 성장하면서 2010년부터는 미국에 이어 세계 2위의 경제대국이 되었다. 또한 세계최대의 수출국이자 세계에서 두 번째로 수입을 많이 하는 나라이기도 하다. 1978년 1억 6,700만 달러로 세계 38위에 그쳤던 외환보유고는 2011년 3조 달러를 돌파한 뒤 지금까지 세계 1위 외환보유국 지위를 유지하고 있다.

지난 1979년부터 2012년 사이 세계경제의 연평균 성장률은 2.8%에 불과했지만, 중국경제는 연간 9.8%의 고속성장을 유지해 왔다. 1978년 당시 중국 경제총량이 세계에서 차지하는 비중은 1.8%에 불과했으나 2012년 11.5%로 확대됐다. 실질구매력평가PPP를 기준으로 환산한 국내총생산GDP은 이미 미국을 추월하여 세계최대 규

중국의 경제력이 커지면서 미국과의 갈등이 고조되고 있다.

모다. 물론 일반적으로 사용되는 명목GDP 기준으로는 아직 미국의 60% 선에 그치고 있으나, 이 역시 2025년경에는 미국을 추월해 세계최대의 경제대국으로 부상할 것이라는 전망이 나오고 있다.

이처럼 중국의 경제력이 커지면서 미국과의 갈등이 고조되고 있다. 세계경제에 대한 영향력을 키우기 위한 양국의 경쟁은 갈수록 치열해져 마치 전쟁을 방불케 하고 있다. 경제뿐만 아니라 정치·군사적으로도 충돌을 보이고 있다. 이를 보다 구체적으로 알아보자.

우선, 금융에서의 중국리더십 강화이다. 2015년 6월, 중국이 주도하는 아시아 인프라 투자은행AIIB, Asian Infrastructure Investment Bank이 57개국을 창립회원국으로 발족되었다. 이 은행은 아시아·태평양지역 개발도상국의 인프라 구축을 목표로 한다. 자본금 규모는 일단 5백억 달러 규모로 시작했지만, 앞으로 참여국들로부터 출자를 받아

1천억 달러 선까지 늘린다는 계획이다. 중국이 AIIB 설립에 나선 가장 큰 이유는, 미국 등 서방 선진국들과 일본의 영향력 아래 놓여 있는 세계은행World Bank과 아시아개발은행ADB에 맞서는 새로운 국제금융기구를 출범시키겠다는 것이다.

또 중국은 신흥국시장의 인프라 개발지원을 위해 AIIB와 함께 브릭스 개발은행도 설립하기로 했다. 브라질 · 러시아 · 인도 · 중국 · 남아프리카공화국 등 브릭스BRICS 국가들과 공동으로 창설하는 이 브릭스 개발은행의 본부는 상하이에 들어서고, 2016년부터는 본격적인 활동을 시작할 계획을 세워두고 있다. 이 은행도 초기자본금은 5백억 달러로 출발한 뒤, 5년 내 1천억 달러로 확대할 예정이다.

다음으로는 물류에서의 영향력 강화이다. 중국은 '지역경제 발전'을 2016년부터 시행되는 '13차 경제개발 5개년 계획(13.5규획)'의 핵심과제 하나로 설정했다. 이를 위한 실천방안으로서 '일대일로—帶—路(One Belt One Road)' 계획을 추진해 나갈 예정이다. 육상과 해상 실크로드를 결합한 거대 경제벨트 구축안인 여기에는 지역균형발전과 산업구조조정, 에너지 안보와 국방강화 등 중국의 핵심전략들이 응축되어 있다. 과거 서방과 중국의 무역로였던 '비단길Silk Road'과 해상 원정길의 영광을 재현한다는 의미에서 '신新실크로드 경제권'이라 부른다. 여기에는 유라시아 대륙 전체를 중국을 중심으로 연결함으로써 중국의 정치적 · 경제적 영향력을 키우겠다는 의도가 들어 있다. 그리고 이 과정에서 발생할 막대한 인프라 투자수요는 이미 발족된 AIIB가 자금조달과 사업관리의 통로 역할을 맡게 될 것이다.

중국 대망론에 대한 회의적인 시각

그러나 이러한 중국 대망론에 대한 비판도 적지 않다. 우선, 성장세가 가파르게 둔화되고 있다는 점이다. 중국은 그동안 20년에 걸쳐 두 자릿수 성장을 해왔다. 그러나 최근 몇 년 사이 성장률이 7%대 중반으로 내려앉았고, 앞으로는 6%도 쉽지 않을 것이라는 전망이 나오고 있다. 여기에 그동안 중국의 경제성장을 주도해 온 투자효율마저 점차 낮아지고 있다. 더욱이 전체 GDP는 세계 제일을 넘보고 있지만 1인당 국민소득은 이제 막 개도국을 넘어선 수준이다. 2014년 중국의 1인당 GDP는 7,572달러(세계 80위)에 그쳤는데, 이는 우리나라가 1992년 달성한 수준과 비슷하다.

또한 낙후된 금융시스템도 중국경제에 대한 불안을 키우고 있다. 중국은 경기를 인위적으로 부양하기 위해 그동안 은행을 동원해 민간대출을 늘려왔다. 이에 2012년 말 기준 중국의 민간부문 대출은 GDP의 135.7%에 달한다. 신흥시장 국가들 중 세 번째로 높은 수준이다. 그런데 경기가 점차 둔화되면서 이들 금융기관의 부실여신 규모도 자연히 크게 늘어났다. 더욱이 장부에 나타나지 않는 여신인 '그림자 금융Shadow banking'이 급증했다. 은행과 비슷한 신용중개 기능을 하면서도 은행처럼 엄격하게 건전성 규제를 받지 않아 위험성이 높은 이 그림자 금융의 규모가 GDP의 절반을 상회하고 있다. 이와 같은 금융 불안정성을 이유로 세계 3대 국제신용평가기관의 하나인 피치Fitch는 2013년 4월 중국의 국가신용등급을 'AA-'에서 'A+'로 한 단계 강등했다. 성장가도를 달리던 중국의 신용등급이 강등된 것은 1999년 이후 처음이다.

이와 함께 중국의 경제사회 시스템과 국민의식 수준이 아직 세계리더가 되기에는 많이 부족하다는 평가를 받고 있다. 이는 중국 내부에서도 인정하는 듯하다. 홍콩 중원中文대학교 석좌교수인 랑셴핑郞成平은 〈누가 중국경제를 죽이는가〉라는 책에서 '세계를 호령하는 중국경제는 허상'이라면서 자중하고 겸손해지라고 충고했다. 아울러 그는 "지난 30여 년간 중국은 경제 면에서 고도성장을 유지해 세계 2위의 경제대국이 됐다. 그러나 환경오염, 자원낭비, 인권억압, 민주와 자유에 대한 탄압, 세계의 보편적 가치관 미흡 등 후진적인 경제사회 구조는 여전히 중국이 선진경제로 비상하는 것을 방해하고 있다. 문명의 전환기라고 하는 지금 낡은 관념을 버리고 기존의 틀에서 뛰쳐나와 미래 관점에서 민주, 자유, 인권신장을 경제발전과 함께 추진해 나가야 중국은 진정한 선진 경제대국이 될 수 있을 것이다."라고 말했다.

미·중, 선의의 경쟁과 협력이 중요하다

중국이 세계경제를 움직이는 패권을 두고 강력한 도전장을 던지자, 미국은 이에 대해 노골적으로 견제하고 있다. 대표적인 사례가 미국과 일본을 중심으로 하고 태평양 연안 지역의 나라들이 참여한 '환태평양 경제동반자협정', 즉 TPP Trans-Pacific Partnership의 결성이다. 사실 TPP는 창설 초기 뉴질랜드, 싱가포르, 칠레, 브루나이 등 4개국이 참여한 그다지 영향력이 크지 않은 다자간 자유무역협정FTA의 하나에 불과했다. 그러나 미국이 적극적으로 참여를 선언하면서 주목을 받기 시작했다.

2008년 2월 미국이 이 협정에 참여하기로 한 이후 호주, 베트남, 페루, 말레이시아, 캐나다, 멕시코, 일본 등이 추가로 협정에 참여했고, 미국 또한 이들의 적극적인 참여를 독려해 왔다. 오바마 대통령은 TPP가 아시아·태평양지역 경제통합에서 가장 강력한 수단이며, 세계에서 가장 빠르게 성장하는 지역인 아시아와 호주·뉴질랜드, 그리고 미국을 연결해 주는 고리라고 평가한 바 있다. 이 TPP가 마침내 2015년 10월 타결되었다. 그런데 미국이 주도한 TPP의 결성목적은 다분히 중국을 견제하려는 의도가 깔려 있다. 특히 중국과 아시아권에서 패권다툼을 하고 있는 일본을 끌어들여 힘을 보태도록 했다.

앞으로도 미국과 중국이 세계 경제패권을 놓고 벌이는 힘겨루기 양상은 불가피할 것으로 예견된다. 그러나 그 경쟁은 보다 살기 좋은 세상을 만들기 위한 선의의 경쟁이 되어야 한다. 또 세계 자유무역확대, 국제금융질서와 규범의 확립, 세계 환경보전과 에너지개발 문제 등에 대한 논의와 협력도 강화해 나가야 한다. 그리고 개도국 지원과 개발문제에 대해서도 보다 차원 높은 배려가 있어야 한다. 한마디로 이들 양대 경제대국은 선의의 경쟁과 협력을 통해, 모든 국제사회가 상생과 공존을 해나갈 수 있도록 강력한 리더십을 보여야 한다는 것이다.

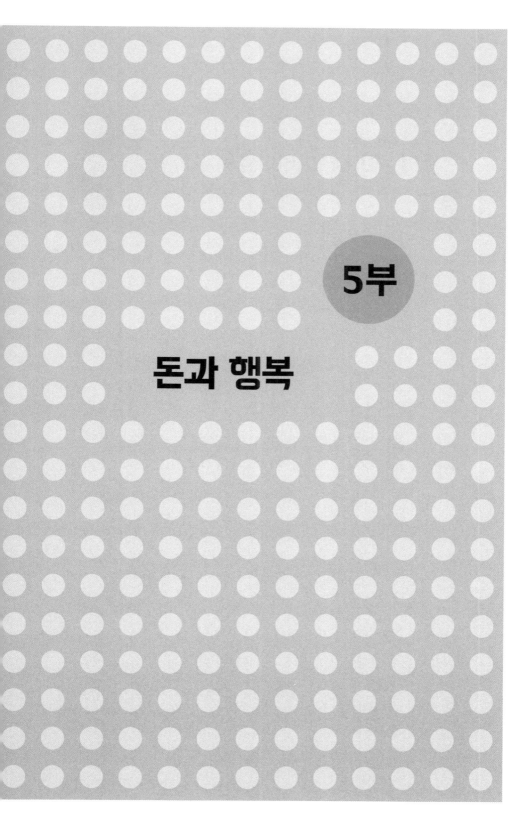

5부

돈과 행복

01

돈이 얼마나 있어야 행복할까?

'행복'이란 무엇일까? 사전에는 '생활에서 기쁨과 만족감을 느껴 흐뭇한 상태'라고 되어 있다. 이러한 상태에 도달하기 위해서는 물질적 풍요, 정신적 안정감, 가족들과의 사랑, 원만한 대인관계 등의 요소들이 만족할 만큼 충족되어야 할 것이다. 그러나 현실에서의 정답은 없다. 만족의 크기는 너무나 주관적이기 때문이다.

세상의 모든 사람은 어쩌면 서로가 서로를 부러워하며 살아가고 있는지도 모른다. 자신이 가지지 못한 것을 가진 상대를 부러워하지만, 결국 자신이 가진 것이 가장 가치 있다는 것을 모른 채로 말이다. 삶이 불행한 것은 남들과 비교하거나 지나친 욕심을 부리기 때문이다. 다른 사람들의 지위와 부, 권력을 부러워하면서 늘 자신을 자책하기에 불행하다고 생각한다. 가난한 사람은 부자를, 부자는 더 많은 돈을 가진 사람을, 권력을 가진 사람은 더 큰 권력을 가진 사람을 부러워한다. 이처럼 행복은 개념이 모호하고 주관적이어서 '행복은 이런 것이다' 하고 정의를 내리기가 어렵다. 결국 행복이란 마음먹기에 달려 있는 것이고, 자신이 생각하는 행복을 추구하기 위해 노력하는 과정이 중요한 것이다.

행복은 인류 역사의 시작과 함께 사람들에게 최고의 관심사였고 최고의 가치였기에 사람들은 행복의 본질을 찾고자 많은 노력을 기울여왔다. 고대 그리스 철학의 본류인 스토아학파Stoicism는 '마음의 동요를 완전히 제거해 어떤 간섭과 고통을 받지 않는 무정념의 상태apatheia'를 행복이라고 정의했고, 공리주의자 벤담은 사회적 공리共利를 중요시하면서 '최대다수 최대행복'을 역설했다. 동양에서는 행복을 '비움'으로 풀이했다. 노자는 행복하려면 있는 그대로 모양을 짓는 물처럼 인위적으로 몸부림치지 말고, 완벽을 추구하지 말 것을 강조했다. 이렇듯 동서양의 철학은 공통적으로 물질적 풍요보다는 마음의 평화에서 이상적인 행복의 개념을 찾고 있음을 알 수 있다.

다음은 고대 그리스 시대 세계를 제패한 정복자 알렉산더 대왕과 세상을 미천하게 살아가던 철학자 디오게네스의 일화이다. 알렉산더가 세상을 정복한 뒤 소문으로만 듣던 현자 디오게네스를 찾아

갔다. 그때 디오게네스는 자신의 오두막에서 햇볕을 쬐며 휴식을 즐기고 있었다.

알렉산더가 말했다. "난 천하를 정복한 알렉산더 대왕이다. 디오게네스여! 원하는 것이 있으면 무엇이든 말하라, 들어줄 테니까!"

디오게네스는 이렇게 답했다. "아, 그러신가요! 그러면 저 햇볕이 가려지지 않도록 비켜서 주시지요."

알렉산더는 제국의 대왕답게 이렇게 응수했다. "만약 내가 정복자가 되지 않았다면 디오게네스와 같은 사람이 되고 싶었을 것이다!"

이후 두 사람은 같은 날 죽었다. 그리고 두 사람은 저승으로 가던 중에 강가에서 마주쳤다.

알렉산더 대왕이 먼저 이렇게 인사했다. "아, 당신, 다시 만났군! 정복자인 나와 노예인 당신 말이야!"

디오게네스가 대답했다. "아, 그렇군요. 다시 만났군요! 정복자 디오게네스와 노예 알렉산더가 말입니다. 당신은 정복을 향한 욕망의 노예 알렉산더이고, 난 속세의 모든 열정과 욕망을 정복한 정복자죠."

이러한 이상론과는 달리 현실은 경제적 풍요를 가장 중요한 요소로 생각하고 있는 것 같다. 어떤 사람이 "돈을 얼마나 가지고 있으면 행복할까?"라는 질문을 던졌더니 '다다익선多多益善', 즉 많으면 많을수록 좋다는 답변이 가장 많았다고 했다. 특히 국민소득이 낮은 나라일수록 이런 경향이 더욱 강한 편이다.

한 설문조사에 따르면 우리나라 사람들이 생각하는 중산층의 요건 내지 행복해지기 위한 조건은 첫째도, 둘째도, 셋째도, 그리고 넷째도 모두가 경제력에 관한 것으로 나타났다. 즉 35평 이상의 아파트와 2,000cc급 승용차를 소유하고 있어야 하며, 은행잔고가 수억 원에 달하고 또 1년에 최소한 한 번 이상 해외여행을 할 수 있어야 한다는 것이다. 이에 반해 서구 선진국 사람들의 중산층 요건은, 페어플레이fair play 정신을 가지고 살고, 정기적으로 토론과 대화를 나눌 수 있는 모임이 있고, 최소한 자신이 좋아하는 악기 하나는 다룰 줄 알거나 요리를 잘하는 음식이 있으면 행복하다고 여긴다고 한다.

그런데 갈수록 돈이란 살아가는 데 커다란 불편이 없을 정도만 있으면 이상적이며, 여기에 주변을 도와줄 수 있을 정도의 여유자금을 지니면 '금상첨화錦上添花'라고 생각하는 사람들이 늘어나고 있다. 이들의 행복관은 주변에 선善한 영향력을 많이 끼치는 것이다.

이와 함께 자녀들에게 너무 많은 재산을 물려주는 것이 결코 자녀들에게도 바람직하지 않다는 생각이 갈수록 힘을 얻고 있다. 이는 그들이 삶의 여정이라는 건축물을 차곡차곡 쌓아가는 데 너무 많은 재산은 어쩌면 걸림돌이 될 수 있기 때문이다. 물려받은 재산이 없는 사람은 최선을 다해 스스로 삶의 길을 개척해 나가려고 노력할 것이다. 반면 물려받은 재산이 많으면 그냥 그 재산을 가지고 편안히 살 궁리를 하기 쉽기 때문에 뭔가 이루어나간다는 성취감을 느낄 수가 없다.

사실 우리를 행복하게 하는 일들은 주변에 지천으로 널려 있다. 그러나 우리는 이를 잘 인식하지 못하거나 대수롭지 않게 여기며 살아가고 있다. 그 하나하나는 매우 작아 보이기 때문이다. 아니 그보다도 우리의 욕심이 지나치게 크기 때문이다. 우리는 작은 행복 대신 커다란 행운을 찾아 헤매고 있다. 그래서 자칫하면 찰나의 행운을 잡기 위해 수많은 행복을 짓밟는다. 많은 사람들이 이미 행복이 넘쳐나는데도 그것을 알지 못한 채, 지금보다 나은 삶을 찾는다면서 있을지도 없을지도 모르는 행운을 뒤쫓으며 살아가고 있는 건 아닐까?

사람들은 풀밭에서 네잎클로버를 찾으려고 애쓰지만, 지천에 널려 있는 세잎클로버에는 눈길을 주지 않는다. 그런데 이렇게 우리 주변에서 흔하게 만날 수 있는 세잎클로버의 꽃말이 '행복'이고, 우리가 수많은 세잎클로버를 짓밟으면서 찾아 헤매는 네잎클로버의 꽃말은 '행운'이다. 바꾸어 말하면 우리는 행운 하나를 찾겠다고 주변의 수많은 행복들을 마구 짓밟고 있는 것이다.

세계적으로 손꼽히는 부자이면서 투자의 귀재인 워런 버핏은

"당신이 좋아하는 일을 하라. 돈이 아니라 당신이 좋아하고 사랑할 수 있는 일을 하라."

다음과 같이 말했다. "당신이 좋아하는 일을 하라. 돈이 아니라 당신이 좋아하고 사랑할 수 있는 일을 하라. 그러면 돈은 저절로 들어온다. 행복이라면 분명히 정의할 수 있다. 내가 바로 그 표본이기 때문이다. 나는 일 년 내내 좋아하는 일만 한다. 좋아하는 일을 좋아하는 사람들과 함께할 뿐, 내 속을 뒤집어놓는 사람들과는 관계할 필요조차 없다. 일을 하면서 유일하게 싫은 것이 있다면 3~4년에 한 번씩 누군가를 해고해야 한다는 사실이다. 그것만 빼면 문제될 것이 없다. 나는 탭댄스를 추듯이 일터에 나가 열심히 일하다가, 가끔씩 의자에 등을 기댄 채 천장을 바라보며 그림을 그리곤 한다. 이것이 내가 행복을 느끼는 방식이다."

02
성장을 넘어 성숙한 사회로

　　우리나라는 지난 반세기 동안 경제성장을 최우선목표로 삼고 이에 진력해 왔다. 그 결과 세계에서 가장 빠르게 그리고 성공적으로 경제성장을 일궈낸 국가로 기록되었다. 그러나 그 안에서 우리가 실제로 느끼는 행복감은 매우 낮은 수준이라는 분석이 나오고 있다. 이는 국제사회에서 조사하는 각종 행복지수에서도 잘 나타나 있다.

　　유엔UN 산하 자문기구인 '지속가능한 발전해법 네트워크SDSN'가 발표한 '2015 세계행복보고서'에 따르면, 가장 행복한 나라는 스위스, 가장 불행한 나라는 아프리카의 토고공화국이라고 한다. 우리나라는 세계 158개국 가운데 47번째로 행복한 나라인 것으로 조사됐다. 이 행복지수는 미국 여론조사기관 갤럽이 지난 2012~2014년 1인당 국민총생산GDP, 사회복지, 건강수명, 부패, 선택에서의 자유 등 7개 척도에 대한 만족도를 합산해 산출된 것이다.

오랫동안 한 국가의 경제규모를 파악할 때 대표적인 경제지표는 GDPGross Domestic Product였다. 그러나 이 대표적인 총량지표인 GDP에 대한 비판이 끊임없이 제기되어 왔다. 비판의 핵심내용은 국민소득을 통해 한 나라의 경제력은 측정할 수 있지만, 국민생활의 질이나 행복 등 보다 근원적인 부분에 대해서는 제대로 파악할 수 없다는 것이다. 그리고 모든 경제활동을 유효한 것으로 간주하기 때문에 국민들의 생활수준을 실제로 향상시키는 경제활동과 그렇지 않은 경제활동을 구분하지 못한다는 점도 맹점으로 지적되고 있다.

다시 말해 실업과 빈곤퇴치를 위한 정부지출의 증가뿐만 아니라 무기 구입비용, 비만·흡연·마약 등으로 인한 의료비가 늘어나도 GDP는 증가한다. 반면 소득불평등, 여가시간, 문화생활 향유, 환경오염, 자원고갈 등과 같은 문제는 국민들 삶의 질에 큰 영향을 미치는 요소이지만, GDP의 산정대상이 아니다. 이러한 비판이 설득력이 있다는 인식 아래 국제사회에서는 고용, 보건, 교육, 환경 등을 포괄하는 새로운 행복지수 개발을 위한 논의가 한창 진행되고 있다.

국내총생산이 한 나라의 경제적 가치를 측정하는 지표라면, 국민행복지수란 경제적 가치뿐만 아니라 삶의 만족도나 미래에 대한 기대, 자부심 등 인간의 행복과 삶의 질을 포함시켜 총체적으로 평가하는 지표이다. 우리나라는 각종 조사에서 행복지수가 낮게 나타나고 있는데, 이는 결국 우리나라가 경제적으로는 어느정도 여유가 있으나 경제외적인 측면에서 국민들이 행복감을 느끼지 못하고 있다는 것을 의미한다. 특히 복지, 안전, 행복 등에 직접적으로 관련된 항목에서 최하위국 수준에 머물러 있다.

우리나라의 행복지수가 이렇게 낮게 나타나는 이유로는 치열한 경쟁 속에서 감내해야 하는 각종 스트레스, 갈수록 벌어지는 빈부격차에서 느끼는 상대적 박탈감, 높아만 가는 청년실업률, 고령화사회로 접어들면서 겪는 노후불안 등 얽히고설킨 문제들이 우리 주변에 널려 있기 때문이다.

우리 사회의 빈부격차가 갈수록 심화되고 있다. 상위 20%의 평균소득이 하위 20% 평균소득의 5.7배에 달하는데, 이로 인해 우리 사회의 상당수는 상대적 박탈감을 가지고 있다. 또 한국인의 70% 이상이 조급증에 시달리고 있다고 한다. 그런데 이는 가정이나 학교, 그리고 직장에서 항상 잘해야 한다는 생각에 사로잡혀 자신을 잠시도 쉬지 못하게 하는 심리적 압박에 시달리는 정신적 결함증세라고 한다.

우리나라는 한 해 자살률이 인구 10만 명당 33.3명으로 OECD 평균 12명의 3배에 달하고, 특히 노인의 경우 자살률이 10만 명당 80.3명으로 세계최고라고 한다. 또 청소년의 사망원인 중 첫 번째가 자살로 나타나 심각성을 더하고 있다. 산업재해로 사망하는 근로자 수도 인구 10만 명당 20.99명으로 OECD 국가 중 1위다. 근로시간도 세계최고 수준이다. 2013년 기준 우리나라 사람들은 하루 평균 10시간 30분, 1년간 총 2,090시간을 일했는데, 이는 OECD 평균치인 1,776시간을 크게 웃도는 수준이다. 그리고 OECD 회원국 가운데 정년퇴직 후에도 가장 오래 일하는 사회이다. 남성의 경우 유효은퇴연령은 평균 71.1세였는데, 이는 멕시코(72.3세)에 이어 2위에 해당하는 것이며, 여성의 경우도 평균 69.8세로 칠레(70.4세)에 이어 2위로 나타났다.

이러한 통계수치들은 우리나라 사람들이 과거에 비해서는 경제적으로는 그런대로 여유가 있지만, 다른 나라 사람들과 비교해 보면 전반적으로 매우 힘들고 불안한 삶을 살아가고 있다는 사실을 방증하고 있다. 경제적인 풍요로움 뒤에 숨어 있는 사회적 불평등, 계층 간 빈부격차, 빈약한 사회안전망 등이 우리의 삶을 불안하게 만들고 있는 주범이라고 하지 않을 수 없다.

그러면 행복지수를 높이고 나아가 국민 모두가 행복한 나라를 만들기 위해서는 어떻게 해야 할까? 첫째, 사회구성원들이 불필요한 갈등 없이 친밀하고 협동적인 인간관계를 형성해 나가야 한다. 이를 위해서는 무엇보다 교육의 본질을 바로 세우고 인성교육을 강화해 나가야 한다. 혼자만 부귀영화를 누리며 잘 먹고 잘 살기 위한 스펙 쌓기를 부추길 것이 아니라, 도덕적이고 건전한 인격과 사고를 함양하는 인성교육에 역점을 두어야 한다는 것이다. 그리고 우리의 삶이 좀더 자유롭고 풍요로워지도록 창의력과 문화적 감수성을 키워주는 방향으로 교육의 내용과 방법을 바꾸어 나가야 한다. 이는 창조경제를 실현하기 위해서라도 중요하다. 이와 함께 우리 경제사회에 신뢰 인프라를 확고히 구축해 나가는 것도 중요한 과제이다.

둘째, 중산층을 육성해야 한다. 중산층이 부실하여 양극화 현상을 보일 경우 사회적 갈등이 심화된다. 이는 중간에서 중재하고 의견을 조율할 중간입장이 줄어들기 때문이다. 또한 중산층의 삶이 팍팍해져 소비가 위축된다면 전체 경기가 부진해지고 조세수입도 떨어져 재정건전성도 부실해진다. 따라서 경제사회의 안정적이고 지속가능한 발전을 위해서는 두터운 중산층 확보가 필수적이다. 이를 위해서는 질 좋은 일자리를 꾸준히 창출해 나가면서 서민물가의 안정에도 만전을 기해야 한다.

셋째, 기부문화의 활성화이다. 기부는 남을 위해서 베풀 수 있는 최고의 사랑이며, 조건 없는 사랑의 표현이다. 아무리 적은 기부금이라도 그 값어치는 결코 작지 않다. 또 기부는 꼭 돈으로만 가능한 것이 아니다. 자신의 지식, 경험이나 갖고 있는 재능을 나누어도 된다. 나아가 시간을 나눌 수도 있고, 시선을 나눌 수도 있고, 생각을 나눌 수도 있고, 마음을 나눌 수도 있다.

넷째, 문화생활의 향유이다. 21세기는 문화의 시대라고 한다. 문화적인 가치나 토양이 사회발전이나 경제성장을 가능하게 하는 기반이 되고 있다. 이는 문화적인 가치나 토양이 인간의 삶을 풍성하고 행복하게 해줄 뿐만 아니라 사회발전을 가능하게 하는 기반이 된다는 것이다. 특히 중요한 것은 문화적 감수성이 경제발전 과정에서 피폐해진 정신문화와 인간성을 회복시키는 필수불가결한 요소라는 점이다.

국민소득 3만 달러 실현을 눈앞에 두고 있는 우리로서는 추가적인 경제적 성취 못지않게 문화적 욕구를 충족시키는 문제에 대해서도 적극적인 대응책을 마련해 나가야 한다. 또한 문화혜택은 일부 소수집단만이 아닌 대다수 사람들이 고르게 누릴 수 있도록 해야 한다. 이는 문화란 소유하는 자의 것이 아닌 향유하는 모든 사람의 즐거움이기 때문이다.

- 가난하게 태어난 것은 당신의 잘못이 아니지만, 가난하게 죽는 것은 당신의 잘못이다.
- 당신이 하루 종일 아무런 문제에 부딪치지 않는다면, 당신은 잘못된 길을 걷고 있는 것이다.

- 성공을 위한 3가지 필수조건은 남보다 더 많은 지식을 갖고 있으며, 남보다 더 열심히 일하고 남보다 큰 기대를 가지지 않는 것이다.
- 당신 자신을 타인과 비교하지 마라! 그것은 당신 자신을 모욕하는 것이다.
- 모두들 세상을 바꾸려 들지만, 스스로를 바꾸려는 생각은 하지 않는다.
- 아무나 믿는 것은 위험한 짓이지만, 아무도 못 믿는 것은 더욱 위험하다.
- 삶에서 소중히 지켜야 할 것은 믿음, 약속, 인간관계 그리고 상대방의 마음이다.

03 은퇴생활 백배 즐기기

행복한 대한민국이 되려면 국민 한 사람 한 사람이 모두 행복한 삶을 살아갈 수 있어야 한다. 특히 직장생활을 하면서 최선을 다해 열심히 살아온 은퇴자들의 남은 삶에 행복이 보장되어야 한다. 그러면 이들이 행복한 노후생활을 누리고 즐기기 위해서는 어떤 조건들을 갖추어야 하며 또 어떻게 살아가야 할까?

첫째, 무엇보다 건강이 가장 중요하다. "돈을 잃는 것은 적은 부분을 잃는 것이고, 명예를 잃는 것은 인생의 많은 부분을 잃는 것이다. 하지만 건강을 잃는 것은 인생의 전부를 잃는 것이다."라는 말이 있다. 돈이야 잃으면 또 벌면 되고, 한 번 잃은 명예도 어려움이 있을지라도 열심히 노력해서 재평가를 받으면 다시 회복할 수 있다. 그러나 건강을 잃으면 다시 회복하기가 매우 어렵다는 뜻이다. 건강은 자신을 위해서도 중요하지만 주변 사람들을 위해서도 중요하다. 만약 건강을 해치게 된다면 경제적 · 물질적인 부담은 물론이고 가족들에게도 정신적 · 육체적으로 커다란 부담을 지우게 된다. 특히 중년으로 들어서면 건강의 쇠퇴기로 접어드는 만큼 더 많은 관심과 주의가 필요하다.

둘째, 경제적인 안정이 뒷받침되어야 한다. 중년들의 로망은 자신이 원하는 일을 하면서 여생을 가족과 편안하게 살아가는 것이다. 하지만 현실은 녹록치 않다. 가장 큰 걸림돌은 역시 경제력이다. 당장 회사를 그만두면 가족의 생계가 걱정이다. 이보다는 형편이 나은 경우에도 길어진 수명을 생각하면 여전히 경제력이 커다란 걱정거리이다. 경제적 여유가 없다면 삶이 위축되기 마련이다. 매사에 자신이 없어지고 행동반경도 좁아지며, 주변을 돌아볼 여유도 없어진다. 점차 친구들을 만나는 걸 피하게 되고 두려워지기조차 한다. 이러한 경제력은 나이가 들어갈수록 더 큰 위력을 발휘한다. 실제로는 돈 쓸 일이 그렇게 많지 않은데도 왠지 돈이 부족하다고 생각하면 불안해진다. 이는 아마도 인생을 살아가다 보면 많은 돌발변수가 나타나기 때문일 것이다. 특히 나이가 들어갈수록 이런 돌발변수는 더더욱 많이 생기기 마련이다.

셋째, 사람들 간의 소통이 중요하다. 소통은 우리 삶에서 매우

중요한 요소이다. 특히 나이 들수록 소통 기회를 넓히려는 노력을 더 많이 기울여야 한다. 은퇴했다고 집에만 있으면, 없던 화병이 생길 수도 있다. 생활의 윤기를 더하기 위해, 삶에 활기를 불어넣기 위해, 그리고 치매에 걸리지 않기 위해서라도 소통이 필요하다.

무엇보다 가족과의 원활한 소통이 가장 중요함은 두말할 필요가 없다. 특히 배우자와 대화를 자주 가지는 것이 중요하다. 이는 배우자와 좋은 관계를 유지한 부부가 그렇지 않은 부부에 비해 더 건강하고 오래 산다는 실증분석 결과에서도 잘 알 수 있다. 자녀들과도 자주 대화를 나누고 그들을 이해하며 인정해 주려고 노력해야 한다. 그러면 나중에 사회적 지위도 경제력도 체력도 모두 없어진 노인이 되더라도 여전히 사랑과 존경을 받는 아버지와 어머니로 남을 수 있을 것이다.

친구들과 만남의 기회를 자주 가지는 것도 중요하다. 사실 마음 터놓고 이야기할 수 있는 친구를 가졌다는 것은 축복이다. 나이 들어갈수록 친구의 존재감은 더욱 커진다. 남아도는 시간을 같이 나누어야 하기 때문이다. 친구들과의 만남을 원만히 유지해 나가기 위해서는 베풀고 배려하는 마음가짐이 중요하다. 항상 자신이 먼저 소식을 전하고, 약속시간보다 미리 나가서 친구를 기다리는 것이 바람직하다. 또 '기브 앤 테이크Give & Take!' 친구가 한 번 밥을 사면 다음에는 내가 밥을 사려는 자세가 필요하다.

한편, 좀더 폭넓은 소통 채널을 가지기 위해서는 사회활동에 적극 참여하는 기회를 찾아야 한다. 어차피 사람은 사회적 동물이기에 주위 사람들과의 소통과 교류가 끊임없이 이어갈 필요가 있다. 어쩌면 사회와의 관계단절이란 죽음을 뜻하는 것일지도 모를 일이다. 사회활동을 이어나가는 데는 사회봉사활동이나 각종 주제가 있는 포럼 활동, 혹은 친목을 다지기 위한 성격의 동호회 모임을 정기적으로 가지는 것도 좋은 방편이 될 수 있다.

특히 사회봉사활동은 더 바람직하다고 여겨진다. 그동안 살아오면서 축적된 다양한 지식과 경험, 능력들을 사회에 환원할 수 있다면 노후생활이 얼마나 보람되고 행복하게 느껴질까? 봉사활동이란 나눔의 실천이다. 비록 은퇴해 뒷전으로 물러나 있지만, 사회봉사활동을 통해 자신의 존재감이 여전하다는 것을 확인할 수 있다.

넷째, 취미생활을 즐겨야 한다. 은퇴 후 여유시간이 많아지면서 이를 어떻게 알차게 보낼 것인지 하는 문제가 새로운 고민거리로 등장한다. 그래서 취미생활을 시작하는 것이 좋다. 취미활동을 통해 자신의 휴식과 건강은 물론 새로운 이들과 만나는 즐거움도 찾을 수 있고, 젊은 시절 시간이 없어 못 했던 것에 도전해 볼 수도 있다. 또 사람이 먹고사는 일에만 매달려 지내다 보면 강퍅해질 가능성이 크다. 이러한 우려를 완화해 주는 것이 바로 취미생활이다. 팍팍한 현대사회를 살아가는 우리들에게 취미생활은 가뭄의 단비처럼, 지친

몸과 마음에 활력을 불어넣어 주는 존재이다. 삶을 풍성하게 해준다. 또 사람과의 관계성을 좋게 하는 촉매제의 역할도 한다. 난생 처음 만난 사람이더라도 취미가 같으면 금방 서먹서먹한 분위기가 가시고 친숙함을 느끼게 된다.

취미생활로는 무엇을 해야 할까? 자신의 개성과 취향, 건강과 경제적인 여건을 고려해서 결정해야 한다. 특히 경제적으로 부담이 된다면 그 취미활동은 오래 지속되기가 어렵다. 따라서 되도록 돈이 덜 들어가는 취미활동이면 좋다. 나이가 들어갈수록 음악과 영화감상은 좋은 취미활동이 된다. 음악은 사람의 감정을 순화시켜 주고, 자신의 감정을 대변해 주기도 하며, 다양한 분위기를 연출해 주기도 한다. 영화를 통해서는 여러 가지 다양한 삶의 스토리를 간접적으로 체험할 수가 있어 좋다. 우리가 가보지 못한 지구 저편 다른 세상의 모습을 볼 수도 있고, 또 우리가 살아보지 못한 시대로의 시간여행을 할 수도 있다. 여기에 극 전체의 분위기를 클라이맥스로 끌고 가는 음악과 영상이 있어 한층 더 마음을 정화시켜 준다. 그리고 영화관을 찾아나서는 것 자체가 기분전환을 위한 나들이가 된다.

여행도 좋은 취미활동이 될 것이다. 여행이란 미지의 세계로 훌쩍 떠났다가 자신이 살던 곳이 그리워질 때 다시 찾아드는 과정의 연속이다. 여행은 피곤하면서도 즐겁다. 또 많은 것을 보고 듣고 배우게 된다. 여행에서 직접 체험한 경험은 책이나 이야기를 통해 만들어진 간접경험에 비해 훨씬 더 오랫동안 뇌리에 남는다. 세월이 지난 뒤에는 그때의 추억이 진한 향수를 자아내기도 한다. 여행을 떠나는 사람의 가슴속에는 새로운 것들에 대한 호기심, 모험심과 개척정신 같은 것이 담겨 있다. 여행을 통해 얻는 새로운 에너지는 우리 삶의 활력소가 된다. 그러므로 여행은 낭비가 아닌 새로운 창조의 과정이다. 특히 가족들과 함께 떠나는 여행은 바쁜 일상생활에서 갖지 못했던 가족들과의 대화시간을 가질 수 있어서 좋다. 새로운 세상에서 가족의 의미를 새삼 되새기고 그 속에서 사랑을 쌓아간다.

다섯째, 종교생활은 플러스알파이다. 인간은 죽음에 대한 두려움을 가지고 있다. 과연 사후세계가 존재할까, 있다면 어떤 것일까? 나는 죽으면 어디로 가는 걸까? 나이가 들어갈수록 이러한 문제에 대해 심각하게 고민을 하게 된다. 이제 자기 눈앞에 닥친 현실적인 문제가 되었기 때문이다. 인간이 사후세계를 인정하면 삶이 변화된다. 삶이 계속 이어진다는 걸 안다면, 보다 멀리 내다보고 보다 더 사랑과 자비심으로 모든 것을 대할 수 있다. 이것이 종교의 본래 목적이다. 많은 사람들이 종교생활을 하면서 세상의 분노를 삭이는 평정심 같은 것을 얻을 수 있다고 한다. 그것이야말로 돈으로는 절대 살수 없는 종교가 가진 힘이 아닐까?

끝으로 무엇보다도 너무 미래에 집착하지 말고 현실을 즐기라는 점이다. 은퇴자들은 이제 인생의 반환점 이후에 와 있다. 시간이 그리 많지 않다. 그래서 이제 남은 생을 누리고 즐기면서 살아가야 한다. 그리고 인생이 은퇴 후 시기로 접어들면 이제는 모으는 것보다 쓰는 것이 더 중요하다. 자기가 하고 싶은 것을 위해 아낌없이 지출하자! 그리고 주위 사람들에게 많이 베풀자! 너무 많은 돈을 남겨 놓고 갈 필요는 없다. 죽을 때도 그 돈을 가지고 갈 수는 없지 않은가! 자식들에게 너무 많은 돈을 남기고 가는 것이 자식들에게도 결코 좋은 것만은 아니다. 어쩌면 재산을 가장 효율적으로 관리하는 것이란 죽을 때 자신의 재산이 제로zero가 되도록 열심히 소비하며 사는 것인지도 모르겠다.

시간이나 말을 함부로 사용하지 말라. 둘 다 다시는 주워 담을 수 없다. 인생은 경주가 아니라 그 길의 한 걸음 한 걸음을 음미하는 여행이다. 어제는 역사이고, 내일은 환상이며, 그리고 오늘은 선물이다. 그렇기에 우리는 현재를 선물이라고 말한다.

Don't use time or words carelessly. Neither can be retrieved.

Life is not a race, but a journey to be savored each step of the way.

Yesterday is History, Tomorrow is a Mystery, and Today is a gift;

that's why we call it - the Present

-더글러스 태프트Douglas Taft 전 코카콜라 회장의 2000년 신년사 중에서

04
'개천에서 용 나는' 사회를 위하여

돈은 자본주의사회에서 가장 중요한 생산요소이자 동력이다. "돈이 돈을 번다."는 말이 있듯이 돈이 있어야 돈을 버는 게 가능하다. 일정한 자본이 있으면 이것을 담보나 기반으로 하여 더 큰 자본으로 키울 수 있다는 것이다. 또한 자본이 있으면 다른 생산요소인 노동과 기술을 보다 쉽게 그리고 보다 우수한 노동력과 기술을 확보할 수 있다.

그런데 문제는 이러한 자본력의 확보가 대부분 부의 대물림으로 이루어지고 있다는 것이다. 이것이 자본주의의 최대 진입장벽이 되고 있다. 이제 가난한 사람들은 정상적인 사회생활조차 하기 힘들어지고 있다. 우리는 주변에서 "돈 없고 빽 없으면 살아가기 몹시 힘

299

들다."라는 이야기를 종종 들으며 살아가고 있다. 이는 바꾸어 말하면 돈이 있거나 뒤를 돌봐주는 권력이 있어야 출세도 할 수 있고 또 어디를 가더라도 행세할 수 있다는 것이다. 참으로 안타깝고 개탄스러운 일이지만 이 말이 갈수록 현실적으로 느껴진다. 특히 우리 사회는 가난한 사람을 얕잡아보고 무시하는 경향이 강한 편이다.

이러한 상황에서 빈익빈 부익부貧益貧 富益富 현상이 심화되고 있다. 많은 젊은이들은 이제는 자신이 아무리 열심히 노력해도 미래가 보이지 않고 희망이 없는 세상이 되어간다고 탄식한다. 그리고 가진 계층과 가지지 못한 계층간 부의 격차가 너무 벌어져 있어, 혼자 힘으로는 이를 극복해 나가기가 불가능하다면서 절망하고 있다.

조세재정연구원에 따르면(2012년 4월), 우리나라 소득 상위 1%가 버는 소득이 전체의 16.6%를 차지했다. 이는 OECD 주요 19개국 평균 9.7%를 크게 웃도는 것이며, 우리나라보다 부의 쏠림이 심한 나라는 미국(17.7%)뿐이었다. 또 통계청이 발표한 '2014 가계금융·복지조사' 자료에 따르면 상위 10%가 전체 가처분 소득의 29.1%를 차지하고, 하위 40%가 13.4%를 갖고 있었다. 더욱이 자산불평등은 소득불평등보다 훨씬 더 심각한 것으로 나타났다. 즉 순자산의 경우 상위 10%가 절반에 가까운 43.7%나 차지하고 있는 데 반해, 하위 40%는 겨우 5.9% 정도만을 보유하고 있는 것으로 나타났다. 그리고 지금 벌어지고 있는 심각한 전세난과 가계부채 규모의 지속적인 증가 등을 감안할 때, 이러한 소득과 자산 불평등 추세는 앞으로 더 심화될 우려가 크다.

지금 이 시대를 살아가는 우리 젊은이들은 많이 아파하고 힘들어한다. 불투명한 미래를 불안해하며 방황하고 있다. 대학진학과 취업에 아름다운 청춘의 열정을 탕진하고서 기진맥진해하고 있다. 이들은 유년시절부터 학습열병에 시달리며 살아왔다. 천신만고 끝에 대학에 들어가도 그 기쁨은 잠시, 값비싼 등록금에 허리가 휜다. 아르바이트를 해보지만 그래도 여의치가 않아 카드빚을 내고 심지어 대부업체의 문도 두드려본다. 그러다가 덜컥 신용불량자로 전락하기도 한다.

이런 힘든 고비를 넘기고 졸업을 해도 고난은 끝이 없다. 취업은 대학진학보다 더 어렵다. 그야말로 하늘의 별따기다. 우리 주변에는 어딜 가나 취업재수생이 넘쳐난다. 취직을 못 해 힘든 세월을 보내다 보면 비정규직도 그저 고마울 뿐이다. 그러나 비정규직은 말 그대로 정규직이 아니라서 언제 잘릴지 늘 불안하기만 하다. 요행히 정규직이 된 젊은이도 불안하기는 마찬가지다. 치열한 경쟁에서 살아남기 위해 밤샘근무를 밥 먹듯이 한다. 빠듯한 월급으로는 저축은 커녕 하루하루 살아가기에도 벅차다. 천정부지로 뛰어오른 집값에 내집마련은커녕 전셋집 얻기도 힘들다. 그래서 결혼은 꿈꾸기도 어려운 과제가 돼버렸고, 어느 사이 노총각 노처녀가 되어간다.

이들은 결국 시중에서 말하는 연애, 결혼, 출산, 취업, 건강, 인간관계, 주택구입, 희망, 꿈을 모두 포기한 '9포 세대'가 되거나, 혹은 저임금에 시달리는 비정규직 생활조차 감내해야 하는 '88만원 세대'가 되어간다. 더욱이 갈수록 수명은 길어지는데 노후생활에 대한 보장은 막막하다. 청년자살률이 세계 최고 수준이라고 한다. 이것이 오늘을 살아가고 있는 많은 젊은이들의 서글픈 현실이다.

솔직히 이제는 더이상 '개천에서 용 나기' 어려운 시대가 되어버렸다. 이는 부모의 배경이 자식의 장래를 좌지우지하고 있기 때문이다. 다시 말해 부모의 권세 혹은 경제력이 아이들의 장래를 좌우하는 결정적 요인이 된다는 것이다. 다행히 유복한 가정에서 태어나면 좋은 교육을 받을 수 있어, 좋은 대학에 가서 좋은 직장을 구할 수 있는 가능성이 크다. 이들의 경우 설사 어쩌다 잘 못 풀려 좋은 직장을 구하지 못하더라도, 부모로부터 물려받은 재산을 바탕으로 그럭저럭 사업을 꾸려나갈 여지가 있다. 이에 반해 경제적으로 쪼들리는 가정에서 태어난 아이들은 좋은 교육을 받기가 어렵다. 이에 따라 치열한 경쟁과 배려가 부족한 사회분위기에서 도태될 수밖에 없는 것이 현실이다. 그래서 이제 "인생은 '운칠복삼運七福三'이다."라는 자조적인 우스갯소리까지 생겨났나 보다.

그러나 부모로부터 많은 재산을 상속받은 사람들의 삶이 반드시 행복한 것만은 아니다. 그 재산이 오히려 인생의 참맛을 느끼는

데 걸림돌이 될 수 있기 때문이다. 유명한 재력가들 중에도 이처럼 자녀들에게 조기에 재산을 물려주는 것이 바람직하지 않다는 생각을 가진 사람이 더러 있다. 강철왕 앤드류 카네기는 다음과 같이 말했다. "부자 부모를 갖지 못한 아이들은 인생의 경주에서 상당한 부담을 가지고 출발한다. 그러나 부자 부모를 가진 아이들은 부가 주는 유혹에 저항하지 못하고, 잘못된 길로 쉽게 빠져드는 경향이 있다. 그래서 그들은 가난한 아이들의 라이벌이 되지 못한다."

카네기를 만난 뒤 성공철학의 전도사로서 삶을 살아온 나폴레옹 힐Napoleon Hill도 그의 저서 〈상상력으로 부자가 된다Think and Grow Rich〉에서 다음과 같이 피력했다. "나는 가난에서 벗어나기 위해 내 앞에 닥친 것은 무엇이든 해냈다. 그것도 최선을 다해서 해냈다. 하던 일이 싫어질 때에도 그 일을 하는 동안에는 최선을 다했다. 그러한 과정을 통해 경험과 지혜가 생기고 성장과 발전을 할 수 있었다. 가난은 내 인생 최대의 자산이었다. 세상에 가난만큼 소년의 꿈과 의지를 불태우게 만드는 것은 없다. 가난은 젊은이에게는 축복이다."

최근 들어서도 이러한 분위기가 재현되고 있다. 일부 세계적인 부호들이 자녀들에게 아예 재산을 물려주지 않거나, 상속을 하더라도 아주 일부만 하고 나머지는 사회에 기부할 것을 선언Giving Pledge했다. 이런 운동에 불을 지핀 사람이 워런 버핏Warren Buffet이다. 그는 미국정부가 상속세를 폐지하려는 움직임을 보이자, 이에 적극 반대하고 나섰던 사람이다. 또 이런 일화도 있다. 돈을 빌리러 찾아온 딸에게 "나는 은행이 아니니까 은행에 빌려라."며 딸을 돌려보는데 그리 큰 돈은 아니었다고 한다. 아들 둘에 딸 하나인 자녀 모두를 공립학교에 보낸 것으로도 유명하다.

이처럼 돈이 돈을 벌게 하는 세태를 고치고, 또 '개천에서 용 나는 사회'를 부활시키기 위해서는 시장의 기능을 정상화시키고, 필요한 경우 이를 보완하는 노력도 적극 기울여야 한다. 이와 함께 적성과 능력에 상관없이 무조건 대학을 가야만 하는 사회풍조를 바꾸어 나가는 것이 무엇보다 중요하다. 기업의 채용기준도 학력과 스펙보다는 인성과 적성을 더 중시하는 방식으로 전환되어야 한다. 또한 양극화를 완화하고 중산층 육성을 위한 노력도 적극 추진해 나가야 한다. 상속제도도 합리적으로 손질되어야 한다. 무엇보다 젊은이들 자신이 여기서 주저앉을 수는 없다. 꿈과 희망을 버린 채 살아서는 안 된다. 기성세대들은 젊은이들이 용기를 잃지 않고 다시 일어서도록 손을 잡아주어야 한다.

미국의 어느 노인이 90세가 되던 해 자신의 나이가 들어가는 것을 기념하기 위해 인생을 살아오는 동안 느끼고 배운 45가지의 교훈을 글로 적었다. 그중에서 가장 가슴에 와 닿는 이야기를 전해본다.
"인생은 참으로 공평하지 않다. 그러나 그렇다고 해도 여전히 인생은 좋은 것이며 살아갈 만한 가치가 충분히 있다!"

05 '유전무죄 무전유죄' 사회가 되지 않으려면

1988년 10월 16일, 대다수 언론의 헤드라인은 탈주범들의 소식으로 채워졌다. "북가좌동 한 가정집에서 탈주범들이 가족을 인질로 삼고 경찰과 대치하다가 10시간 만에 자살 또는 사살되는 유혈극이 벌어졌다. 탈주범의 대장격인 지강헌은 벼랑 끝에 몰리자 결국 자살을 결심하고 경찰에게 '홀리데이'란 노래를 듣고 싶다고 요구했다. 그리고 지강헌은 그 노래가 울려 퍼지는 방안에서 피를 토하듯 '유전무죄 무전유죄有錢無罪 無錢有罪'를 외치며 유리창 파편으로 자신의 목을 찔렀다."

20여 년 전 탈주범 지강헌이 절규하며 우리 사회를 향해 던졌던 유전무죄 무전유죄, 돈 있으면 죄가 없고 돈 없으면 죄가 있다는 뜻의 이 말은 지금까지도 우리 사회에 회자되고 있다. 그 말의 근저에 깔려 있는 사회적 약자들의 소외감은 지금도 계속되고 있는 것이다. 당시 인질범 일당은 자신들에게 내려진 10~20년이라는 과중한 형량도 받아들이기 어렵지만, 사람에 따라 달라지는 형량의 불평등을 참을 수 없다고 인질로 잡힌 사람들에게 하소연했다고 한다.

지강헌은 "돈 없고 권력 없이는 못 사는 게 이 사회다. 대한민국의 비리를 밝히겠다. 돈이 있으면 판검사도 살 수 있다. 유전무죄 무전유죄, 우리 법이 이렇다!"고 항변했다. 그는 법적으로는 동정 받을 이유가 없는 상습적으로 강·절도를 저질러온 범죄자였다. 그러나 그 당시의 민심은 탈주범인 지강헌에 대한 동정으로 들끓었을 뿐만 아니라, 그의 절규에 많은 시민들이 연민을 느꼈다고 한다. 556만원을 훔치고 17년형을 살아야 했던 한 청년의 비참한 죽음과, 그를 죽음으로 몬 법치국가의 슬픈 자화상에 분노하며 그가 남긴 말에 공감했던 것이다.

한 나라의 질서와 기강은 일관성 있는 법치에 있다. 그러나 지금 우리 사회에는 법치주의의 마지막 보루 역할을 해야 할 법조계에 대한 국민의 불신이 팽배해 있다. 2008년 법률소비자연맹이 실시한 조사결과에 따르면 우리 국민 10명 중 8명이 법적인 문제에서 돈이 있으면 유리하다는 이른바 '유전무죄, 무전유죄'에 동의하는 것으로 나타났다. 그리고 응답자 절반 이상이 법이 지켜지지 않는 이유를 법보다 배경이 효과적이기 때문이라고 답했다. 이런 분위기는 여전하다.

우리 사회의 법에 대한 조소 섞인 인식은 전반적으로 이렇다. "우리는 지금 돈이 법 위에 군림하는 사회에 살고 있다. 권력과 돈만 있으면 안 되는 일도 못 할 일도 없다. 모든 것은 권력과 돈이 해결해 주는, 가진 자에게만 유리한 사회가 되어가고 있다." 이렇게 우리 사회에서 법을 다루는 사람들에 대해 부정적인 인식이 확산된 데는 여러 이유가 있겠지만, 무엇보다도 법을 적용할 때 형평성이 없고 법 집행이 엄정하지 못한 것이 그 원인이라고 파악하는 사람들이 많다.

우리 사회가 공정한 사회가 되려면 법 앞의 평등이 무엇보다 중요하다. 법을 어떤 때는 적용했다가 어떤 때는 적용하지 않는 상황이 반복되고, 때로는 특권층을 위한 도구로 사용한다면 평등한 적용이라고 할 수 없다. 전관예우나 고무줄 양형에서 비롯되는 유전무죄 무전유죄 논란이나, 특정인을 위한 특혜성 사면 논란 등이 대표적인 사례다. 이런 악습을 청산하지 못하는 사이 '법은 지키면 지킬수록 손해'라는 잘못된 법 인식이 국민의 뇌리 깊숙이 자리 잡았다.

나와 내 주변에는 관대하게, 그러나 남에게는 엄격하게 법과 원칙을 적용하는 그런 사회는 선진국이 될 수 없다. 우리나라가 공정한 법치사회가 되려면 법 적용의 이중성을 타파하는 것이 무엇보다 중요하다. 그래서 우스갯소리로 시중에 회자되는 '내가 하면 로맨스고 남이 하면 불륜'이라는 말이 최소한 법조계에서는 더이상 통용되지 않도록 해야 할 것이다.

흔히들 사회적 관심이 큰 대형 소송사건이 생기면 이를 두고 우스갯소리로 '쩐錢의 전쟁'이라고 부른다. 이는 재판 당사자 중 누가 더 많은 돈을 지불하고 더 영향력 있는 변호사를 고용했느냐에 따라 재판 결과가 달라진다는 뜻에서 생긴 말이다. 그런데 영향력 있는 변호사란 자질이 월등한 사람이기도 하겠지만, 실제로는 현직을 떠난 지 얼마 안 되고 힘쓰는 자리에 있던 변호사라고 보는 것이 더 정확할 것이다. 물론 인지상정인지라 법조계에서도 전관예우가 있을 수 있다. 그러나 법과 정의를 뛰어넘는 봐주기 식의 전관예우는 법조계는 물론 우리 사회 전체에 대한 불신을 초래한다는 점을 다시 한 번 되새겨야 한다.

변호사 수임료가 비싼 것도 문제이다. 일반 서민들은 소송에서 지면 막대한 소송비용 부담으로 인해 알거지가 되기 십상이다. 설령 이긴다고 해도 배상금의 대부분을 변호사가 성공보수금이라는 명목으로 가져가다 보니 남는 게 없다. 상처뿐인 영광이라는 말이 바로 이를 두고 생긴 것이다.

검찰의 수사관행도 문제다. 표적수사나 신상털기식 수사, 그리고 별건수사 관행 등이 지양되어야 한다. '별건 수사'란 검찰이 본래 수사하고자 했던 사건에 대한 혐의가 풀리면 수사를 중단해야 함에도 이 건과 관계없는 일을 들춰내서 성과를 올리려는 수사 관행을 말한다. 그동안 검찰은 무리한 수사로 국민의 기본권을 침해하고, 간혹 피의자를 죽음으로까지 몰아넣는 경우도 없지 않았기에 많은 비판을 받아왔다. 정치검찰이란 낙인도 찍혀 있다. 표적·편파 수사 등의 논란도 일으켰다. 이와 같은 행태를 시정하고 견제하는 방안이 한시바삐 마련되어야 한다.

이와 함께 변호사 단체에 대한 개혁도 뒤따라야 한다. 전관예우 관행을 뿌리 뽑는 것이 그중에서도 가장 중요한 핵심과제이다. 그동안 전관예우를 근본적으로 차단하지 못했던 것은 우리나라 법조계를 이루고 있는 판사, 검사, 변호사는 모두 한 뿌리인 사법고시 출신이고, 판사 및 검사는 언제든지 사임하더라도 변호사라는 안정되고 선망의 대상인 일터가 기다리고 있다는 제도적인 문제점에 기인하고 있다. 법률시장 개방 논의가 본격화되어야 하고, 사법개혁이 중단 없이 지속적으로 실효성 있게 추진되어야 하는 이유도 이런 배경 아래 있다고 할 것이다.

사법개혁의 필요성은 모든 국민들이 절실하게 느끼고 있다. 국민들은 자신의 권익을 보장받고 법 앞에서 차별받지 않는 공정한 사회가 구현되기를 원한다. 그리고 국민 위에 군림하는 사법권이 아니라, 국민들에게 법률서비스를 제공하는 검찰과 법원으로 다시 태어 날 수 있기를 간절히 바라고 있다. 따라서 사법개혁은 중단 없이 계속되어야 한다. 그리하여 더이상 피의자를 죽음으로 몰아넣는 일이 없어야 하고, 대한민국의 암울한 법 현실에 환멸을 느껴 이민을 떠나는 사람이 생기지 않도록 해야 한다.

얼마 전 재벌총수들에 대한 사면을 두고 설왕설래 말이 많았다. 물론 그들이 사회발전에 공헌을 많이 한 것은 사실이다. 그러나 범법행위를 한 사람들에게 법을 적용하지 않거나 특혜를 준다는 것은 "만인은 법 앞에 평등하다"라는 원칙에 어긋나지 않을까? 물론 재벌이라고 해서 오히려 역차별을 받아서는 안 되겠지만 그렇다고 해서 특혜를 받는 일이 있어서도 안 된다.

과거 우리나라는 재벌들에게 많은 특혜를 주어왔다. 그래서 그들은 기업을 키울 수 있었고 또 일자리 창출과 경제발전에 이바지한 것은 숨길 수 없는 사실이다. 그러나 그들에 대한 지나친 관용은 그들을 더 큰 범법자로 만들 소지가 있다. 그렇지 않으면 "내가 없으면 기업이 돌아가지 않고 그렇게 되면 결국 국가경제에 어려움이 생길 것이다. 그러니 내가 법을 좀 위반한다고 해서 형사처벌까지 할 수 있겠느냐!"라는 배짱심리가 작용할 여지가 생긴다. 이러한 배짱심리가 '대마불사'라는 믿음을 만들어주어 1997년 외환위기를 초래하는 가장 큰 원인이 되었다는 점을 우리는 결코 잊어서는 안 될 것이다.

06

따뜻한 사회를 담보하는
기부문화의 활성화

20세기 초 자본주의가 급속히 발전하던 당시 미국에는 막대한 부를 축적한 두 명의 거부가 있었다. 바로 카네기와 록펠러이다. 그들은 거의 동시대 인물로 가장 전형적인 자수성가형 사업가들이다. 그들은 평생 일궈낸 재산을 아낌없이 사회에 돌려준 공통점을 갖고 있기도 하다.

사실 이 시기 세계적인 거부로 성장한 카네기와 록펠러는 돈을 버는 과정이 그리 바람직한 것은 아니었다. 그들은 자신의 사업을 성장시키기 위해 경쟁업체를 가차 없이 짓밟았으며 노동자들을 핍박했다. 또 철강과 석유 분야뿐만 아니라 손대는 사업마다 독과점을 통해 부당한 이득을 취했다. 당시는 아직까지 기업의 사회적 책임이

311

나 부의 사회환원 등에 대한 고민이 시작되지 않은 때였다. 돈을 버는 것은 개인의 능력 문제라는 생각이 팽배해 있던 시기였다. 그러기에 그 누구도 자신이 쌓아올린 돈을 헐어 사회적 자선사업에 힘을 기울일 생각을 하지 않았다.

이러한 시기에 카네기는 시대를 앞서가는 놀라운 결단을 내렸다. 그는 66세가 되던 해 평생 이룩해 놓은 철강사업을 청산하고 전 재산을 들여 자선사업에 뛰어들었다. 원래 그는 35세를 기준으로 전반기는 돈을 벌고, 후반기는 그 돈으로 자선사업을 하는 것이 인생 목표였다고 한다. 그는 당초 예정했던 시기보다는 많이 늦었지만 나머지 인생을 자선사업에 투신하기로 결심했다. 그것은 자신이 거부가 되도록 도와준 사회에 대한 책임을 늦게나마 실천하려는 각오로부터 시작되었다. 그 누구도 자본가의 사회적 책임을 말하지 않던 시기에 카네기는 이를 몸소 실천한 것이다.

록펠러는 이러한 카네기와는 사뭇 달랐다. 그는 오랫동안 법망을 피해 사업을 확장할 궁리에 골몰했고 사회적 평판도 나쁜 상황이었다. 그러던 어느날, 덕망 높은 어느 목사가 록펠러에게 그의 재산을 자선사업에 유용하게 사용하도록 권유했다. 이를 기꺼이 받아들인 록펠러는 당장 자신의 이름을 딴 자선단체 '록펠러재단'을 설립한 뒤, 교육과 의학, 문화 부문 등에 자선사업을 벌였다. 이러한 일련의 자선사업은 실추된 록펠러의 이미지를 회복시켰다. 그의 이름은 점차 악명 높은 자본가에서 자비로운 자선사업가의 모습으로 대중에게 부각되어 갔다. 자선사업을 통해 그의 개인 이미지가 개선되면서 사업 또한 좋은 의미에서 더욱 성장해 갔다. 그런 경험을 통해 록펠러는 이런 말을 남겼다. "잘 운영되는 기업의 사회공헌 활동은 진정 훌륭한 비즈니스가 된다. 그것은 좋은 친구, 좋은 고객을 만든다. 사회적인 공익활동과 기업에 좋은 일, 이것은 서로 상반되는 것이 아니다."

카네기와 록펠러! 그들은 말년에 자신이 쌓아올린 부를 개인의 것만으로 돌리지 않고, 자선사업을 통해 사회로 환원하는 '노블레스 오블리주Noblesse oblige'를 실천한 인물들이다. 미국의 이러한 자선사업과 기부정신은 이후에도 이어져 오고 있다. 최근 들어 이런 분위기를 전세계에 확산시키는 데는 빌 게이츠와 워런 버핏이 그 중심역할을 해오고 있다.

워런 버핏은 한 자선행사에서 다음과 같이 설파했다. "그동안 저를 포함한 제 가족들은 이 사회에서 특별한 대우를 받고 살아왔습니다. 한마디로 행운아들이죠! 제가 만약 다른 시대에 태어났더라면 맹수의 점심거리가 되었을지도 모를 일입니다. 또 제가 만약 미국이 아닌 다른 먼 곳에, 다른 먼 장소에 떨어졌더라면 그야말로 하찮은 존재로 살아왔을지도 모를 일입니다. 제가 이 자리에 서게 된 것은 저를 둘러싸고 있는 이 위대한 사회 덕분이며, 그 속의 한 부분에 제가 잘 적응했기 때문입니다." 그는 이와 같이 자신의 성공이유를 전적으로 사회시스템으로 돌리고 있다. 그러기에 그는 자신의 재산 대부분을 사회에 돌려주는 것을 당연시했다.

2015년이 저물어 갈 무렵, 페이스북Facebook의 설립자 겸 최고경영자CEO인 마크 저커버그 부부는 딸의 출산을 계기로 자신들이 보유한 페이스북 지분 99%를 생전에 기부하기로 약속했다. 기부 약정 규모는 무려 450억 달러에 달한다. 기부금액도 그렇지만 기부취지 또한 매우 감동적이다. 이들이 새로 태어난 딸아이에게 띄우는 편지에는 "모든 부모들처럼 우리는 네가 지금보다 더 나은 세상에서 자라기를 바란다. 이는 너를 사랑해서이기도 하지만, 다음 세대 모든 어린이를 위한 우리 세대의 도덕적 의무이기도 하다."는 기부취지가 담겨 있었다. 딸에 대한 사랑을 인류사회에 대한 공헌으로 승화시키고 있다. 아름다운 기부의 전형이다.

미국에서는 일반인은 연소득의 약 2%를, 부자들은 연소득의 약 6%를 매년 기부하고 있다고 한다. 부자들이 일반인에 비해 훨씬 더 많은 기부를 하고 있다는 것이다. 이에 비해 우리 사회는 어떠한가? 많은 사람들은 못 배우고 가난한 사람들이 오히려 더 적극적으로 기부활동에 나서고 부자들은 그저 생색내기에 그치고 있다고 생각하는 것 같다.

우리나라의 기부문화는 그동안 많은 변화를 보여왔다. 1980년대까지만 해도 비자발적이고 준조세 성격이 짙었다. 그러다가 1990년대 이후 정부주도였던 모금활동이 민간기구로 이양되면서 민간의 자발적인 기부문화가 확산되는 모습을 보이기 시작했다. 특히 2000년대에 들어서서 기업의 사회공헌 활동이 확대되었으며, 개인의 기부문화가 활성화됨에 따라 기부방식도 다양화되고 기부정보 채널도 확대되는 등 기부환경이 많이 변화되어 왔다.

또 기부문화 활성화를 위한 관련 제도도 개선되었다. 2011년에는 사회와 국가를 위해 전 재산을 기부한 사람들이 노후에 생활이 어려워질 경우, 정부가 돌보아준다는 내용을 골자로 하는 「명예기부자법」, 이른바 '김장훈법'이 발의되기도 했다. 또 기부금에 대한 세금혜택을 늘리기 위한 세금공제 제도도 개선해 나가고 있는 중이다. 물론 기부문화 활성화를 위해서는 이와 같이 기부금을 세금에서 공제해 준다거나 고액기부자를 명예의 전당에 올려주는 등의 제도적 장치를 마련하는 것이 의미가 없는 것은 아니다. 그러나 보다 진실된 기부행위는 이와 같은 제도적인 장치 마련에서 나오는 것은 아니라고 본다. 보다 중요한 것은 더불어 살아가겠다는 나눔과 배려의 정신, 그리고 따뜻한 마음일 것이다.

기부는 남을 위해서 베풀 수 있는 최고의 사랑이며, 조건 없는 사랑의 표현이다. 기부금은 아무리 적은 금액이어도 값지다. 지금까

315

지 국가나 사회에 기부금을 낸 분들을 보면 돈이 많아서 기부한 것이 아니다. 경제적으로 어려운 가운데서도 푼푼이 모은 돈이거나 여유가 있더라도 검소한 생활을 통해 절약한 돈을 기부하는 경우가 대부분이다. 때문에 기부는 어떠한 원칙에 따른 일률적인 강요가 아니라 자발적이어야 한다.

개발도상국에 대한 원조도 늘려나가야 한다. 우리 주변에는 아직도 우리가 다른 나라를 원조하는 것에 대해 부정적 인식을 가진 사람이 없지 않다. 우리나라에도 헐벗고 못 먹는 사람이 많은데 외국에 원조를 하는 건 가당치 않다는 것이다. 북한주민에 대한 인도적인 지원에 대해서도 곱지 않은 시선을 보내고 있다. 그러나 이는 그렇지가 않다. 지난날 우리가 받았던 그 원조를 발판으로 우리는 이제 세계 10위권의 경제대국으로 부상하지 않았는가! 과거 우리가 받았던 그 사랑과 은혜에 보답하기 위해서라도 이제는 이를 돌려주어야 한다.

더욱이 원조란 반드시 공짜로 주는 것만은 아니다. 원조는 장기적인 투자이기도 하다. 우리가 원조를 하는 나라와의 무역을 확대할 수도 있고 자원협력 증진을 기할 수도 있다. 그리고 경제뿐만 아니라 정치 · 사회 · 문화 등 모든 면에서 우리의 성실하고 진지한 협력 파트너로 삼을 수 있다. 결국 원조를 통해 전세계에 우리의 얼과 이미지를 심을 수 있는 것이다.

07 좋은 돈, 나쁜 돈, 이상한 돈 (1)

돈은 인간의 욕망추구에 필요한 자원이며 행복의 중요한 촉매제이다. 어느 현인은 "가난은 수치가 아니다. 그렇다고 가난을 명예로 생각하지는 말라."는 말을 남기기도 했다. 이처럼 돈은 우리가 살아가는 데 없어서는 안 될 중요한 것이다. 그런데 돈은 여러 가지 얼굴을 하고 있다. 특히 상반된 이중적인 모습을 가지고 있다. 돈은 사람을 울게도 하고 웃게도 한다. 심지어는 사람을 살리기도 하고 죽이기도 한다.

돈을 얼마나 버는지 그리고 얼마나 자유롭게 쓰는지도 중요하지만, 돈을 어떻게 벌고 또 어떻게 사용하는지가 더욱 중요하다. 돈을 벌고 쓰는 방법에 따라 '좋은 돈'이 되기도 하고 '나쁜 돈'이 되기도 하며, 또 '이상한 돈'이 되기도 한다.

'좋은 돈'이란 돈을 벌거나 지출하는 과정이 정당할 뿐만 아니라 결과적으로도 자신과 사회에 선한 영향력을 크게 행사하는 돈을 뜻한다. 즉 성실한 노력을 통해서 또는 생산적 투자활동을 통해서 창출한 돈이나, 이를 자신뿐만 아니라 사회의 행복을 지키기 위해 활용하는 돈이 '좋은 돈'인 것이다. 이에 반해 '나쁜 돈'이란 돈을 벌거나 지출하는 과정에 부정이나 불법적인 요소가 개입되거나, 또는 결과적으로 자신과 사회에 악영향을 끼치는 돈이다. 이것의 전형적인 유형은 검은 뒷거래를 통해 생성·유통되는 돈이다.

한편 '이상한 돈'이란 '나쁜 돈' 만큼 부정하고 불법한 것은 아니지만 돈을 모은 방식이나 지출 과정 그리고 결과가 모두 바람직하지 않은 돈을 뜻한다. 이러한 돈은 정당하게 수고하여 만들어지는 것이 아니어서 쓰는 것도 헤프기 마련이다. 소위 '눈먼 돈'과 '공돈'이 이에 해당한다.

먼저, 돈을 어떻게 벌어야 할 것인지에 대해 생각해 보자. 우리 옛말에 "개같이 벌어 정승처럼 써라"는 속담이 있다. 제 몸은 아무리 천하게 낮추어 일하더라도 거기에서 번 돈으로 보람 있게 살면 된다는 말이다. 이는 돈을 잘 사용하기만 하면 그 돈을 어떻게 벌었는지는 별 문제가 안 된다는 뜻을 내포하고 있기도 하다. 그래서 부

'좋은 돈'이란 생산투자와 기부활동에 사용되는 돈을 말한다.

자들의 돈을 빼앗아 가난한 사람들에게 나누어주는 의적 로빈 후드나 홍길동의 이야기를 통쾌하게 여기는 것이다. 그러나 이는 잘못된 관념이다. 아무리 좋은 곳에 돈을 사용하더라도 그것이 부정한 방법에 의해 만들어진 돈이라면 그 정당성을 인정받을 수 없다.

돈은 인간의 가장 원초적인 본능인 욕심을 자극하기 때문에 자신이 감당할 수 있는 범위를 넘어서는 돈이 생기면 판단력이 흐려진다. 나아가 더 많이 벌고 싶은 욕심에 주변의 무리한 투자유혹에 쉽게 빠져들면서 투자실패 확률이 높아지는 것이다. 문제는 정상적이지 않은 방법으로 쉽게 돈을 버는 데 한번 맛들이면 그 다음부터는 힘들게 노력해서 벌기보다는 같은 방법으로 쉽게 돈을 벌려고 한다는 데 있다. 그래서 많은 사람들이 재산을 탕진하는 데 그치지 않고 범죄의 유혹에 빠져들기도 하는 것이다.

이처럼 정당성이 없는 돈으로 부자가 된 사람은 존경을 받을 수 없다. 셰익스피어는 〈베니스의 상인〉에서 고리대금업자인 샤일록을 매우 탐욕스럽고도 혐오스러운 인간으로 표현했다. 우리나라 재벌들이 국민들로부터 썩 좋은 평가를 받지 못하는 이유도, 이들 중 적지 않은 재벌들이 정당한 방법으로 돈을 벌었다고 생각하지 않기 때문이다. 즉 '나쁜 돈'으로 재벌이 되었다고 보는 것이다.

'나쁜 돈'의 유형은 다양하다. 검은 뒷거래나 부동산투기를 통해 벌어들인 돈이 여기에 속한다. 검은돈은 전형적인 '나쁜 돈'이다. 마약과 도박, 매음, 뇌물로 공여되는 돈 등이 그 예이다. 그리고 열심히 땀 흘려 번 돈은 정당성이 있고 보람도 있지만, 부동산투기와 같이 불법적이거나 비정상적인 방식으로 번 돈은 주변 사람들을 허탈하게 만든다. 부동산투기는 한마디로 우리 경제사회를 병들게 하는 암적인 존재이며, 나라를 망치는 망국병이다. 부동산투기의 폐해를 좀더 구체적으로 알아보자.

첫째, 경제를 위축시키고 물가불안 요인이 된다. 생산적인 부문에 투자되어야 할 돈이 땅에 묶여버리면 기업생산 활동에 필요한 돈은 그만큼 줄어들고 생산활동이 위축된다. 둘째, 부동산가격, 특히 집값을 상승시켜 서민들의 부담을 가중시킨다. 만약 건설업자가 투기로 인해 비싸진 땅값을 지불하고 아파트를 짓는다면, 이는 그 아파트 분양원가의 주요한 상승요인이 된다. 그리고 그 피해는 고스란히 서민들에게 돌아가고 만다.

셋째, 부동산투기로 불로소득을 챙기는 사람들이 많아지면, 성실하게 일해서 돈 버는 사람들이 일할 의욕을 상실하고 사회에 대한 불만이 쌓인다. 이는 사회의 건강성을 해치는 요인이 된다. 게다가 부동산 거품이 꺼지면 그 충격은 더욱 커진다. 거품 상태의 부동산 가격을 기준으로 대출해 줬던 돈들이 거품이 꺼지면서 한순간에 사라지고, 수많은 부실채권들이 양산됨으로써 금융 또한 덩달아 부실해진다. 결국 경제 전체를 위축시키는 것이다.

노동력 착취로 돈을 버는 악덕기업주의 돈도 '나쁜 돈'의 범주에 들어간다. 얼마 전부터 우리 사회에 '열정페이'라는 신조어가 등장했다. 취업을 희망하는 젊은이들에게 일할 기회를 준다는 구실로 최저시급에도 못 미치는 저임금으로 심지어는 무급으로 고용하는 관행을 비꼬아 말하는 것이다. 어려운 취업현실을 빌미로 청년들의 열정을 이용하여 노동력을 착취하는 행태는 결코 있어서는 안 될 일이다.

그러면 돈은 어떻게 벌어야 '좋은 돈'이 되는 것일까? 개인의 이익뿐만 아니라 국가경제 전체에 도움이 되며 생산적이면서도 윤리적인 방법으로 버는 돈이어야 한다. 자본주의사회에서 시장경제를 주도해 나가는 핵심 경제주체는 기업이다. 그러므로 특히 기업은 더욱 '좋은 돈'을 벌 수 있도록 노력해야 할 것이다.

기업가치를 높이는 가장 주요한 경제활동은 투자 행위이다. 투자란 이익을 얻으려고 어떤 일이나 사업에 자본을 대거나 시간과 정성을 쏟는 것을 뜻한다. 기업이 공장을 새로 짓고 새로운 기계를 사들여 더 좋은 물건을 만들려는 활동이 투자다. 정부가 국민경제에 필요한 도로나 철도, 항구 같은 사회간접자본에 예산을 투입하는 것도 투자이다.

투자가 늘어나면 경기가 회복되고 고용이 늘어나며, 자연히 가계소득도 늘어난다. 또 경기회복으로 조세수입이 늘어나 재정건전성에도 기여하게 된다. 특히 외국인투자는 일자리뿐만 아니라 선진국 기술을 배울 수 있는 효과도 덤으로 얻을 수 있다. 한마디로 투자는 경제의 선순환구조를 가능하게 한다.

우리 주변에는 일하고 싶어도 직장을 구하지 못한 사람들이 많다. 특히 청년실업이 심각하다. 2015년 6월 기준 청년실업률은 10.2%로 전체 실업률 3.9%의 2.5배에 이른다. 실업자, 추가 취업희

망자, 잠재구직자를 모두 더한 청년취업 애로 계층은 116만 명에 달한다. 이런 가운데 2016년부터 법정 정년이 60세로 늘어나 향후 3~4년간 청년고용이 한층 위축되는 '고용절벽' 사태까지 우려되고 있다. 청년층의 고용절벽 현상을 완화하기 위해서라도 기업의 투자활동은 활성화되어야 한다.

투자의 한 종류로서 엔젤 투자angel investment가 있다. 개인들이 돈을 모아 창업하는 벤처기업에 필요한 자금을 대고 주식으로 그 대가를 받는 투자형태를 말한다. 기업을 창업하는 사람들 입장에서는 천사 같은 투자라고 해서 붙여진 이름이다. 한편 이렇게 투자하는 사람을 엔젤 투자자라고 한다. 통상 여러 명이 돈을 모아 투자하는 투자클럽의 형태를 띤다. 투자한 기업이 성공적으로 성장하여 기업가치가 올라가면 수십 배 이상의 이득을 얻을 수 있는 반면 실패할 경우에는 투자액의 대부분을 잃는다. 자금지원뿐만 아니라 창업단계의 기업에게 사업의 노하우까지 지원해주는 중요한 역할을 하고 있다.

20세기 후반으로 접어들면서 '기업윤리'가 주요한 기업경쟁력으로 대두되었다. 그 결과 윤리경영의 중요성이 크게 부각되고 있다. 윤리경영이란 회사경영 및 기업활동에 '기업윤리'를 최우선 가치로 생각하며, 투명하고 공정하면서도 합리적인 업무수행을 추구하는 경영정신이다. 이익극대화가 기업의 궁극적인 목적이지만, 기업의 사회적 책임도 중요하다는 의식과 함께 경영성과가 아무리 좋아도 기업윤리 의식에 대한 사회적 신뢰를 잃으면 결국 기업이 문을 닫을 수밖에 없다는 현실적인 요구를 바탕으로 한다.

미국의 저명한 비즈니스 잡지 〈포춘Fortune〉이 선정한 500대 기업의 95% 이상이 윤리경영을 도입하고 있다는 조사결과도 있다. 이런 세계적인 추세를 반영하듯, 우리 기업들 중에서도 윤리경영 전담 부서를 설치하고 윤리경영 교육을 실시하는 등 윤리경영에 관심을 가지는 기업이 늘어나고 있다.

사회적 기업Social Enterprise도 이런 부류에 속한다. 취약계층에게 사회서비스 또는 일자리를 제공하여 생활의 기반을 마련 해주고, 아울러 지역주민들에게 삶의 질을 높여줄 목적으로 영업활동을 수행하는 기업을 말한다. 이점에서 이윤추구를 목적으로 하는 일반 영리 기업과는 차별화 된다. 이처럼 사회적 기업은 취약계층에 일자리 및 사회서비스 제공 등의 사회적 목적 추구, 발생한 수익의 사회적 목적 재투자, 민주적인 의사결정구조 구비 등을 주요 특징으로 하고 있다.

한편, '이상한 돈'은 불로소득과 공돈이 대표적인 예이다. 불로소득不勞所得이란 말 그대로 노동을 하지 않고 얻는 수익이다. 증여, 상속 등도 이 범주에 속한다. 로또 등 복권이나 경마에 당첨되어 생긴 돈, 뇌물수수 등으로 생긴 돈도 불로소득이라 할 수 있다.

열심히 일해서 자동차와 집을 사고, 저축하고, 결혼하는 등 노동의 대가로 뭔가가 주어지는 것이 건전한 자본주의다. 일하지 않고도 평생 호의호식하는 사람들이 많아지면 열심히 일해서 정당하게 돈 버는 대다수 근로자는 근로의욕이 떨어지게 마련이다. 결국 경제사회 전체가 불신 받고 자본주의 체제마저 불안정해진다. 주변에 로또로 수십억 원의 당첨금을 받았는데 몇 년이 채 되지 않아 그 많던 돈을 다 날리고 사기범이 되었다거나, 심한 경우 목숨마저 잃은 이야기를 종종 듣는다. 이것이야말로 공자가 제자 자공에게 일러준 과유불급過猶不及, 즉 지나친 것은 모자람만 못 하다라는 말이 딱 들어맞는 경우이다.

그리스 신화에 미다스Midas의 손에 대한 이야기가 있다. 매우 탐욕스러웠던 미다스 왕은 엄청난 재산을 가지고 있었음에도 더 많은 부귀를 원했다. 그래서 그는 술의 신 디오니소스에게 손에 닿는 모든 것을 황금으로 변하게 해달라고 간청했다. 술에 취한 상태에서 디오니소스는 소원을 들어주었고, 미다스는 정원수, 조각물, 가구 할 것 없이 닥치는 대로 황금으로 만들었다. 그러나 예기치 않은 문제가 발생했다. 만지기만 하면 황금이 되니 도대체 음식을 먹을 수 없었던 것이다. 상심한 그는 무심코 자기 딸을 안았다가 기겁을 했다. 사랑하는 딸이 금덩어리가 되었기 때문이다. 미다스는 디오니소스를 찾아가 다시 원래 상태로 되돌려달라고 애걸했고, 디오니소스는 미다스가 진심으로 후회하고 있다는 걸 알고 강에서 탐욕의 때를 씻어버리라고 일러주었다. 이로써 미다스는 원래의 미다스로 돌아갈 수 있었다. 이처럼 지나친 탐욕은 화를 부른다. 오늘날 미다스는 '탐욕, 과욕'을, 미다스의 손은 '돈 버는 재주'라는 뜻으로 쓰인다.

08

좋은 돈, 나쁜 돈, 이상한 돈 (2)

돈을 버는 방법에 대해서는 모든 사람들이 골몰하지만, 막상 이렇게 벌어들인 돈을 어떻게 써야 하는지에 대해서는 그리 큰 고민을 하지 않는 경향이 있다. 영국의 철학자 프랜시스 베이컨은 "돈은 가장 좋은 하인이며 가장 나쁜 주인이다."라고 말했다. 또 이런 말도 있다. "인생은 사는 것이 중요한 것이 아니라 바르게 사는 것이 중요하다. 그리고 돈을 버는 건 기술이지만 돈을 쓰는 건 예술이다." 이런 이야기들은 모두 돈을 어떻게 버느냐보다 어떻게 사용하느냐가 더 중요하다는 점을 강조하고 있다.

이러한 옛 현인들의 말씀처럼 돈을 쓰는 데는 차원과 등급이 있다. 가장 고차원적으로 돈 쓰는 방법은 바로 대가를 바라지 않고 사랑으로 어려운 사람을 도와주는 기부행위이다. 기부행위는 사람을 명예롭게 하고 인간으로서의 자긍심을 갖게 해준다. 이러한 기부행위는 어려운 상황에 놓인 사람들을 위기에서 구하기도 하고 심지어 사람의 목숨을 구하기도 한다.

비참한 현실을 살아가는 아프리카 원주민들을 위해 현장으로 달려가 일생을 바친 슈바이처 박사, 오랜 내전(內戰)으로 폐허가 된 수단의 톤즈에서 의술을 편 이태석 신부의 삶, 그리고 기아와 영양실조로 고통받고 목숨을 잃기까지 하는 아프리카의 어린이들을 위해 따뜻한 성금을 보내는 이들이 있다. 최근 우리나라의 통일사업에 활용하라며 자신의 전 재산 2천억원을 기부한 기업인도 있었다. 이처럼 기부는 남을 위해서 베풀 수 있는 최고의 사랑이며, 조건 없는 사랑의 표현이다.

옛날 어느 마을에 부자가 있었다. 그는 지독한 구두쇠로 소문이 나 사람들 사이에서 평판이 아주 좋지 않았다. 하루는 부자가 마을의 현인을 찾아가 물었다. "내가 죽은 뒤 전 재산을 불쌍한 이웃에게 나눠주겠다고 약속했는데 왜 사람들은 아직도 나를 구두쇠라고 하나요?" 현인은 부자에게 뜬금없이 돼지와 젖소 이야기를 들려주었다. 어느 날 돼지가 젖소를 찾아와 이렇게 하소연했다. "너는 고작 우유만 주는데도 사람들의 귀여움을 받고, 나는 내 목숨을 바쳐 고기를 주고 맛있는 요리가 되어 주는데도 사람들은 왜 나를 좋아하지 않는 거지?"젖소는 잠시 생각에 잠겼다가 이렇게 대답했다. "글쎄, 아마 나는 비록 작은 것이라도 살아 있는 동안 해주고 너는 크지만 죽은 뒤에 해주기 때문일 거야!"

기업의 문화지원 사업인 메세나 활동도 일종의 기부행위이다. 메세나 활동이란 아무런 전제조건이 없이 문화예술단체에 재정지원을 하는 것을 말한다. 이것은 기업이 문화예술에 대한 지원을 사회적 책임의 하나로 인식하고, 아무런 반대급부를 기대하지 않고 순수하게 지원하는 활동이다.

역사적으로 메세나의 선구자는 르네상스 시대의 미켈란젤로, 레오나르도 다빈치 등의 대예술가들을 지원한 피렌체의 메디치 가문이 꼽힌다. 현대사회에서 메세나는 기업의 공식적인 문화예술 후원사업을 뜻한다. 우리나라에서도 1994년 '한국메세나협의회'가 결성된 이후 다수의 기업들이 문화예술 활동지원 사업을 펼치고 있다. 메세나 활동은 날이 갈수록 진화하고 있다. 이전에는 단순히 제품이나 행사에 관한 후원협찬 등이 주를 이루었다면, 이제는 전통 장인 후원과 신진작가 발굴은 물론 지속적인 전시회 개최를 통해 하나의 문화 프로그램으로 발전시키는 등 그 내용이나 형식 모든 면에서 한층 더 충실해지고 있다. 이를 통해 기업의 이미지 제고는 물론이고 보다 많은 사람들에게 새로운 문화적 가치를 체험할 기회를 제공하고 있다.

또한 많은 문화예술인들이 성장하는 밑거름으로 활용되고 있다. 2011년 6월 말, 러시아에서 열린 차이코프스키 국제 콩쿠르에서는 성악과 피아노, 바이올린 등에서 한국 출신 학생들이 1~3위를 몽땅 휩쓸었다. 당시 수상자들의 공통점은 모두 금호아시아나 문화재단의 '음악영재 지원 프로그램' 출신이라는 것이었다. 기업 메세나 활동의 결실이라 하겠다.

그러면 '나쁜 돈'의 유형에는 어떤 것이 있을까? 우선 사회를 불안하게 만드는 데 사용되는 돈이다. '블러드 다이아몬드Blood Diamond'라는 용어가 있다. 이는 아프리카 등 전쟁 중인 지역에서 생산되어 거래되는 다이아몬드를 일컫는 말이다. 독재자, 군벌들이 다이아몬드를 판 수입금으로 무기를 구입하는 등 전쟁을 하는 데 필요한 비용을 충당해 왔기 때문에 이런 이름이 붙었다.

1998년 UN은 전쟁자금으로 유용되는 다이아몬드에 대한 문제를 제기했다. 이후 다이아몬드 생산자들은 다이아몬드의 원산지를 명백히 하기 위한 협의체를 만들기로 했다. 이를 위해 다이아몬드 생산국들은 2000년 5월 남아프리카공화국 킴벌리에서 만났다. 이 회의에서 블러드 다이아몬드의 밀수출을 막는 방법이 논의되었고, 소비자들이 구매한 다이아몬드가 폭력과 연관이 없는 것임을 확인할 수 있어야 한다는 것에 동의했다. 이후 2년간의 논의 끝에 2002년 11월 다이아몬드 원석의 수출입에 관한 사항을 협의 · 조정하는 국제적 협의체인 킴벌리 프로세스Kimberly Process가 결성되었다.

또 다른 '나쁜 돈'의 지출유형은 불법도박이나 유흥생활에 탕진하는 등 사회를 어지럽히거나 지탄의 대상이 되는 행위들이다. 우리는 지금도 도박으로 재산을 탕진하고 이를 비관해 목숨을 끊었다는 보도와, 로또로 대박을 맞았던 사람이 얼마 후 알거지가 되거나 피살되는 소식들을 종종 접하고 있다. 또 내 돈 내가 쓰는데 무슨 상관이냐는 식의 지나친 과소비행위도 심심찮게 일어나 물의를 일으키고 있다. 이러한 지출행위들은 서민들에게 상대적 박탈감을 야기하고 사회갈등과 위화감을 조장한다. 때로는 범죄로 이어지기도 한다. 더욱이 이들이 지출하는 돈은 대부분 불로소득이다. 결국 쉽게 번 돈이라 헤프게 쓰는 것이다.

한편, 지출에서 '이상한 돈'은 어떤 것인지를 알아보자. 이것의 전형적인 모습은 공돈지출에서 나타난다. 공돈은 자신의 돈이 아니고 그렇다고 다른 사람의 돈도 아닌 불특정 다수인을 위한 돈을 뜻한다. 한마디로 주인이 없는 돈이다. 주인이 없다 보니 헤프게 사용하기 마련이다. 대표적인 예가 정부예산에서 상당부분을 차지하는 선심성 예산이다. 그런데 이게 한두 푼이 아니고 그야말로 국민의 혈세가 줄줄 새나간다는 데 문제의 심각성이 있다.

그동안 국고보조금은 '눈먼 돈'이라는 인식이 저변에 깔려 있었다. 그래서 먼저 따먹는 사람이 임자이고 국민은 '봉'이라는 말이 나

돌 정도로 보조금 관리가 허술하고 취약했다. 이처럼 감시의 사각지대에 놓이자 국고보조금은 '눈먼 돈'이라는 비판이 끊이지 않고 있다. 얼마 전 정부 자체 평가에서 나랏돈이 한 해에 50조~60조원 가까이 들어가는 국가보조사업 중 절반가량이 부실하게 운영되는 것으로 드러난 데서도 이러한 사실을 알 수 있다. 국고보조금은 민간이나 지방자치단체의 특정 사업을 지원할 목적으로 중앙정부가 내주는 돈이다. 정부융자금과 달리 갚을 필요가 없다. 이러한 눈먼 돈이 한 해 예산의 15%를 차지할 정도로 늘어나면서 문제의 심각성을 더하고 있다. 국고보조금이 불법의 온상이라는 것은 어제오늘의 일이 아니다. 재정을 집행하는 일선 지자체나 민간사업자들이 국고보조금을 부정하게 타내거나 사업과 무관한 개인용도 등으로 쓰다가 적발되는 일이 반복돼 왔다.

또 하나 '이상한 돈'의 예로는 품위유지비 혹은 체면유지비가 있다. 이는 친구나 직장동료와의 관계를 원만히 유지해 나가는 데 필요한 최소한의 비용지출을 뜻한다. 대표적인 것이 결혼축의금과 상가조의금이다. 그런데 그 부담이 만만치가 않다. 장례문화는 그나마 다소 개선되고 있지만, 결혼풍속도는 여전히 낭비요소가 너무 많다. 결혼문화가 혼주의 부나 권세를 과시하기 위한 자리로 둔갑해 버린 감이 없지 않다. 이는 아마도 그동안 가난하게 살아왔던 열등감에 대한 반작용이 아닐까 싶다. 이제는 나도 좀 잘살고 있다는 것을 과시하고 싶어 친지의 경조사에 분수를 넘어서는 과도한 부조금을 전달하는 것이다. 그 결과 서민들은 뱁새가 황새 따라가려다 가랑이 찢어지는 사태를 어쩔 수 없이 당하고 만다.

이와 같이 돈이란 정당한 방법과 노력으로 벌고 또 보람 있게 쓸 때에만 그 가치와 의미가 있다. 끝으로, 우리나라 〈동국여지승람〉 등 고문서에 전해지고 있는 투금탄投金灘에 관한 이야기를 소개한다.

아주 의좋은 형과 아우가 함께 길을 걷다가 황금 두 덩이를 주웠다. 형제는 사이좋게 나눠 가지고 강을 건너는데, 갑자기 동생이 그 귀한 금덩이를 강물에 던져버렸다. 깜짝 놀란 형이 그 연유를 물었다. 동생은 이렇게 답했다. "황금을 얻기 전에는 형님을 사랑하고 아끼는 마음으로 가득했지요. 그런데 황금을 얻고 나서는 형님이 없었더라면 두 개가 다 내 것이 되었을 텐데 싶어 왠지 형님을 미워하는 마음이 생겨났어요." 동생의 얘기를 듣던 형은 실은 자기도 그런 생각을 했다면서 자기 몫의 금덩이도 강물 속으로 던져버렸다.

좋은 돈
나쁜 돈
이상한 돈
돈에 관한 모든 이야기

초 판 1쇄 발행 | 2016년 2월 15일
초 판 2쇄 발행 | 2016년 3월 20일

지은이 | 이철환

펴낸이 | 김명숙
펴낸곳 | 나무발전소
교 정 | 정경임
디자인 | 이명재

등 록 | 2009년 5월 8일(제313-2009-98호)
주 소 | 서울시 마포구 합정동 358-3 서정빌딩 7층
이메일 | tpowerstation@hanmail.net
전 화 | 02)333-1962
팩 스 | 02)333-1961

ISBN 979-11-86536-36-0 03320